NONGCUN PUHUI JINRONG
SHIJIAN YU TANSUO

农村普惠金融实践与探索

——重庆农担方案

汤文志　等/编著

中国金融出版社

责任编辑：贾　真
责任校对：潘　洁
责任印制：丁淮宾

图书在版编目（CIP）数据

农村普惠金融实践与探索：重庆农担方案/汤文志等编著.—北京：中国金融出版社，2020.11
ISBN 978-7-5220-0820-2

Ⅰ.①农…　Ⅱ.①汤…　Ⅲ.①农村金融—研究—重庆　Ⅳ.①832.35

中国版本图书馆CIP数据核字（2020）第186909号

农村普惠金融实践与探索：重庆农担方案
NONGCUN PUHUI JINRONG SHIJIAN YU TANSUO：CHONGQING NONGDAN FANGAN

出版发行　中国金融出版社
社址　北京市丰台区益泽路2号
市场开发部　（010）66024766，63805472，63439533（传真）
网上书店　http://www.chinafph.com
（010）66024766，63372837（传真）
读者服务部　（010）66070833，62568380
邮编　100071
经销　新华书店
印刷　保利达印务有限公司
尺寸　169毫米×239毫米
印张　20
字数　266千
版次　2020年11月第1版
印次　2020年11月第1次印刷
定价　52.00元
ISBN 978-7-5220-0820-2

本书编委会

主　　编：汤文志

副 主 编：李　勇　张　敏　曾佳鑫　汪　勇　徐润琴

编 写 组：徐润琴　刘　翊　余祥瑀　卜雨明　吴　妍
徐　江　吴　言　王武坤　李　茂　韩逸倩
董文静　邱冬阳　张　丞　张　天

统稿审定：张红宇　李　勇　汤文志　刘　明

校　　对：韩逸倩　董文静

序言

FOREWORD

当汤文志董事长希望我为本书作序时，我非常高兴地接受了邀请。一方面，我对重庆很有感情，1978—1982年求学于西南农学院，在重庆学习生活了整整四年，毕业后进入农业部（也就是现在的农业农村部），一直从事农村政策研究和农村改革的相关工作，重庆是我了解农业农村实际情况的重要窗口和基地。作为大城市、大农村、大山区、大库区，重庆面临的问题既有我国农村地区特别是西南地区农业农村经济发展变化的普遍性，又有大城市带大农村都市农业成长发育的特殊性，这给了我观察中国农业农村的多元视角和启迪。另一方面，改革开放四十多年后，中国农业正在经历由传统农业向现代农业过渡的巨大裂变，支撑这种变革，既需要工业化、城镇化、信息化对农业的反哺和创造的外部宽松环境，也需要农业内部不断迸发出有助于现代化的内生动力。而无论是外在条件的支撑，抑或是内生动力机制的形成，金融都是最基本和最具持续动力的政策工具之一，农村普惠金融发展对成长性的现代农业及发育中的现代农业经营主体意义重大。对此，多年来我一直予以高度关注，很希望各省市在农村普惠金融发展方面不断地探索和尝试，更希望涌现出可资借鉴的成功案例，并以各地不懈探索和成功案例为范本推而广之，以期提升农村金融资源的配置效率，更好地推进和服务于中国的乡村振兴战略。事实上，无论是从理论上进行研讨，抑或在实践层面进行推动，中外的经验都反复证明，普惠金融对于促进小农发展，降低贫困现象，促进产业兴旺、三产融合和乡村振兴作用明显，其重大意义毋庸置疑。2006年的诺贝尔和平奖授予了创新性提出普惠金融（团体贷款）的孟加拉经济学教授穆罕默德·尤努斯（Muhammad Yunus）和他创立的格莱珉银行（Grameen Bank），2019年的诺贝尔经济学奖则授予了在减轻贫困方面采用实验经济学的阿比吉特·巴纳吉（Abhijit Banerjee）、埃丝特·迪弗洛（Esther Duflo）和迈克尔·克雷默（Michael Kremer）。这表明，发展普惠金融和创新体制机制，甚至通过局部实验，在小农与现代化进步方面搭建桥梁，寻找战胜农村贫困和促进传统农业转变等若干方面的功能作用，是其他政策工具难以替代的，历史赋予了普惠金融发展阶段性的强大动力。

让我感到欣喜的是，我从本书中，看到了重庆市农业系统和金融系统在普惠金融理论研判和实践探索中的很多有价值的观点、案例解剖和机制分析。重庆作为中国西部地区的中心城市，无论是对于西部崛起还是长江经济带战略，都具有举足轻重的地位。本书是围绕农业担保实践展开深入调研和总结分析的成果汇编，内容丰富，分析细密，读后令人印象深刻，给人启迪。从开始的农业农村三产融合发展、团体贷款与乡村银行的作用，到对重庆农村合作金融现状及问题的研究，为我们全方位展示了重庆现代农业发展的整体情况和普惠金融的支撑作用；特别是关于农村资产经营管理机构设置的研究，在实践层面为我国农村产权制度改革下一步的方向进行了有益的探索，在理论层面对农村资产进行有效管理的必要性阐释更是开先河之举；而若干篇章对农村电商平台促进当地经济发展的功能、“互联网＋现代农业”运行机制的深入剖析，以及对互联网金融的创新试点及存在问题的分析，为我们揭示了新产业、新业态在重庆发展的广阔前景；关于农地和宅基地等贷款抵押对于缓解贷款难的作用和存在的问题在相关章节的分析和总结，又为读者提供了重庆在农村改革方面不断探索的创新经验。总之，本书将重庆现代农业发展和普惠金融成长描述的历史纵深感，以及普惠金融对重庆农业、农民和农村的支撑意义展示得非常全面、丰富，相信每一位关心农村经济社会发展的读者或研究者，都能够通过阅读本书而有所收获，特别是其中大量的实践案例，具有很重要的理论升华和学术研究价值，是应当予以充分肯定的。

其实，在我仔细阅读本书时，看到不同章节作者进行调研发现的成功案例，不禁感到兴奋，而看到研究发现存在的体制机制问题时，又常常掩卷深思这背后的困难。实际上，贷款难、贷款贵对于种植农户和养殖农户，甚至对于非农部门的中小企业而言，都是普遍存在的真实情况和世界性难题。就中国而言，这里面既有共性的问题，又有个性的问题。共性问题可以包括如下几个方面：第一，农户和中小企业的贷款面临着更大的逆向选择和道德风险难题，这是因为他们根本没有完善的会计记录，没有信用记录，资金的使用和监督过程与不同季节的农业生产及销售融合在一起，而不像工业企业那样容易审计和监督。第二，这些农户和中小企业往往都是轻资产型的，基本上难以满足商业银行的财产抵押要求，或者抵押物的流动性和盈利性极低而导致抵押的功能极大受限，这也导致自负盈亏的商业银行没有积极性向他们发放贷款。第三，农户和中小企业的生产规模较小，所需资金量不大，这就导致向他们提供信贷的金融机构面临高昂的运营成本，审核和发放同样的两笔贷款所需要的行政成本投入可能相差无几，但平摊到每一单项业务上的费用，对于农户和中小企业贷款而言无疑要高昂了很多，而在贷款利率向上浮动有限的情况下，商业银行也只能采取“抓大放小”的策略，这对农户经济发展极为不利。第四，农业生产不同于非农生产的一个重要区别，在于它更容易遭受各种自然风险或者疫病灾害的影响，包括市场风险，这使面向种植业和养殖业的投资有更高的风险，而作为提供信贷资金的商业银行而言，规避风险并保证本金的安全，是商业可持续的前提，自然永远排在其行为准则中的前列。因此，上述四个方面的因素使全世界的小农户和中小企业普遍面临贷款难、贷款贵的问题，信贷资金约束长期难解或无解。

作为世界上人口最多、农业比重还很大的国家，中国的农户和中小企业面临的信贷约束又有其个性。第一，中国作为成长型国家，资本依然是一种极其稀缺的要素，因此，农户和中小企业面临的信贷约束要比发达国家更严重。即使中国的经济总量已经于2010年达到世界第二位，但有限的资本中的绝大部分依然偏好投入城市部门，除了少量农户投资，对农业农村部门的固定资产投资比重不高，根据国家统计局的数据，2019年全社会对第一产业投资仅比上年增长0.6%，这就很好地说明农户和涉农中小企业面临的信贷约束。第二，中国的耕地资源非常有限，2.6亿户农户中，只有2.03亿名从事农业的农民耕种18亿亩耕地，再加上丘陵或者山区的耕地细碎化程度较高，绝大多数农户生产经营规模小，生产成本高，三产融合度低，传统的种植业和养殖业附加值和利润有限，导致各类金融机构向他们投放信贷资金的积极性很低。第三，农业在国民经济中的基础地位具有其他部门不可取代的作用，但对于大多数发展中国家而言，农业却往往成为发展链条中的薄弱环节，基础设施的密集度远远低于城市，各种公共服务的供给也具有很高的不均衡性，这在中国也是非常突出的普遍问题。

由此，发展“互联网+”及普惠金融、成立农业担保公司等行为，在实践中能解决上述共性与个性问题吗？我认为，在合适条件下，上述机构的设立和新方法的应用确实可以大大缓解农户和中小企业信贷的约束。重庆的做法是“财政+担保+银行”：财政注入资金到农业担保公司，担保公司向银行担保并由银行向农户和中小企业提供信贷支持。这一模式很好地利用了各方的业务和信息优势，能够缓解农户和中小企业面临的信贷约束，几个部门的优势组合起来后，形成要素资源优化配置，可以最大化克服单独一个部门实施帮扶政策所存在的局限性。但是，从宏观角度看，目前的这些实践恐怕还无法彻底解决所有问题。特别是由于农业面临的各类风险天然就比其他产业面临的风险更大、更频繁，这意味着投资农业而遭受损失或者失败的概率比投资其他产业更高，这就决定了不仅要对向它们发放信贷资金的金融机构的不良率有更高的容忍度，而且为了激发地方政府和商业银行支持“三农”的积极性，还要容忍投入的财政资金可能出现沉没，这是因为总归要有一个环节或者主体承担最终“兜底”的职责，无论是担保公司还是再担保公司，抑或是各种保险，都是一种熨平风险带来的冲击的方式，而不是一种消灭风险的方式，而此时最后的兜底者必然是承担公共服务职能的政府。

仅仅局限于解决农户和中小企业的信贷约束问题，对于实现我国的乡村振兴和产业兴旺显然还是远远不够的。正如这本书中还讨论了三产融合、信息与数字技术的应用、提高龙头企业的带动作用等主题，这些尝试无疑也将有助于繁荣农村社会经济，值得各地继续进行探索。这是因为一个地区的落后或者一个家庭的贫困，往往并非只缺少某一种要素资源，特别是对于农业生产而言，从田间到餐桌的各类要素投入、生产和加工技术、管理技术、销售市场、信息和物流体系等都缺一不可。而众多农户和中小企业面临的往往是众多要素资源的缺失，这就决定了一个成功的实践必须是“一揽子”措施。如果寄希望于“一锤子买卖”式地通过一个单项政策或者改革来解决发展中存在的所有难题，无疑是过于天真的想法，实际上是不可能实现的。在这一点上，我非常同意汤文志董事长在前言中所言的观点。

中国能不能很好地解决上述提到的几个共性和个性难题，我个人并不悲观，尽管解决这些难题需要的时间可能足够长，但中国政府有足够的智慧制定科学的经济发展战略和经济政策，逐步推进中国的工业化、城市化和农业现代化，并最终彻底解决这些问题。改革开放以来，中国从第十个五年计划开始将“三农”问题作为党和政府工作的重中之重，20 世纪末 21 世纪初，我们建立了新农合、新农保，进行农村税费改革，并在遵守世界贸易组织（WTO）规则框架下开始向农业农村部门进行补贴。这些政策措施极大地激发了农户和中小企业的生产积极性，并推进了中国农业现代化的进程。我相信，随着中国现代化的继续推进，农业现代化的终极目标也会到来，而实现了真正意义上的农业现代化，上述共性和个性难题自然会迎刃而解。

在中国实现乡村振兴战略和奔向农业现代化的征途中，一切有利于构建现代农业产业体系、生产体系和经营体系的探索，一切有利于提高劳动生产率、土地产出率和资源配置效率的行为，一切有利于确保国家粮食安全、解决贫困和增加农民收入及繁荣农村的政策，一切有利于农业强、农民富及农村美的举措，都值得我们去实践、去总结，也值得经济学者们去研究和总结。哪怕是我们研究发现了有很多失败的案例或者不完美的做法，正如本书的相关作者所描述的那样，我们也丝毫不应该为此而气馁，因为吸取失败的教训和总结成功的经验同样重要，正如我们过去很多改革的成功也都是由“摸着石头过河”开始的一样，农村普惠金融的实践一定会在中国开出美丽的花朵，在全球范围内走出中国道路。

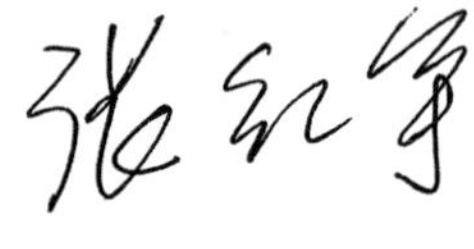

2020 年 6 月

前言

PREFACE

金融是助力农业农村产业兴旺及现代化发展的重要工具手段之一，探索创新农村金融服务模式、促进农村普惠金融发展，是提高农村资源配置效率、培育农业适度规模经营主体、助推乡村振兴战略行动计划实施的重要一环。重庆市农业融资担保集团有限公司（全书简称重庆农担）基于14年的政策性农业信贷担保服务工作正向积累，开展了一些有益于促进农村普惠金融发展的课题研究，为让研究成果在农村普惠金融领域发挥积极作用，鼓励各地以此为契机，进一步结合地方特色加强调查研究，特编撰本书。

本书共分为三大部分，共25篇研究文章。第一部分为农村普惠金融发展基础研究。本部分有6篇研究文章，写于2013年至2016年，主要从农业产业发展的角度对重庆市相关财政政策、公共政策、金融现状、一二三产业融合发展实施情况等展开基础研究，探索了农村普惠金融发展的创新思路与方向，并以此提出发展农村普惠金融的有效建议。第二部分为农业适度规模经营主体信用体系建设实践。本部分有10篇研究文章，写于2012年至2020年，主要从农业农村信贷担保体系建设的角度，探索了提升普惠金融发展水平与农业现代化发展的有效方式，通过对重庆农担农业融资担保项目调查思路与方法进行总结，提炼出农业小微主体融资担保风险评估思路与方法，探索构建了农业信贷担保特色征信大数据体系，助力适度规模经营主体贷款可得率，助推农村普惠金融的实现。第三部分为农村普惠金融发展创新探索。本部分有9篇研究文章，写于2013年至2019年，主要从农村普惠金融服务项目试点的角度，探索了多种农村普惠金融项目试点的具体成效，并基于对互联网金融助力农村普惠金融、金融支持村集体经济发展、农村“两权”资产撮合交易商业模式、农村“三变改革”盘活农村信贷风险资产等创新模式的探索，提出了激活农村经营性资产资源要素流动，打通农业农村资源流转的创新方案与建议。

以上，为促进普惠金融全面发展，助推乡村振兴战略行动计划的实施，现将重庆农担的课题研究成果按专题分类汇编予以印发，以飨读者。

本书难免存在疏漏与不当之处，敬请读者批评指正。

编著者

2020年3月6日

目录

CONTENTS

农村普惠金融发展基础研究

农村普惠金融
实践与探索
——重庆农担方案

农村金融创新支持一二三产业融合发展实证研究

随着我国农业农村经济发展方式发生转变，2015年中共中央、国务院印发的《关于加大改革创新力度加快农业现代化建设的若干意见》和由国务院办公厅印发的《关于推进农村一二三产业融合发展的指导意见》（国办发〔2015〕93号）等一系列指导文件提出，要“推进农村一二三产业融合发展”，旨在产业链延伸、产业范围拓展和产业功能转型的基础上，通过形成新技术、新业态、新商业模式，实现产业发展和发展方式转变。在党的十九大报告中，进一步要求加快农村金融创新，推动金融资源更多向农村倾斜，同时把促进农村一二三产业融合发展，支持和鼓励农民就业创业、拓宽增收渠道，作为实施乡村振兴战略的重要手段之一。本文从财政引导、金融跟进的角度，结合重庆市具体做法，初步总结重庆市农村产业融合及金融服务农村产业融合的现状，并提出农村金融创新支持一二三产业融合发展的建议及意见。

一、金融支农现状及存在问题

近年来，重庆市不断加强农村金融机构的支农能力建设，提出要结合农村实际、农业特点、农户需求，加快构建多层次、广覆盖、可持续的农村金融服务体系，探索构建农业融资担保体系，提高农业信贷担保覆盖面，加大对“三农”中长期信贷投放；扩大土地收益、农产品目标价格、小额贷款保证等保险试点。2016年底，重庆市涉农贷款余额4676.89亿元，占全市各类贷款余额的 18.4%，同比增长 6.85%；银行业网点共有 4600 多个，行政村基础金融服务覆盖率 97.05%，同比提高 6.06%，各项金融服务正逐渐向乡镇渗透，但仍存在供需错位等问题。

（一）金融供给端

1. 银行融资类

（1）产品供需错位。银行类金融机构支农动力较弱，在创新信贷产品时，往往缺乏对基层需求的实际调查研究，与产业融合适配度低，难以得到推广运用，推出的多为：①农户小额信用贷款，金额多为 10 万元以内，无法满足农业生产需求；②联户联保类贷款，一般要求有 3 户联保或公务员连带担保，风险共同承担，易连带优质项目，造成局部区域性信用风险；③足额抵质押类贷款，仅接受商业性质房屋抵押、股权质押等，对于农业常见的生物资产、农房、土地承包经营权接受度低，导致贷款准入门槛较高；④由于银行不熟悉农业，存在着审批慢、贷款期限短、可得率低等问题。

（2）融资成本高。农业生产本身具有“弱质性”，易受自然灾害及市场波动的影响，经营风险大，比较效益低，导致商业银行按照高收益覆盖高风险的原则，对农业项目的收费定价偏高；同时，由于农村市场的信用评价体系有别于工商业，传统信贷评价方式难以适用，金融资本不愿意下乡，对农业领域的投放力度小。

（3）过度融资现象。部分村镇银行存在挖掘大型银行的信贷客户，直接进行跟贷授信的行为，导致过度透支农业主体资金承担和流转能力，加剧金融风险爆发的可能性。

2. 非银行融资类

（1）基金类。重庆市产业引导基金主要投向于工业、农业、科技、现代服务业、文化、旅游等领域，面向农业的投资少，且多为龙头企业。截至 2017 年 6 月，引导基金发起设立 24 只专项投资基金，总规模为 239.49

亿元，共投资 113 个项目，投资金额达 79.44 亿元，其中，第一产业农业专项基金 3 只，规模为 16.15 亿元，金额占比仅为 6.74%，而在农村一二三产业融合中，融资需求最旺盛的主体多在 10 万 ~200 万元，供需不配套。

（2）保险类。重庆市政策性农业保险险种共 33 个，存在以下问题：①地方财政压力较大。由中央补贴的险种单一，地方特色险种则主要由市、区县两级财政承担 70%~80% 的保费，随着财政收入放缓，承保试点范围扩大，完全靠地方财政保障较难，承担费用负担加重。②保险保障水平不高，理赔金额无法覆盖农业基本的生产成本。例如，生猪生产物化成本为 1460 元 / 头、完全成本为 1543 元 / 头，但保险金额仅为 500 元 / 头。③农业保险经办机构不稳定，服务能力不足，农户投保的主观意愿不强。全市主要粮食作物保险覆盖面仅为 11%，生猪保险覆盖面仅为 15%。

（3）担保类。全市融资担保机构共 132 家，2016 年底在保余额为 2697 亿元，“三农”在保余额为 167.6 亿元，仅占 6.2%。融资担保机构中真正专注农业的屈指可数，其中较为典型的是成立于 2006 年的重庆市农业融资担保集团有限公司，通过提高农户议价能力，控制融资成本，已累计为 6943 个项目提供担保贷款 124.43 亿元，农业项目资金成本降至 6.21%。

（二）金融需求端

1. 农业生产主体存在弱质性

在农村从事农业生产的群体主要是农户和新型农业经营主体，他们的目标是通过从事农业生产，增加收入从而改善生活，但普通的融资途径难以满足该类群体发展农业产业的融资需求，主要体现在：（1）由农业特性决定，受自然风险、市场风险叠加影响较大，现金流不稳定，且农业的投入期长、回报慢，获得资金支持额度有限，导致循环经营或扩大规模发展受到一定制约；（2）自身实力不强、内部生产能力弱、经营规模偏小、技术陈旧、管理滞后、人才不足等因素，导致产业长效发展后劲不足，信用状况不佳或其他增信行为不足，还达不到金融机构市场化的信贷投放要求。

2. 融资需求得不到满足

通过调研发现，该类群体在进行融资申请时，关注点主要集中在融资难易程度、融资成本、融资时效、可靠度等，对于金融机构提供的产品，接受度普遍不高，认为手续麻烦、与实际需求金额不符、门槛高、手续慢等，继而对金融机构敬而远之，导致民间借贷盛行，加剧农业生产主体的负担。

二、国内外金融支持农村一二三产业融合发展工作的经验

（一）国外的做法与启示

20世纪90年代，日本首次提出“六次产业”，在《农工商合作促进法》中规定，对于得到认定的农工商合作事业计划，可享受低利率和保险优惠，如对于从事农林牧渔者，利率为0.1%，且无贷款期限限制，对于中小企业者，贷款利率为0.4%，对应的保险担保额度比普通标准高1倍；美国主要采取合作金融的方式，对农业生产及其相关活动提供信贷资金、服务和政府支持，如长期对家庭农场实施低利率或财政贴息贷款、政府信贷担保等政策；法国乡村旅游业起步较早，发展已较为成熟，在农产品的销售、增加农业附加收入等方面发挥了重要作用，当地政府统一修建乡村旅游景点公路，为从事农村家庭式接待服务的农庄提供民居维护与修缮服务，将旅游资源的保护和开发列为国家的重要工作内容；澳大利亚通过“产学研”相结合深度挖掘葡萄这一产业，进行系列产品开发，形成葡萄酿造、葡萄酒历史文化、葡萄庄园产业链条，促使农业种植业向第二产业和第三产业延伸。

综上可以看出，各国在推进产业融合时，主要具有如下特点：（1）农业的产业融合是在充分利用当地农业资源基础上进行的，这样才能起到以融合举措带动各产业发展的作用；（2）政府的政策支持是产业融合的必要保障，尤其是需要政府在农业项目贷款金额、贷款期限、贷款利息、补贴等方面的政策支持。

（二）重庆市的有关做法及实证案例

1. 重庆市有关做法

在全国范围内来看，如何以金融手段推动一二三产业融合发展，尚是一个全新的探索领域。重庆市于2016年被确定为全国农村一二三产业融合发展试点单位之一，研究制定了《财政支持农村一二三产业融合发展试点工作方案》，结合以特色效益农业为核心的现代农业发展道路，统筹金融机构与政策性担保机构的协同作用，改革财政支农投入的供给机制，将支农政策向担保、补助等工具综合应用转变，把落实财政政策和产业政策作为金融支持的出发点和落脚点，在农业生产、培育新型农业经营主体等方面加大信贷支持力度，提高获得政策支持的可能性，创新引入政策性农业信贷担保机构，采取各镇乡竞争立项的方式，自主确定支持的产业和项目，支持开发符合新型农业经营主体特点的金融产品和服务，催生一批更适应现代经济、金融体系的农村新业态、新主体、新模式，并进一步激发乡村发展活力和增强发展动能，加快农业农村现代化步伐。截至2017年底，各区县的试点镇乡农村一二三产业融合项目放款金额见图1。

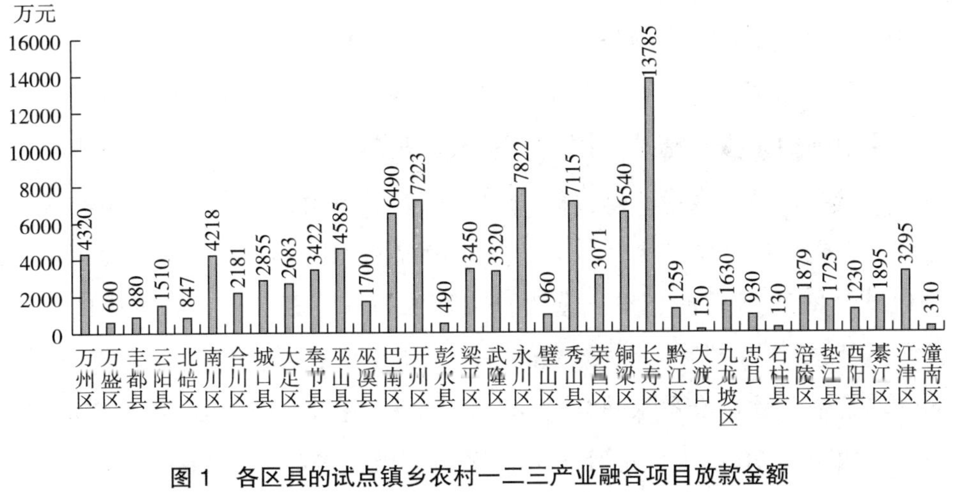

图1　各区县的试点镇乡农村一二三产业融合项目放款金额

（资料来源：重庆农担2016年区县放款数据）

（1）建立保障措施和激励机制。由市财政局与重庆市农业融资担保集团有限公司按 1∶1 比例建立的农村产业融合发展专项风险保证金，用于支持农业适度规模经营主体实施试点项目的全程融资风险保证，撬动社会资本投入农业领域，实现财政资金的放大效益；通过以奖代补的方式，设立农村一二三产业融合工作奖励资金，其中，已对 2016 年的 55 个优秀镇乡发放奖励资金共 7000 万元。

（2）健全延伸至乡镇的金融服务体系。通过借助重庆市农业融资担保集团有限公司在全市建立的 7 个区域性担保服务中心和各区县建立的 33 个农业信贷担保代办处，辐射延伸至 441 个农村一二三产业融合发展试点镇乡建立农业信贷担保代办点（占全市农业镇乡的一半左右），点对点对接新型农业经营主体，缩短农村金融供给距离。

（3）提供综合性农业金融服务。通过政策性担保机构的介入，整体提高新型农业经营主体的议价能力，推出低门槛、可得率高的信贷担保产品，并辅以信息咨询、互联网金融和农产品电商四大服务，以培育农业适度规模经营主体为着力点，为整个镇乡单位整体规划打造，促进农村产业融合转型发展。

2. 实证案例

（1）河包镇——以粉条产业带动全镇经济发展。

位于荣昌区北部边贸重镇的河包镇，素有“中国粉条之乡”的美誉，建立了中国粉条生产基地。镇内有粉条企业 24 家，近 2000 多人从事粉条加工和销售，是当地增收致富的主导产业。但由于贷款难问题，限制了企业扩大生产规模，生产工艺较为传统，产品附加值低，对当地产业带动能力有限。在 2016 年河包镇入选为重庆市农村一二三产业融合发展的试点镇乡后，通过找准制约产业融合的症结，由重庆农担在提供信贷担保缓解部分困难企业的资金紧张问题的同时，加快推进粉条基地建设，完成了粉条园区内企业 70 亩土地的征地启动工作，解决了企业因想扩大规模而受土地制约的问题；共同推进污水处理设施的建设，支持企业开展污水预处理设施建设，解决困扰河包多年的污水问题，为生产发展奠定基础条件；建立长效利益联结机制，支持市级龙头企业黄海食品有限公司充分发挥龙头带动作用，采用“公司＋合作社＋基地＋农户”的模式运作，借助自身销售渠道和湿态粉条保鲜技术，带动农户增产增收。

同时，在当地政府的大力支持下，开展技术革新，与西南大学食品学院开展合作，依托其人才资源、技术优势，制定了河包湿态粉条行业标准，优化传统工艺加工流程，研发粉条系列新产品（湿态酸辣粉、火锅粉、自热小火锅等），提升了把控河包粉条食品安全的能力，解决了传统粉条食用不便的弊端和湿态粉条保鲜问题；打通了销售渠道和物流运输环节，通过线上销售渠道实现商家和消费者直接交易，在天猫、京东、淘宝等线上平台进行销售，粉条系列新产品市场反馈良好，月销售量达200万余份；百世物流与镇域内企业联合组建物流公司，每天进出河包镇的农产品物料达100吨以上。

（2）东安镇——依托资源禀赋发展乡村旅游。

东安镇具有海拔高、夏季气温低的特点，拥有黄安坝和亢谷两大景区，是避暑纳凉胜地。重庆农担以支持发展养生避暑家庭休闲观光业带活种养殖业为融合切入点，结合城口地处偏远、用款时间需求集中的特点，在创新金融支持方式上，合理匹配期限灵活、手续简单的“农哈哈”互联网农业金融信贷产品，实地调查几十家“森林人家”经营主体后，经现场评审筛选出49个项目给予融资支持，在互联网线上办理放贷手续，融资总额达827万元，其中90%为第一次获得融资，融资成本在6%左右。这些项目对于试点乡镇而言，无疑是具有里程碑意义的：新建成营业大巴山森林人家40户，2017年全镇营业大巴山森林人家已达238户，床位达5132张，其中2017年新增大巴山森林人家41户，年游客接待量近60万人次，实现旅游综合收入5492万余元，达到了近几年收入的高峰。

（3）活跃市场要素。

除整乡推进外，重庆农担还探索以某一产业、某一要素为切入点，比如，针对奉节脐橙产业，为产销主体开通担保授信绿色通道，补充生产和交易的流动资金，初步建立了“政府引导、金融支持、农户参与”的发展机制，提升了发展扩大脐橙产业的积极性；再比如，一次性批量对在双福农贸市场从事本地蔬菜、水果、冻货批发的经营主体打包授信1300万元，吸储更多本地第一产业进入市场流通环节，激活相关生产要素，活跃产业交易，繁荣区域经济。

3. 存在的问题

（1）产业链条短，融合发展层次较低。农业农村部统计，美国农产品加工转化率为85%，加工业与农业产值比重达4∶1，而我国农产品加工转化率为65%，加工业与农业产值比重为2.2∶1。相比之下，我国仍处于传统农业向现代农业过渡阶段，主要表现为：农业产业结构简单，产加销连接不够紧密，仍未形成高效完整的产业链条；对农业多功能性挖掘不够，缺少跨界产业间的技术进步；农产品加工业基础差，技术装备落后，加工转化率低；农产品流通方式落后，冷链物流体系不健全等。比如，在信贷担保支持的一二三产业融合试点工作中，粮食加工仅占全部从事粮食生产的34%，散户生产经营方式较为传统，发展后劲不足，在深度融合方面还需提升。

（2）产业融合主体带动能力弱，利益联结机制不强。龙头企业与适度规模经营主体或散户之间的利益共享、风险共担的机制尚未健全，合作方式单一，如大部分地区目前的利益联结机制以订单农业为主，但实际履约率偏低，个别地区的履约率不足30%。一是由于缺乏合约意识，即当市场价格产生波动时，不利的一方会出现违约；二是在合约履行过程中，对于交付的农产品质量、收购时效性、款项结清方式等问题容易出现矛盾争执；三是大多数农民合作社“有名无实”，一方面，资产规模小，参与市场竞争和抵御风险能力低，对政府补贴的依赖较为严重，另一方面，合作社多是由牵头人发起成立，存在一人独大现象，社员参与生产程度不高，合作流于形式。

（3）基层政府部门的主动性及合作机制有待加强。农村一二三产业融合发展工作是以乡镇为基础单元，以区县为总体规划进行开展，涉及的相关部门多，缺乏强有力的调动作用部门，存在“错位”“越位”和“缺位”的现象，直接导致各区域一二三产业融合工作开展情况出现差异化。在课题组对担保支持的农村一二三产业试点镇乡工作情况对接中发现，存在镇乡申报试点资格积极，落实却不积极，或由区县一级负责统一申报试点，镇乡却不知情等情况。课题组特针对441个试点镇乡实施对接情况进行调研，共收到214个有效评价（截至2017年7月底），评价等级分为：积极、一般、不积极、不了解四个梯度，其中，积极参与的镇乡占比仅为47.7%（见图2）。

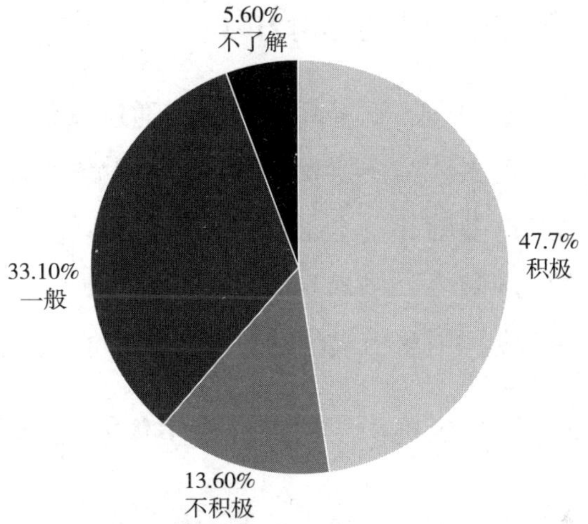

图2 对试点镇乡的农村一二三产业融合工作情况摸底

（资料来源：重庆农担2016年一二三产业试点工作调研数据）

（4）项目实施的总体规划安排稍显滞后。部分乡镇对农村一二三产业融合发展的内涵未能理解到位，缺少从全局角度对主次产业的规划设计，且存在重视农业产量，忽略了与销售流通相结合的链条搭建的问题，未能达到良好的产业集群带动发展效果，导致农产品不好卖、卖不上价，果贱伤农的事件时有发生。比如，部分乡镇近年来大力推广葡萄、梨等经济作物，并提供免费建棚等优惠政策，种植面积及产量大幅提升，而受限于销售渠道单一、物流条件有限，引起集中上市的农产品滞销。

三、有关对策建议

随着以荣昌区河包镇为代表的一批试点乡镇蝶变转型，可以反映出前期以金融创新支持农村一二三产业融合的实施方式和发展路径是行之有效的，即以镇乡为基本实施单元，找准产业融合的切入点，以政策性信贷担保作为增信工具，引入金融活水推动农村一二三产业融合发展这条路是值得深入探索的。接下来在金融创新支持农村一二三产业融合工作中，还需从以下几个方面继续发力。

（一）准确定位金融创新的作用力方向

一二三产业融合是一个不断补短的过程，通过以金融创新为重要支持手段，以新型农业经营主体为主要发展对象，培育增强该类主体的自身实力，在具备一定的经济基础和技术条件后，得以撬动更多支持性政策向该类主体倾斜，促进资产融合、技术融合、利益融合，为产业融合、产村融合营造良好的发展环境，相辅相成推动符合当地产业规划的融合发展。

（二）明确政府、金融机构、农业经营主体的功能划分与行为导向

政府部门需发挥引导和护航作用，遵循“规划先行”的推进思路，对涉及的产业定位布局、未来发展方向、政策支持方式等问题进行整体规划设计，同时加强和优化公共服务，在基础薄弱环节和民生工程等方面发挥职责，并以观念开放、边界开放、产业开放的宗旨促进一二三产业融合，支持引进外部企业、资源技术，帮助农产品“走出去”，为一二三产业的长远发展提供有效保障；金融机构在进行金融创新之初，要充分考虑如何通过提供简单便捷、低成本、高效率的金融服务，达到将财政政策、产业政策、社会资源引向新型农业经营主体的目的，为发展一二三产业提供动

力支持；新型农业经营主体需把握发展机遇，改善自身产业发展方式，延伸产业链条和价值链条，同时提升信用意识，参与到市场经济良性竞争之中。为了进一步提高普惠率，建议选取区县建立形成50~100个信用村，从增强风险防控意识、信用意识、产销能力等方面进行整村打造，以提高新型农业经营主体的市场化金融意识，通过产业兴旺助推乡村振兴战略；支持农业科技创新，突破传统农业发展瓶颈，积极支持农产品产地初加工、精深加工、中央厨房和物流配送全产业链技术装备研发；支持国家现代农业产业园、农产品加工园、农业高新技术企业创新成果转化推广。

（三）形成金融创新助推一二三产业融合的标准化工作方法和产业发展模式

要树立以客户为中心的创新产品设计和服务理念，真正关注新型农业经营主体的需求、偏好和行为，建立标准化、人性化服务标准；立足已有产业基础和资源优势，找准多种农业业态的提升切入点，严格按照农村市场和农业产业的特点，推出标准化农业信贷产品，通过金融“有形的手”来调节规范市场秩序，继续按照整乡推进、共建风险保证金、金融创新联结财政政策、产业政策组合拳的发展思路，推动农业农村产业发展向深层次迈进。

（四）要以宽容的态度对待农业信贷担保的金融创新

要建立“容错”“试错”机制，实现创新可持续性。允许探索推出提高金融运行效率和服务实体经济能力的创新方式，比如，利用互联网技术，推出互联网农业金融来弥补普通银行贷款在及时性和便捷性上的不足；完善涉农创新贷款的风险补偿、财政补贴、组织支持等机制，鼓励农业信贷担保机构在充分考虑新型农业经营主体利益的前提下大胆创新。

重庆农村合作金融现状及问题研究

一、重庆市农村金融的发展现状与结构分析

农村资金互助社是指经中国银行保险监督管理委员会（以下简称银保监会）批准成立的，由乡镇、农民和农村小企业自愿入股组成，为社员提供存款贷款、结算等业务的社区互助性金融机构。重庆市的具体操作主要存在两种农村合作金融组织类型：一是正规型合作金融组织。重庆市仅有江津区白沙镇明星农村资金互助社、黔江区城东诚信农村资金互助社，两家企业化互助社实质是民营银行类金融公司（村镇银行）。二是半正规型合作金融组织。半正规型资金互助社是由扶贫部门在贫困村设立的扶贫资金互助社，全市共有1162个，其互助资金绝大部分由财政扶贫资金构成，村民自筹资金较少，在互助社内部开展资金互助。

两家正规型资金互助社的共同特点：一是企业性质。实质上都是有限合伙的金融企业。二是贷款方式。两者都采用了信用贷款、联户担保、抵押贷款等多种贷款形式。三是依托专业合作社。四是依托大环境的信用体系建设。

半正规型资金互助社的金融活动。自2007年以来，重庆市扶贫办牵头开展了重庆市的贫困村互助资金试点工作。截至2015年，有32个区县的1162个贫困村互助社在正常运行，互助资金总量达到2.95亿元，其中市级以上财政扶贫资金达2.33亿元，占资金总量的79%，农户交纳互助金及其他捐赠资金达0.62亿元，占比为21%。1162个贫困村共覆盖农户75.7万户，其中贫困户总数达10.7万户，占比为14%；有入社农户16.4万户，其中入

社贫困户总数达 4.6 万户，占比为 28%。农户入社率为 21.7%，比上年同期增长 6.2%，其中贫困户入社率为 43.4%，比上年增长 8.4%。

二、重庆市农村合作金融组织存在问题的分析

（一）重庆市农村资产经营管理公司的问题

一是农村资产质量不优；二是资产管理不规范；三是不良资产处置效果不显著；四是支农能力弱。

（二）农村资金互助社存在的突出问题

一是资本金规模小；二是融资渠道狭窄；三是社员基础弱；四是空壳现象；五是管理者素质能力不足；六是资金规模偏小带来的效率低下。

（三）农村合作金融组织存在问题的总结

一是资金来源渠道狭窄；二是财务与管理制度不健全；三是从业人员业务素质不高；四是信用风险问题突出。

（四）重庆市农村合作金融组织的运营风险

一是刚性流动性风险；二是信用风险；三是农业农村经济弱势带来的经营风险；四是决策与内控失误引发操作风险。

（五）存在问题的成因分析

一是整体经济环境制约；二是制度政策不完善：缺乏制度政策顶层设计、农村信用制度建设缺失、制度限制导致资金来源狭窄、扶贫资金互助社的法律真空、农村产权流转交易的制度死结；三是严格的内外部监管缺失：时空障碍、内部监管缺乏经验、监管交叉造成的外部监管缺乏规范性、针对性监管措施。

三、重庆市农村合作金融发展的理论和现实借鉴

（一）微型金融理论是农村合作金融的理论基础

微型金融于20世纪70年代在发展中国家兴起，旨在为农村低收入阶层提供金融服务，它肯定了微型金融机构尤其在农村市场上的作用。尤努斯等践行这一思想开办了“穷人银行”，帮助了众多孟加拉国的农村贫困人口走出了贫困。但因为微型金融机构本身也是厌恶风险的，特别贫困群体也无法从微型金融机构获得信贷，导致其扶贫效果有限。

（二）重庆农村合作金融发展的现实借鉴

中国台湾农村金融发展经验：以农业、农民金融需求为改革目标，通过立法促进农村金融稳定发展，根植于基层的农村金融体系；孟加拉国乡村银行发展经验：采用GB小额贷款模式、第二代GB模式，增加了灵活性，如无力还款的组员为不牵连其他组员可选择退出。

（三）内地农村合作金融发展商业化特征显著

内地农村合作金融经历了孟加拉式农村互助协会—小额信贷—普惠金融—合作金融—小额信贷的历程。脱胎于孟加拉国格莱珉银行的传统NGO组织、扶贫组织等，中和农信、重庆农业担保公司、重庆兴农担保公司等案例，信用和抵押业务并存，具有非常明显的商业化特征，既有别于准公益色彩，也有别于纯市场角色，但正因为商业化特征保证了机构自身的存续和业务的可持续发展。

（四）内地互联网金融引领农村合作金融发展

互联网金融的关键特征是“信用 + 互联网”，如果不能抓住互联网金融这个发展趋势，金融组织不仅是在农村市场，甚至在城市市场都很可能

会被新技术所淘汰。互联网金融具有显著特征：一是集中于小微贷款；二是对生产、生活、消费、娱乐、社交等各方面的大数据收集、分析和大数据风控模型；三是依托电商、代理员、村淘员等形成的线上网下的数据和资金闭环；四是积极介入全产业链过程；五是利用互联网技术简单地将服务对象进行了区分，仍然将部分没能“接通”互联网的农民和乡村企业排斥在市场外，而这部分很可能是更需要金融扶贫的对象。

（五）农村合作基金会的经验教训

农村合作基金会发展主要经历了五个阶段：萌芽阶段（1984—1986年）、起步阶段（1986—1991年）、高速扩张阶段（1992—1995年）、整顿阶段（1996—1998年）、清理关闭阶段（1999年1月以后），《国务院办公厅转发整顿农村合作基金会工作小组清理整顿农村合作基金会工作方案的通知》（国发〔1999〕3号文），在全国统一取缔农村合作基金会。重庆市第一家农村合作基金会于1987年1月28日在铜梁县诞生，截至1999年3月底，总计有独立核算的农村合作基金会机构1352个，营业网点1900多个，从业人员约2000人，吸收存款或股金101.23亿元，其中农户个人存款78.28亿元，涉及农户约312万户。全市农村合作基金会资产总额142.8亿元，总负债140.91亿元，净资产仅1.94亿元，负债率高达97.28%，严重资不抵债。总结农村合作基金会被整体取缔的过程，其教训主要集中在四个方面：一是法律定位缺失，内外部监管严重不足；二是法人治理结构不完善，内控制度不健全不落实；三是业务经营快速商业化，背弃微利可持续原则；四是从业人员业务素质差，机构退出机制缺位。借鉴农村合作基金会的经验教训，基层政府和金融监管部门应该更加审慎地推进农村合作金融组织的建设与发展。

四、重庆市农村合作金融发展的政策环境

（一）国家政策梳理

2016 年 3 月，《国务院关于开展农村承包土地的经营权和农民住房财产权抵押贷款试点的指导意见》（国发〔2015〕45 号）规定：因借款人不履行到期债务或者发生当事人约定的情形需要实现抵押权时，承贷银行能顺利实现抵押权并对农民住房财产权抵押贷款的抵押物处置，受让人原则上应限制在相关法律法规和国务院规定的范围内。而目前对于受让人按照《土地管理法》第六十二条、第六十三条的规定，只能限制于本集体成员且需符合一户一宅的原则。抵押物处置是改革成败的关键。

（二）市级政策梳理

2016 年 6 月，重庆市金融办等印发《重庆市村级农村金融服务组织试点管理办法（试行）》，在 4 个涉农区县开展试点，建设“村级农村金融服务组织——× × 区县（自治县）× × 行政村（社）金融服务促进会”，确定为行政村（社）村（居）民自愿发起组建的非营利性基层社会团体组织，为加入服务组织的村（居）民向银行申请农村产权抵押贷款或土地收益保证贷款，提供产权流转、风险补偿承诺和不良贷款资产处置等服务。

（三）P2P 网贷新规的政策冲击

2016 年 8 月 24 日，中国银监会等四部委正式对外公布了《网络借贷信息中介机构业务活动管理暂行办法》，实质上对重庆市小额农村贷款也起到了严厉的“一刀切”的抑制作用。

五、重庆市农村合作金融发展的对策建议

（一）农村合作金融组织发展的首要原则

一是商业可持续原则。无论哪种性质的农村合作金融组织要长久发展、持续发挥金融惠农作用，必须高度重视商业可持续原则——这是农村合作金融组织发展的首要原则。

二是法人治理原则。合作金融组织必须具有明确清晰的法人主体资格，形成真正权责统一的市场交易主体。

（二）农村合作金融组织的组织架构对策

强烈建议合作金融组织要尽量采取银监机构监管的现代企业组织形式，应对扶贫资金互助合作社的组织形式和架构进行调整，只在 18 个贫困县设立区县级扶贫资金信贷和相应机构，组建类似于中和农信的经营实体。建立股份制合作金融组织，批准和允许如农业担保公司等相关金融机构以股份合作方式，积极开展农村合作金融和小额信贷业务。

（三）农村合作金融经营机制对策

第一，与农村专业合作社相互结合。农业管理部门可以在整个信用互助、农产品销售、农资购买、农技农机推广的过程中有意识地推动形成三位一体的合作（农协）组织。

第二，与互联网金融相互结合。农业担保公司等机构应加快开发互联网金融产品，提高目标针对性和服务效率，采取发放智能手机，开发简单、实用、便于理解和操作的专用 App，推动贷款客户开展网上电商交易等方式推进互联网金融业务。

第三，与传统金融机构业务相互结合。农业担保公司等农村金融机构要多方争取再贷款，及时转变贷款结构和支持方向，有针对性地设计贷款

产品和利率。

第四，积极介入信用体系建设。信用档案和数据积累到一定程度，将是合作金融组织、本地企业参与互联网金融体系的竞争筹码和战略资源。

第五，建立贫困社员固定储蓄制度。

第六，积极开展扶贫信贷综合金融业务。

（四）农村合作金融监管机制对策

第一，建立严格的风险控制机制。坚持以风险防控为重心，严格防止政府或干部干预过度，加强内控，规范运营，坚持“草根”，加强基础防控。

第二，严防“内部人、强人”控制。

（五）农村合作金融发展的政策支持

第一，全力完善三权抵押交易流转市场。建议政府专门设立类似兴农担保、农业担保的金融机构，形成交易对敲机制，以政府资金带动抵押物收储，重视农业产品收益权的抵押和变现。

第二，加快完善法制保障。一是加快落实中央文件精神，及时出台合作金融法；二是加快完善农村合作金融的配套法规；三是发挥政府管理部门综合协调作用；四是强化退出机制建设；五是加快修订《农民专业合作社法》；六是加快出台《农业保险法》。

农业全程社会化服务财政政策研究

早在20世纪90年代，中央就提出加强农业社会化服务体系建设，是深化农村改革，推动农村有计划商品经济发展的一项伟大事业；对于稳定和完善以家庭联产承包为主的责任制，健全双层经营体制，壮大集体经济，实现小康目标，促进农业现代化，具有极其重要而又深远的意义。党的十七届三中全会审议通过的《中共中央关于推进农村改革发展若干重大问题的决定》（以下简称《决定》）也指出，要加快构建以公共服务机构为依托、合作经济组织为基础、龙头企业为骨干、其他社会力量为补充，公益性服务和经营性服务相结合、专项服务和综合服务相协调的新型农业社会化服务体系。2015年中央一号文件《关于加大改革创新力度加快农业现代化建设的若干意见》提出增加农民收入，必须完善农业服务体系，帮助农民降成本、控风险。抓好农业生产全程社会化服务机制创新试点，重点支持为农户提供代耕代收、统防统治、烘干储藏等服务。

我们认为，农业社会化服务在实践中完善运用是实现我国由传统农业向现代农业生产方式转变的重要标志，也是我国经济进入新常态下强化农业基础地位，促进农民持续增收的重要推动力。农业社会化服务从理论实践到调整创新，经历了二十多年的变迁，其内涵发生着润物细无声的变化，作为国家农业政策的一部分，注定与国家财政政策高度相关。在不同时期，国家对农业社会化服务目标和内容调整都会导致财政政策发生一系列变化，因此我们有必要首先对农业社会化服务自身发展及相关问题进行分析，然后从财政角度研究农业社会化服务体系的实施过程，评价现有机制下的财政投入方式、投入渠道、投入成果及对投入创新的思考，最后总结形成顶层设计优化方案，指导下一阶段农业社会化服务的实施，促进地区农业工作的开展。

一、关于农业全程社会化服务体系的建设发展

（一）农业社会化服务政策的变迁

自 20 世纪 50 年代起，中国完成土地改革和农业集体化运动，全国所有农民都加入到集体化变革中，其间我国农村相继建立了农业、林业、农技、农机、水利、气象等国家经济技术部门以及供销合作社、信用合作社等各种服务组织，形成了以各部门纵向科层制管理为主的服务架构，这个体系依赖高度集中的计划经济基础统一建立，工作性质纳入政府体系，工作内容由政府统一制定分配，服务对象是集体化的人民公社等行政组织，这一时期的农业服务带有强烈的行政色彩，社会化性质的服务无从谈起。

20 世纪 80 年代以后，家庭联产承包经营打破了原有的集体统一经营，农户又成为独立商品生产经营者，小而分散的生产经营模式在社会化大生产格局下，难以抵御自然风险和市场风险，这迫切要求农业服务体系在服务对象上进行调整。1984 年 1 月国务院发布的《中共中央关于一九八四年农村工作的通知》提出，要加强“社会服务”，促进农村商品生产的发展。在政策引导下，政府经济技术部门如农业局、林业局、科技局等逐步向基层延伸，在乡镇建立起农技站、农机站、水管站、林业站、畜牧兽医站等，不断完善服务职能，建立起纵向延伸的为农户生产服务的涉农部门。从传统意义上讲，这些基层政府成立的公共服务机构既是政府管理职能的延伸又是农业市场服务的提供者，在这一时期经历了机构调整与体制变革，又日益走向衰落，但值得肯定的是在此期间农业服务顺应了市场经济体制改革进行了局部改良，部分机构开始进行市场化、社会化的尝试，但受政策环境影响，仍未形成推动农业现代化的原动力。

2008年党的十七届三中全会审议通过的《决定》明确指出，要加快构建以公共服务机构为依托、合作经济组织为基础、龙头企业为骨干、其他社会力量为补充，公益性服务和经营性服务相结合、专项服务和综合服务相协调的新型农业社会化服务体系。这样以家庭承包经营为基础，公共服务机构为主导，多元化和社会化的市场主体广泛参与的新型农业社会化服务体系初显雏形，农业社会化服务开始登上历史舞台。2015年中央一号文件明确提出的“采取购买服务等方式，鼓励和引导社会力量参与公益性服务”是政府改进公共服务提供方式和农村经营管理领域的重要实践方向。可以判断在未来很长时期，农业社会化服务的社会化程度会日益加深，组织载体更加多样，切实成为实现农业现代化的重要战略取向和举措。

（二）农业社会化服务体系作用及服务领域

1. 农业社会化服务体系建设意义

目前来看，我国农业发展水平与世界农业发达国家相比仍处于落后地位。在农村实行的家庭联产承包责任制使单个农户在整个生产经营活动中呈现为分子状态游离其中，其数量众多、小而分散，无法形成合力，依靠自身力量无法完成与市场的对接。因此，农业社会化服务体系的建立，有利于强化农民家庭分散经营过程中“统”的功能，为农民生产经营提供有效支撑，把千家万户的分散生产经营变为相互串联的合作生产、联合经营，实现小规模经营与大市场的有效连接，提高我国农业的整体素质和市场竞争力。正如党的十七届三中全会审议通过的《决定》指出，“建设覆盖全程、综合配套、便捷高效的社会化服务体系，是发展现代农业的必然要求”。因此，深刻理解农业社会化服务体系建设的作用，才能进一步领会对农业社会化服务相关政策研究的意义。

2. 现代农业全程社会化服务体系内容

从狭义上理解农业社会化服务，它是指专业经济部门、乡村合作经济组织和社会其他方面为农、林、牧、渔等各业发展提供的服务。广义上我们认为农业社会化服务体系是农业政策体系的重要构成部分，它是以公共服务机构为依托、合作经济组织为基础、龙头企业为骨干、其他社会力量为补充，公益性服务和经营性服务相结合、专项服务和综合服务相协调的，为农业生产提供产前、产中、产后全过程综合配套服务的体系，具体又包括农业技术推广体系、动植物疫病防控体系、农产品质量监管体系、农产品市场体系、农业信息收集和发布体系、农业金融和保险服务体系。上述各体系的农业社会化服务中都有两个共同的基本要素：（1）服务的社会化，即农业作为社会经济再生产的一个基本环节，其再生产过程不是由个别农业生产经营者完成的，而要依赖其他产业部门的服务活动。（2）组织的系统性，各产业部门依据其服务内容和服务方式，构建相应的组织载体，围绕农业再生产的各个环节，形成有机结合、相互补充的组织体系。

（三）现阶段农业社会化服务体系存在问题

1. 从农业服务体系的主体分析

农民合作社、农业企业等社会化服务主体是社会化服务体系中的组织载体之一，其身后的广大农民才是需要在社会化服务中受益的群体，而在现有农业社会化服务过程中他们并未真正得到实惠。以合作社为例，它们吸收村民加入合作社，仅仅是为满足形式的要求，合作社在经营过程中少量或根本不与个体社员之间进行交易，利益共同体无从谈起；对于农业产业化龙头企业来说，实施的“公司＋农户＋基地”的经营模式也难以对大型企业形成约束力，追求企业自身利益而侵蚀农民利益的事情经常发生。

依托政府的公共服务机构在开展农业社会化服务过程中，角色理解不到位，实践中对农业服务选择性不作为或过度作为，严重伤害社会关系，造成公益性服务短缺，直接伤害农民利益。

2. 从农业服务体系内容分析

农业社会化服务总体可以分为两大类：一类是公共服务，此类服务具有较强的外部效益和社会效益，如农田水利基础设施建设、气象服务、道路建设等；另一类是市场化服务，这类服务基本上是以市场服务为导向的，如生产要素购买、生产作业、农产品销售等。但我国现有农业社会化服务体系中，存在上述两类服务重叠和功能混淆的问题。从利益角度和区域GDP角度，本该投向公益服务的政府公共服务资金大多会投向大型企业的社会化服务领域，希望通过龙头企业的支持达到对小农的示范带动性。我们认为上述投入最终不能落实转化为对小农的扶持，只是强化了龙头企业市场地位，而不能获利的公益性服务日益衰落。在市场服务领域，承担农业社会化服务的经营主体，只在政府高额补贴下才会介入，缺乏调动市场主体参与的可持续动力机制，农民也无力作为强大的服务需求方，通过集体行动与供给方定价谈判，而只能采用逃避的方式，如弃耕、不使用服务等。

3. 从农业服务体系创新力度分析

实施农业社会化服务目标早有提出，农村基层实践却并不理想，政策目标与实际效果有巨大偏差。这是因为现存的农业社会化服务体系建设进程一直是由国家农业部门主导，而政府技术经济部门向下延伸形成的公共服务机构长期存在，传统意义上他们既是政府管理职能的延伸又是农业市场服务的主要提供者，受利益分配、创新思维等因素困扰，他们对农业社会化服务及相关政策的自我改革、创新意识还明显不到位。

综上分析，农业社会化服务作为重要的农业政策，具备公益属性和产业属性。公益属性意味着国家政策的支持和财政资金的投入，这方面是得到一致认可的，而产业属性的主导性会因当时的政治环境、经济环境而有所不同。因此对两者关系的认识和处理，特别是在市场资源有限的条件下如何增强农业社会化服务的产业属性是十分必要的。我们认为在当前中国农业普遍薄弱、社会化程度还不高的背景下要科学合理提升社会化服务的功能，可以先由财政政策入手，分析财政政策的运用形式，重新审视这一重大资源的利用与分配，加强薄弱环节建设，结合体制创新，达到提高供给效率的目标。从财政政策角度分析农业社会化服务之前，对社会化服务理解可以总结为以下几点。

一是农业社会化服务体系建设是农业政策的重要部分，与财政政策高度相关。

二是在目前国情下，分散的小农仍然需要政府进行管理指导，农业服务仍具有公共产品性质（公益性）。

三是就目前农业服务效果分析，政府主导下的农业服务效率低下，普惠性不强，导致公益性服务欠缺，引入社会化服务是必然。

四是在农业服务体系环节存在各主体错配，即导致市场和政府的双重失灵。

五是改革创新政策体制是加强农业社会化服务活力的关键。

二、财政政策与农业社会化服务分析

（一）财政资金投入对象

1. 情况分析

从政府的公共资金投入绩效来看，国民经济评价和实体财务评价情况都不会理想，主要原因是财政资金对农业社会化服务没有落实到具体的作业过程和农民实际需求上。我们认为，这与资金划拨对象选择服务主体有很大关联。这样的方式会导致资金拨付人只关注到资金使用人的情况，忽略其具体的服务环节，对划拨资金实际使用效果也难以监督验证。从体制的实践上看，一方面，财政资金投向了政府农业管理服务部门，这些部门组建制定了各种农业服务机构和措施，人员庞杂，名目众多，却华而不实。他们把持垄断地位，在特定服务领域，提供质次价高的营利性服务，造成服务成本增加。即使投向公益服务环节的资金，也是为照顾产业链上利益主体，像撒胡椒面一样分散使用，造成公益作用难以明显发挥。另一方面，财政资金投向社会化服务组织，包括供销合作社、农民专业合作社、专业服务公司及龙头企业等，他们首先是市场经济体，盈利是其生存发展的首要目标，决定了其难以将获得的财政资金转化成对千万农户的公益服务，即便提供农业服务也是受利益驱动投向生产要素购买、生产作业、农产品销售等少数几个环节。

2. 存在的主要问题

我们认为，目前财政资金以政府管理服务机构、社会化组织等服务主体为划拨对象是存在一定问题的。政府的服务机构会带有部门本位意识，触动自我利益的改革是不会到位的，而市场主体带有功利性，与农户利益容易产生冲突。因此不管服务内容性质，将所有服务大包大揽在政府手中，或将服务全部委托社会组织，再简单匹配财政资金都是不合理的，必然造成财政资金被强势部门、大的经济实体瓜分利用，失去财政支农的本质意义。

3. 解决方案

（1）以“服务环节”为资金划拨对象。在保证政府管理服务机构必要的运行费用和公益项目（如种源研发、水利基础设施建设）拨款外，将资金划拨主体认定标准进行调整，增加以服务环节为对象的财政划拨方式。建议把农业生产中的服务进行全程分解，财政资金对应每个产业链环节定价，确定服务目标，按“谁服务，谁受益”的思路进行扶持，提升财政资金使用效率。2014 年底，重庆市在永川、秀山等 11 个区县（自治县）开展农业生产全程社会化服务试点，就是通过政府补贴资金购买服务，将各区域内如水稻、柑橘等重点行业中的服务环节进行分解，针对每一服务环节由政府统一按市场价确定补贴，再对服务提供者进行公开招标，把社会化服务的“最后一公里”落实到位，让农民切实体会到全程社会化服务的实惠。该项政策可以说是对完善农业社会化服务体系的有益尝试。

（2）有重点有选择支持新型农业经营主体。新型农业经营主体包括专业大户、家庭农场和农民合作社、农业企业等，他们是围绕农业再生产的各个环节，形成有机结合、相互补充的一种组织体系。他们既是服务的提供者也是接受者，强化新型农业经营主体不仅可以对农业生产关系进行调整和完善，还可以促进农业社会化服务体系的配套。我们认为财政资金在不同时期，可以有重点、有选择地对各主体进行支持，如现阶段对以适度规模经营作为主要生产方式的专业大户、家庭农场、农民合作社等主体加强支持力度，而对农业企业则以创新财政金融方式介入，改变以前资金补贴过度集中、效率低下的问题。简单讲就是要根据农业发展不同时期、各主体发展水平、功能定位、相互关系以及对社会化服务的影响，采取普惠与特惠性结合的财政政策，调控发展，尽量发挥比较优势。

（二）财政资金投入方式

1. 情况分析

财政资金对农业社会化服务包括公益性服务与经营性服务，或者两者兼有的综合服务支持，实践中多是以无偿划拨方式投入。巨大的利益吸引了各服务主体对这些资源的竞相争夺。政府发挥主导作用建立的服务管理机构通过天然垄断地位，获得大量无偿资金，从资源配置角度理解是对其他社会服务主体的挤压，关键是无成本资金进入政府服务管理机构弱化了农业资金使用功能，达不到与农民需求的有效对接且投资效率低下，在这个层面上，服务尽管实现了社会化，但实质上并没有服务的真谛；另外，市场化服务主体对无偿的补贴资金、项目资金也是趋之若鹜，对有补贴项目相互恶意竞争，极易形成腐败。即使市场化服务主体取得无偿资金也不会改变其投资在利益较多的服务领域，对于盈利较小、外部性效益多的领域，仍不会涉足或较少参与。

2. 存在的主要问题

我们认为，存在上述问题的原因是将涉农财政资金视为一种无偿资源，导致实践中模糊了政府公益类服务与市场类服务之间的界限，相应财政资金也没有市政分开。换句话讲，在全能政府包办垄断的局面已经难以满足农民日益增长的服务需求情况下，农业财政资金拨付必须根据服务内容性质分类调整，按渠道各自计算成本效益，只有实现财政资源有效配置，才能顺利解决社会化服务中“都在服务，谁都没有服务好”的矛盾。

3. 解决方案

政府对农业的纯公益类服务，包括农业科技创新研发、农业科技推广、动植物疫病监测与防控、农产品质量安全监测与管理等都具有公共产品的特征，社会效益很高，这方面政府的主导角色不能丧失，在财政资金方面仍可以全额无偿拨付或创新扶持。对于市场类服务又可划为两类：一类是半市场化的公共服务，包括农民培训、市场信息平台、保险服务等存在部分竞争的社会服务，对于这部分服务政府部门可以承担好公共服务“安排者”的角色，而不需要成为包揽这些服务的“主导者”，在财政资金支持方面通过外包、政府补助、特许经营及差额支付等形式完成；另一类是全市场化的公共服务，包括农业原料采购，产品包装、加工、贮藏、运输、营销以及品牌建设等纯市场服务，对于这部分服务，政府部门的服务机构应从这些专业化服务领域中退出，放手交由市场化的供给主体去做，以充分发挥市场供给主体服务水平，在财政资金支持方面则通过补贴贷款资金，降低财务成本方式进行扶持。2014 年底，重庆市在永川、秀山等 11 个区县（自治县）开展农业生产全程社会化服务试点，这是政府要充分利用市场化，凭借民间供给主体在组织、技术与管理上的优势，提高服务质量与服务效率的尝试。以这样的模式在政府与农民之间建立起一个缓冲带和中间层，可以最大限度地避免政府对微观服务领域的直接干预，实现社会利益最大化。

（三）财政资金使用评估

1. 情况分析

农业财政资金使用评估目前主要还停留在专业机构对财政资金的形式审计，主要集中在真实性、合法性审查，揭示的问题更多地集中在资金闲置、挤占和挪用等方面，而对项目实施情况、效益、经验得失缺乏总结评估。农业财政资金总量大、投入广，没有成本约束，资金投入后没有对资金利用保值增值的约定，审计便成为资金拨付人检查资金使用情况的唯一手段，但对农业企业提供的社会化服务项目资金审计，无法全面深入第一线去调查复核，得出的结果仅由服务实施主体提供，资金使用情况极有可能与实际情况存在出入。另外，拨付给市场主体的补助资金一旦划入企业，其流向难以控制，事后依靠审计也难以厘清。

2. 存在的主要问题

我们认为，社会化服务中的财政资金使用评估客观上存在技术困难，但本质仍是资金划拨体制上的问题，正如前面提出的两个问题，必然导致资金拨付人、使用人对绩效评估的主动性不强，还存在抵触和隐瞒，只有改变资金的划拨机制，才有可能完成对社会化服务结果的有效评估；另外，资金使用评估从流程上都属于事后评价，对于社会化服务质量效果已无济于事，服务实施前服务内容选择、定价标准、主体选择方式和标准、主体经济实力才是影响服务效果的关键。

3. 解决方案

首先，要坚持评估标准，不能简单确定为投入规模，必须以农民在生产过程中是否得到便利，通过服务是否达到预期效果为标准，即使资金是严格按照规定投入到服务环节，但农民没有兴趣或达不到要求，就不能认为是好的结果；其次，要对资金划拨机制进行改革，通过资源配置转换，简化财政资金成果的审计、评估压力；最后，要求在服务实施前，政府只作为“参与者”制定规则、划拨资金，但须坚持公开、公允的方式进行，优胜劣汰，让财政资金在社会化服务中发挥最大效益，让农民得到实惠。2014 年末重庆市在永川、秀山等 11 个区县（自治县）开展农业生产全程社会化服务试点，采取区农业农村委、区财政、区审计等部门组成评审小组统一完成服务组织的考察，并在网上公示便是一种很好的筛选形式。

三、财政政策创新

目前，农业财政政策的主要手段仍是财政资金的拨付使用。在经济新常态下，一味地依靠财政资金投入推动农业社会化服务发展已不合时宜，也越来越不经济。在“财政政策与农业社会化服务分析”中，已阐明财政政策在农业社会化服务方面的几个问题，虽然提出相应解决方案，但没有根本解决，只是现阶段对财政政策的局部改良和调整。若要真正发挥农业社会化服务作用，只有从现有财政政策体制创新入手，从要素驱动、投资驱动转向创新驱动，实现政策创新提升政策绩效。

（一）管理创新

农业社会化服务财政政策管理创新总体来讲首先是要有一个良好的机制保障，打破束缚创新的体制障碍，营造优质的创新环境，放宽创新空间是财政政策不断完善的前提。我们认为财政政策管理创新可以关注以下几个方面。

1. 动态化管理

从农业社会化服务体系的变迁及其背景分析认为，财政政策对农业社会化服务的引导作用是非常明显的，农业财政政策的运用明显反映出国家意志和对农业发展阶段的判断，农业社会化服务的每一次变革都离不开财政政策的支持和调整，因此对财政政策的管理应该是根据农业社会化服务的实践效果进行动态化的管理，及时调整财政政策的支持内容、支持力度及支持范围。例如，2014年底，重庆市在永川、秀山等11个区县（自治县）开展农业生产全程社会化服务试点，这一试点就是财政政策对农业社会化服务的具体实践。我们认为，对于此次试点最关键的是信息反馈中的动态管理，在完善试点模式后适机扩大服务范围、匹配增量财政资金、创新财政资金运用，形成动态调整的管理思维。

2. 统筹性管理

从宏观层面讲农业社会化服务体系属于第一产业范畴，但与二三产业的社会化服务体系仍然保持较强的关联性，例如，2014年底，重庆市在永川、秀山等11个区县（自治县）开展农业生产全程社会化服务试点，其中农机的社会化服务与农产品流通的社会化服务，与工业品、电子商务网络的生产服务是高度关联和相互融合的。因此，从广义上讲，财政政策对农业社会化服务与二三产业社会化服务是社会化大生产背景下相互协作相互统一的有机整体，通过财政政策引导作用加快农产品进城与工业品下乡的双向流通，形成现代农业物流与城市商业物流的有效链接，强化农业社会化服务外延性，实现全生产要素的统筹管理。

3. 开放式管理

随着生产力的不断发展，农业生产的社会分工以及专业化程度在不断地加深和提高，最终形成了符合我国国情的农业社会化服务体系。因此在农业社会化服务体系构建过程中，存在许多诸如土地使用权、资金技术、环境、产品销售等新问题，这需要政策主导者在管理中具备开放的心态，尝试接收创新理念，善于学习总结国外农业社会化服务的模式，来不断完善农业社会化服务体系财政政策。

（二）模式创新

对于提供公共产品的纯公益类服务，可以由政府与社会企业共同出资完成，模式选择可采取公私合营模式（PPP）介入农业社会化服务。保证公益项目在技术和经济上的可行性，缩短工作周期，降低项目费用，尽可能降低完工风险和资金风险。例如，动植物品种研发主要一直由政府投资主导，若按照 PPP 模式中的特许经营，让私人参与部分或全部投资，并通过一定的合作机制与公共部门分担项目风险、共享项目收益；又如，2014 年底重庆市在永川、秀山等 11 个区县（自治县）开展农业生产全程社会化服务试点也是参考 PPP 模式中的外包类服务，通过竞标，社会化组织承包整个项目中的一项或几项职能，验收通过后获得政府补贴等相关收益。

（三）手段创新

我们认为，政策性金融属于财政手段的延伸，是财政和金融的有机结合。通过政策金融介入农业社会化服务，金融杠杆放大政策效应即可立竿见影。总体来说，对于非公益类的农业社会化服务政策金融手段是三个转变：将财政资金由分散拨付向定向集中转变，由直接支持向间接支持转变，由无偿使用向有偿使用转变。

1. 投资组建政策性农业担保公司，转换农业社会化服务支持手段

（1）集中部分财政资金通过融资担保杠杆，放大资金使用效率，形成对整个农业社会化服务“四两拨千斤”的资金支持。成立政策性的农业担保公司，注册资本金与风险准备金全部来源于政府已预算的农业资金的部分转移，公司经营严格按照市场化运作（政策性体现的是只提供涉农领域的融资担保），对投资人承担资产保值（增值）的责任。在此要求下，担保公司是完全以市场的角度对“半市场化的公共服务”“全市场化的公共服务”的提供者进行调查、评估，最终决定是否提供融资担保。将无偿分散使用的农业补贴资金集中后通过金融机构授信，间接转换为支持农业主体的担保贷款资金，依靠企业自主经营，偿还本金。这样可以规避企业“重补贴、轻经营”的思维模式，有利于农业社会化服务的进行，展现企业实施社会化服务的真实能力。例如，2006 年重庆市农业农村委主导成立的重庆农业担保公司，成立至 2014 年，注册资本由 5000 万元追加至 3.38 亿元，8 年累计担保金额约 70 亿元，按资金运转速度至少产生 200 亿元的经济效益，相对财政资金直接作用农业社会化服务获得的倍增效益显而易见。

（2）依托现有的农业担保公司平台，建立专项风险准备金，由地方政府划拨专项资金到农业担保公司专户（不进入担保公司资本金），只作为本区域的社会化服务融资担保风险保障金，双方对风险评价标准、风险金补偿机制、风险准备金管理等重点达成一致，即可通过农业担保公司的资金放大效应完成区域产业的融资支持，经过担保公司的专业判断和市场运作，坚持风险控制第一原则，完全可以实现地方政府、农业社会化服务主体、农业担保公司的共赢发展。

（3）对保留下来的农业财政预算资金仍然可由政府统筹管理。其中，部分可以通过财政贴息、财政贴担保费等方式直接补贴“半市场化的公共服务”“全市场化的公共服务”的提供者即担保贷款资金使用者，它们只要能正常经营偿还贷款，并提供相应的财务费用凭证，按规定可享受全额或部分财务费用补贴。

通过财政与金融支农新模式、新机制的探索可以充分发挥财政资金的引导和杠杆作用，与传统农业补贴方式相比，有力地促进了财政资金的有效利用与保值增值。

2. 由财政资金投资成立农业资产（基金）管理公司，实现农业社会化服务的超额利润

（1）农业经营主体产权投资。对于一些“全市场化的公共服务”的提供者，可以通过农业资产管理公司以股权投资或“股＋债”混合投入模式，通过风险与收益平衡，达到财政资金的最佳使用效果，实现财政资金社会效益和经济效益的最大化。对于资金使用人来说，投资进入的资金会保持相对稳定的使用周期，通过商业化管理和市场化运作最终让投资人、资金使用人共同分享超额收益。

（2）农业资产储备与经营。对于农业担保公司的不良资产或其他方式转让的涉及大量农村土地经营权、农业设施、农业建筑物等农业资产进行统一收购、打包、出售，其中农村土地经营权预期价值是不可低估的。2014年《关于引导农村土地经营权有序流转发展农业适度规模经营的意见》明确鼓励承包经营权在公开市场上向专业大户、家庭农场、农民合作社、农业企业流转，发展多种形式规模经营。随着未来农村集体土地制度的调整，我们认为对于该类资产兼并、收购、重组必定是今后农业社会化服务工作的重要组成部分。政府可以让农业资产管理公司率先进入这一领域未雨绸缪，适时成立农村资产产权登记中心、农村资产挂牌交易中心等，在未来完全可以通过非行政手段为政府解决农业适度规模经营、优化生产关系等方面的农村经济问题。

（3）农业企业培育辅导。农业资产（基金）管理公司通过自身资源发掘培育一批新型农业经营主体，优化设计个性化服务内容，对包括种子期、初创期等阶段的农业企业进行辅导和支持，引入天使投资模式，实现农业社会化服务的增值。

周期性变化农业产业的公共政策选择研究

——以生猪养殖行业市场周期变化为例

农业在国民经济中处于基础地位，关系国计民生。然而，农业又属于弱质产业，在自然因素与市场因素的双重作用下，呈现出了具有若干规律的周期性变化，造成农产品价格的大幅波动，使农业生产的成本与收益风险偏大。在市场经济条件下，保持合理的农产品价格水平，不但关系到肉蛋奶等“菜篮子”产品的有效供给，还关系到农民增收、消费物价水平和社会稳定。因此，构建有效的农产品价格调控体系，防止农业产品价格急涨暴跌，缩小生产价格与消费价格的“巨差”，保证其价格在合理区间运行，对实现农产品的可持续发展和繁荣农村经济，具有重要的现实意义。

生猪养殖行业是国内最大的养殖产业，也是在国际上占有重要地位的产业之一，其市场周期性波动影响面较广，在农业生产中具有较强典型性。加之猪肉作为人们生活中最重要的肉类产品，在一定时期内，市场需求表现出一定的刚性，需求弹性较小，且猪肉市场能从国际市场得到进出口调节的额度较小，这使国内生猪养殖产业自身的稳定显得尤为重要。为此，本文拟从生猪养殖行业市场周期变化为例，以期提出在尊重市场规律的前提下，稳定周期性变化农业产业生产的有效建议。

一、生猪养殖行业概况

（一）养殖规模整体增长

近十年来，我国生猪养殖情况相对稳定，生猪年末存栏、肉猪年出栏量、猪肉年产量总体呈增长趋势。其中，生猪年末存栏量一直维持在 4.1 亿头以上，肉猪年出栏头数在 5.4 亿头以上，猪肉年产量在 4000 万吨以上，肉类年总产量占比达 63% 以上（见图 1）。

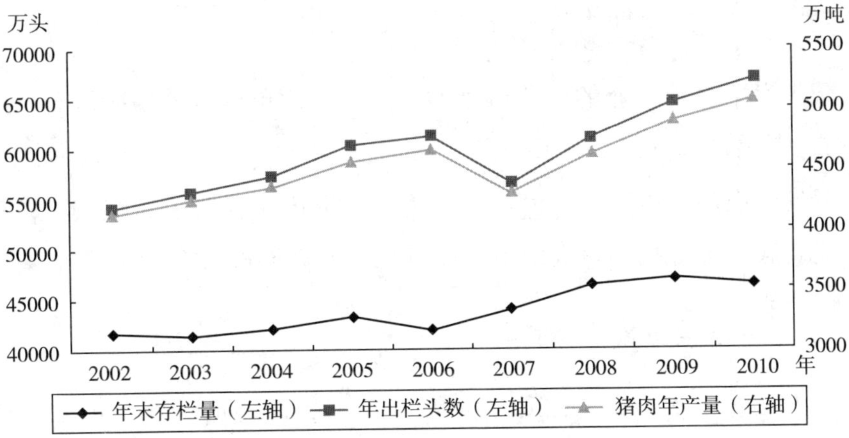

图 1　2002—2010 年生猪发展概况

（资料来源：重庆市农村合作经济经营管理站统计数据）

（二）区域布局初步形成

虽然全国各省市均有不同规模的生猪养殖，但从生猪出栏量与猪肉产量来看，生猪生产地主要集中在四川盆地（包括四川、重庆）、黄淮流域（包括河南、河北、山东）、长江中下游（湖南、江苏、安徽）、东北（辽宁、黑龙江）等区域，其猪肉年产量占到全国总量的 60% 以上。在这些区域中，2010 年出栏生猪 5000 万头以上的有四川、湖南和河南三省，年出栏猪在 2000 万 ~5000 万头的有河北、山东、湖北、广东、广西、云南、江苏、江西、辽宁、安徽、重庆等省市。

（三）规模化养殖占比增大

近年来，为了节约成本，统一管理，降低养殖风险，各地的生猪养殖类农村合作组织相继出现，集约化、集团化养猪企业逐年增多，国内生猪养殖方式正逐渐由过去的散养型向规模化养殖转变。农业农村部统计，2010年我国生猪养殖的规模化程度为66.4%，较2004年高出28.2个百分点。2007—2009年，我国年出栏1万头以上的养猪场由1853家增加至3179家。

（四）产业链延伸不足，深加工产品较少

国内生猪养殖行业的产业链延伸不足，仅简单地从养殖阶段延伸至屠宰环节，大部分猪肉产品仍以屠宰后的生肉为主。猪肉制品的深加工产品种类偏少，规模偏小。在肉制品加工方面，业内企业规模普遍偏小，行业集中度较低，这与我国猪肉消费大国的地位不相匹配。

（五）人均消费稳步增长

猪肉是我国畜牧产业的主导产品之一，是我国城乡居民肉类消费的主要来源之一。近年来，我国猪肉消费量一直呈现稳定增长的趋势，根据国家统计局数据资料显示，截至2008年底，我国人均猪肉消费量（不含户外消费量）为15.62千克，较1990年人均猪肉消费量12.60千克增长了23.97%。随着城乡居民收入水平的提高，猪肉消费正逐渐由追求数量的温饱型向追求质量安全的小康型转变。

二、生猪市场的周期性波动

（一）分阶段的周期性波动

自改革开放以来，国内市场逐步由计划经济向市场经济转型，政府

取消了生猪派购统销政策，并逐步放开对猪肉的价格管制。由此，在市场供求规律及其他因素的影响下，国内生猪价格呈现出了周期性的波动。进入2000年以后，我国生猪价格的波动大致以三年为一个周期。直至2007年，在生猪价格一路猛涨的情况下，政府为抑制生猪价格继续高涨，稳定生猪市场，满足居民消费需求，陆续出台了《关于促进生猪生产发展稳定市场供应的意见》（以下简称《意见》）、《关于建立生猪保险体系促进生猪生产发展的紧急通知》等政策文件，拉开了宏观调控生猪市场的序幕。受调控政策、生猪供给变化等因素的影响，生猪市场价格3年一个周期的规律逐渐被打破，呈现出周期变短，波幅变小的趋势（见图2）。

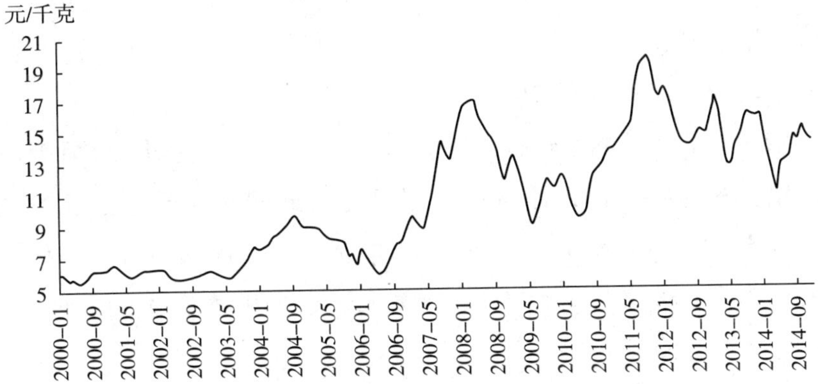

图2　2000年1月至2012年7月生猪价格走势

（资料来源：重庆市农村合作经济经营管理站统计数据）

1. 波动期：2000年至2003年

生猪市场的供应和需求相对平稳，养猪行业基本在盈亏平衡点附近小幅震荡。生猪市场走势靠自身供求关系调节长期处于“微利—微亏”的平稳态势，存栏维持在较合理水平。这一周期的亏损阶段谷底是受“非典”疫情影响，省际间交通受阻，生猪运销格局改变而导致的猪价探底。

2. 波动期：2003年至2006年

受“非典”疫情及生猪价格持续低迷的影响，前期生猪存栏与能繁母猪存栏数量下降幅度较大，致使后期生猪供应量偏紧，生猪价格一度高涨。生猪价格的大幅上涨，在吸引大量社会闲余资本投资养殖业的同时，也激发了人们的养猪积极性，导致养殖规模不断扩大，生猪供应充足甚至过剩，至 2004 年 10 月生猪价格开始回落，一直持续到 2006 年上半年又跌入谷底。

3. 波动期：2006 年至 2009 年

在生猪价格跌入谷底之时，养殖户养殖积极性受挫，致使能繁母猪存栏与生猪存栏数量减少幅度较大，为后市生猪市场的复苏奠定了基础。生猪价格开始逐渐回升，稳定一段时间后，在 2007 年 4 月至 5 月突然加速上升到较高水平。高价格高盈利，导致生猪存栏量与能繁母猪存栏量增加较快，随后受美国金融海啸及消费淡季的影响，生猪价格于 2008 年 8 月由高价开始下滑。

4. 波动期：2009 年至 2012 年

生猪 3 年的波动周期性被逐渐打破，呈现出周期变短，波幅变小的趋势。生猪价格在一年内，小幅度上扬后，又跌回前期低位。至 2010 年 7 月至 8 月生猪价格开始上涨，于 2011 年 7 月至 8 月达到历史最高位。受能繁母猪存栏、生猪存栏数量增加的影响，后期生猪供应量增加，生猪价格重新迈入下降通道。

5. 波动期：2012 年至 2014 年 8 月

这段时间内，生猪价格因消费季节性等原因，出现了一定的涨跌，但生猪价格整体呈下降趋势，且与以往明显的周期性相比，周期性的变化越发不明显。

（二）影响生猪市场波动的主要因素

1. 政策影响

从图 3 看出，生猪价格走势与猪粮比变化趋势基本一致，当猪价下降时，猪粮比也随之下降，反之亦然。2007 年以前，生猪市场基本处于市场经济下满足供求关系的自给调节，猪粮比更多地代表着生猪养殖业的盈亏情况，指导养猪业自然供给平衡。2007年以后，为保证生猪市场的有序发展，稳定生猪生产，保障居民消费需求，国务院出台了《国务院关于促进生猪生产发展稳定市场供应的意见》等政策，拉开了生猪市场宏观调控的序幕，而猪粮比的走势也理所当然的成为政府制定宏观调控政策的主要依据之一。至2009年1月国家发展改革委、财政部等六部委联合制定发布《防止生猪价格过度下跌调控预案（暂行）》（以下简称《预案》），猪粮比的预警作用则更加明朗化。《预案》规定，今后生猪生产将以猪粮比作为预警指标。随着国家政策的市场干预，我国生猪养殖业发展及市场运行特点出现了一定变化。2008年4月以后猪肉价格不断回落，养殖户收益大幅下降，生猪市场原有的周期性波动逐渐不明显，且呈现出波幅缩小、周期缩短的特征。生猪产品价格波动频繁，生产者面临的市场风险也逐步加大。

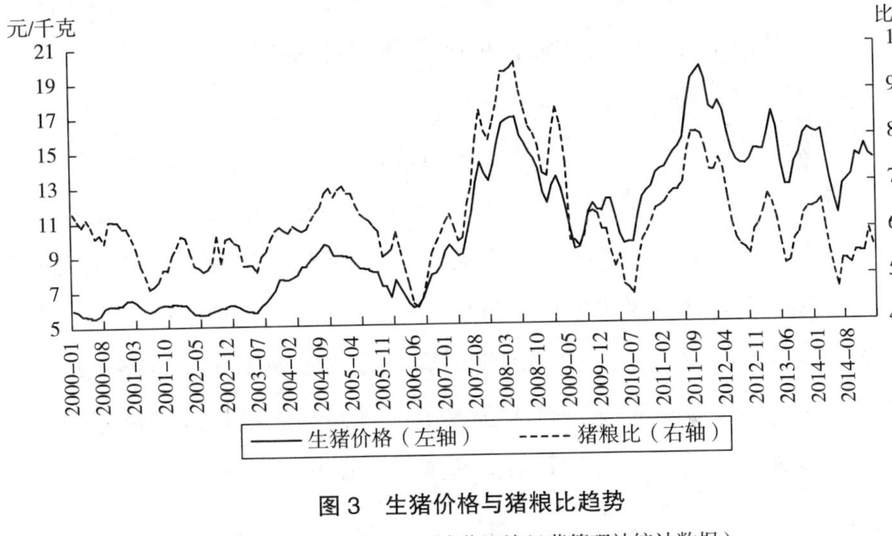

图3　生猪价格与猪粮比趋势

（资料来源：重庆市农村合作经济经营管理站统计数据）

然而，受预警机制、市场化的配套机制不完善、财力有限等诸多因素影响，我国目前的生猪市场价格调控体系并不完善，运行机制欠合理，导致调控效果非常有限。表现在侧重于临时性的调控，缺乏长久性，以被动的应急价格调控方式为主；补贴效率不高、补贴水平低、生猪产品储备能力不足、生猪保险刚刚起步、信息化等基础建设滞后等方面。

2. 市场淡旺季变化

一般而言，每年的生猪价格会呈现出“两头高，中间低”的“V”形走势。在假日消费的带动下，每年元旦春节时期，猪肉消费需求较大，生猪价格处于相对高位。春节过后，由于腌腊制品的大量储备以及天气逐渐转热，猪肉消费量减少，猪价一般会呈现下滑趋势，至每年的4月至8月消费淡季时，达到当年的低谷。此后，随着国庆、中秋等节日消费旺季的到来，猪价开始季节性回升，到国庆、中秋期间达到一个高峰。次年元旦至春节前，由于过节消费增加，生猪价格又会进入另一波价格高峰。

为有效控制养猪业担保贷款的经营风险，支持生猪健康持续发展，担保贷款的发放时间最好在每年生猪消费的淡季，此时生猪价格偏低，有利于企业贷款资金的最大化利用。同时将企业还款时间设计在生猪消费旺季，不但利于企业盈利的最大化，也利于其资金的回流。

3. 疫情疫病影响

近年来，我国生猪养殖中的疫情疫病情况明显增多，例如高致病性蓝耳病、猪圆环病毒病、猪细小病毒病、猪附红细胞体病等疫病。这些疫病的暴发与流行对我国生猪养殖业冲击较大，特别是全国范围内的重大疫情流行，对生猪市场具有重大影响。2003年“非典”与2007年“高热”“猪链球菌”等疫病的流行，造成国内生猪养殖业的区域阻隔，生猪供应短期内大幅减少，致使后市生猪价格大幅度上涨。虽然大规模疫情的暴发具有一定的偶然因素，但其足以对养猪业造成较大影响。

三、完善生猪价格波动风险调控建议

国内生猪市场化进程已经有20多年，开始于1985年的畜产品流通体系的改革，到了20世纪90年代初期和中期从总体上完成了从计划体制向市场体制的转变。伴随着市场体系的建立过程，也出现了生猪产业明显的周期波动和市场价格风险。虽然，2007年国家陆续推出了一系列稳定生猪价格的调控政策，但在目前甚至将来相当长的时期内，我国生猪市场周期性和价格波动将难以避免。现存的以农户散养为主导的生猪市场供给模式长期存在，并缓慢转变。解决生猪产业的突出矛盾，在于如何因势利导转换生猪经营方式，形成与猪肉深度市场化要求相匹配具有自身稳定性的市场供给模式；如何促进生猪加工和流通体系建设，形成有效的市场反应机制；政府政策如何制定，如何调控，如何健全和完善等方面。

（一）保护和利用农户散养，因势利导转换养殖模式

在目前甚至将来相当长的时期内，我国农户散养仍将是猪肉市场供给的主要来源。生猪饲养作为一项有效益的传统家庭经营项目，在目前的社会经济条件下仍是农户的普遍选择，存在着其自身的经济和技术合理性，有着很强的生命力。但其固然有无法弥补的缺陷，所以在发展过程中，我们要遵循客观现实，保护和利用农户散养，因势利导转换养殖模式。首先，应该积极采取引导措施，鼓励发展完善养猪业生产合作化组织，使其在供销调节、信息提供、技术指导培训、资金资助等相关养猪业方面发挥作用。逐步完善社会科技服务体系，为农户提供良种苗猪及技术、信息、运销等服务，打通农户与市场的连接，使农户的生产活动处于一种有组织、有秩序的状态，并有意识地引导部分农户向专业养殖户转变。其次，积极改变生猪产业链中利益分配不合理的状况。促进生猪加工流通企业与农户建立风险共担、利益共享的利益联结机制，形成利益共同体。改变很多地方受猪贩和屠宰部门垄断控制，缺乏多渠道竞争的局面。考虑允许养猪合作组织的猪只进入定点屠宰场屠宰后自行批发，允许协会、合作社从事生猪贮运业务，合理分配产业链中各环节利益和风险。最后，从长远的发展趋势上分析，规模化养殖将是我国生猪产业发展的必然趋势。改变市场的供给模式，增强市场供给方面自身的抗风险能力和稳定性是调控生猪周期性波动风险的长效机制。规模养猪市场化运作较为成熟，工厂化生产、企业化管理、一条龙发展，单位生产规模大，具有明确的管理制度和

企业标准，还从事生猪生产等配套业务，抵御市场风险的能力较强；也利于实现更大规模的合作经营，增强生产计划性，减少盲目性，规避市场风险；并且能够有效落实政府调控措施和食品安全监控。所以发展专业化规模养殖可以有效改善猪肉市场的自身稳定性，从根本上缓解市场价格风险。规模化发展目前也面临一些问题制约，鼓励发展的同时也要在建设资金、技术服务、环境治理等方面给予一定的扶持。

（二）大力发展猪肉加工流通相关产业体系

生猪市场机制的顺利运行依赖于完善有效的加工流通体系，商品流通顺畅直接关系到养猪生产者利益问题。当前我国肉类加工企业实力还较弱，市场集中度低，尚处在发展的初级阶段。应通过行业兼并，扶持发展一批有较强实力的加工流通企业，提高我国生猪屠宰及猪肉制品加工行业的集中度，以提高肉类加工流通的经营绩效。发展现代化农产品市场流通体系，引导产业化龙头企业、批发市场和大型农产品流通企业发展农产品连锁经营，建立新型、高效的农产品营销网络。支持建立一批跨区的大型农产品批发配送中心，提高农产品集中采购、批发、统一配送的能力。鼓励农民专业合作经济组织在城市建立农产品直销连锁店。通过培育大型农业网站，强化农产品市场信息收集发布。积极创造条件建立网上交易平台，探索发展农产品电子商务。通过现代化农产品市场流通体系的成熟发展，增强市场价格反应机制，提高农产品市场的整合程度。同时，加工企业应建立食品安全监控体系，保证产品品质，进行品牌的建设，以应对健康、安全、卫生、质量以及环境保护等因素对消费者选购猪肉影响越来越大的消费特点和趋势。

（三）完善农业保险保障和疫病防控方面的政府服务职能

1. 防止生猪市场的巨幅波动

生猪养殖业是一个高风险、高投入的行业，需要给予一定的优惠政策来发展和扶持生猪生产全面覆盖的农业保险；对目前农业保险业务中面临的巨灾风险分散转移机制不健全等问题给予支持，健全全国性的农业保险制度框架，厘清政策性农业保险发展模式，推进发展完善农业再保险业务，建立持续健康发展的农业保险体系。同时发挥政府公共服务职能，加强科技投入，加快科技创新步伐，着力提高养殖科技水平；积极做好面向养殖农户的技术推广和培训，提高农户的市场意识、合作意识、信用意识、质量意识，使广大农户真正适应产业化经营；认真组织实施生猪的品种、技术、知识更新工程，采用多种形式加强专业科技人员的培养。

2. 加强疫病防疫环节工作，建立和健全有效的疫病疫情防控体系

加大动物疫病防控研发的经费投入，加大对畜牧兽医部门的投入，强化其对养殖环节猪病防疫的监督指导功能，及时启动疫病预警以及防控快速反应机制，推进基层兽医体制改革的深入实施。坚持生产发展和防疫保护并重的方针，加大监督力度；加强对饲料、兽药生产经营的管理，严格把控生猪流通的检疫和监管，对重大传染病强制免疫，防止疫病的流行。政府要及时公布畜产品质量安全、生产标准、生产状况和检测情况。同时，对扑杀疫区动物按标准给予养殖户一定经济补偿；鼓励包括农民专业合作社、企业、行业协会在内的各种主体主动帮助养殖户应对动物疫病，为农户养猪提供有效保障。积极推行动物疫病综合防治技术，积极推进兽医管理体制改革，建立健全基层动物防疫体系和畜产品质量安全信息体系。

（四）建立完善市场调控体系和能力

1. 建立完善储备调节制度

根据生猪生产和市场价格波动的周期性规律以及国内外应对生猪波动的经验，要使生猪波动控制在一定的幅度内，须针对生猪波动实行反周期逆向调控政策。储备制度已经在猪肉市场供求的平衡中发挥了重要作用。当猪肉市场供应充足，生猪价格过低时，为了合理规避养殖户亏损及稳定市场供求，国家可根据预案调控措施，对市场猪肉进行临时收储，增加市

场需求，促使生猪价格止跌回升，猪粮比也回升到盈亏平衡点。另外，根据生猪市场价格季节性走势规律，收储冻肉于每年国庆、中秋、元旦和春节季节消费高峰、猪肉价格过高时及时逐次逐批地投放到市场中，以缓解供给紧张局面，满足群众肉类消费需求，保障猪肉市场供应，调节猪肉市场价格，维护市场稳定，有效抑制猪肉价格过快上涨。国家冻肉收储的作用更多是影响市场预期，通过预期来影响生猪价格。生猪价格是由供需决定的，在供大于求的情况下很难仅仅通过预期来提高生猪价格。至于猪肉价格的企稳和反弹，在收储政策实施后，应该还有 2~3 个月的时间才会达盈亏平衡点之上。从生猪价格的涨跌可以看出，冻肉收储政策具有积极作用，但影响猪价的因素较多，不一定会产生较理想的效果。另外，不可忽略的是，储备猪肉具有选择性，一般人们喜好消费和易于储存冷冻的均为瘦肉，因此，储备对市场价格的调控作用会受到限制。

储备制度是稳定市场供求的有效手段，可以有效地缓解市场短期供求不平衡。在完善储备制度时应当注意以下几方面：一是储备的产品种类，以猪肉储备为例，现行的选择储备肉时，多是选择瘦肉，消费群体不愿消费的肥肉仍然供应量很大，市场的稳定作用并未显现，因此，在选择储备产品时应当根据市场消费的比例进行储备；二是储备量的大小，要想发挥储备制度的功效，在储备的量上应当有所改变；三是储备主体的选择，当前的储备多是政府主导，但局限于仓储容量，预期的市场效果很难达到，应当探索企业、资本进行畜产品储备的可能性及操作方式，在不违背市场原则和商业道德的前提下，积极鼓励民营资本进入畜产品储备领域。

2. 建立完善农产品市场价格预警机制

价格预警机制在稳定农产品市场价格的过程中有着重要作用。通过强化市场机制作用的同时，形成、完善政府调节的目标价格体系和预警机制，并建立有效的执行监督机构和投入保障机制，并运用农业计划、市场保护价格、信贷、补贴等手段予以有力的配合，从而实现用经济手段进行宏观调控，减少调控的盲目性，实现国内农产品市场在合理的价格波动范围内稳定运行。国家出台的《防止生猪价格过度下跌调控预案（暂行）》确定了相关的调控目标如猪粮比不低于6∶1，但由于市场和经济形势处于不断发展变化中，因此相关职能部门应根据供求状况及预测变动情况，农户收益等因素来确定相对、动态的预警目标价格。同时，还应考虑到我国生猪主产省和主销地的生产，流通体系的差异，对不同省区的情况予以区别对待，使中央和地方的政策配套、体系完善，增强政策的科学性和适应性。

3. 加强农产品市场信息网络建设，建设完善的资讯服务体系

随着我国市场经济体制的建立与完善，准确、快速的信息对于促进农业经济发展的作用也越来越重要。因此，我们在加强农业基础设施建设时，不仅要注重加强农田水利基础设施和农产品流通基础设施的建设，而且要加强农业信息基础设施的建设；尽快建立和完善国家与地方农业信息网络，逐步建立健全县级农村经济综合信息服务体系，扩大和完善农产品市场信息网，形成从中央到地方适应农业市场化要求的信息传播系统，加强信息预测、收集、发布活动，因地制宜地采取多种形式向农民及时传播市场供求信息。在建设完善信息网络的基础上，政府相关部门也应逐步完善在市场信息公布、生产预测服务、国外市场资讯等方面的农业资讯服务，尽量减小市场信息不对称性的影响。

4. 推进我国生猪期货市场等现代化流通交易方式建设

期货是相对于现货而言的，期货的产生和发展是以现货为基础的。然而现阶段，我国尚未建立成熟的生猪期货市场，主要是基础条件还不完善。第一，生产规模化水平低。截至2014年8月，我国有5600万名养猪场户，户均出栏生猪仅13头左右，千家万户的小农生产十分分散，组织化程度低，还不具备进入期货市场的条件。一旦期货市场建立起来，就容易沦为少数人炒作套利的工具。第二，全国各地均有生猪饲养，品种和饲养方式千差万别，标准化水平较低，建立统一的期货交割标准目前还有很大难度。第三，期货市场要以现货市场为基础，但我国目前尚未形成这种

满足要求的现货市场。第四，期货市场交易要以完善的信息监测和发布体系作为支撑，而我国目前的信息监测与发布体系还十分落后，亟待完善。第五，我国幅员辽阔，目前设计的以活猪为标的物的交割方式需要进行长距离运输，无法规避疫情传播风险，在当前生猪疫情防控形势十分复杂的情况下更需谨慎。虽然目前建立生猪期货市场的条件还不成熟，但利用其发现价格和套期保值功能以达到规避现货市场价格风险的有效作用已被广泛认可。近年来我国生猪价格波动频繁，养殖、加工、贸易相关企业及参与者规避风险的需求日益强烈，我国生猪期货交易的需求较为旺盛，加紧做好前期准备工作十分必要。

财政支持贫困地区农业产业模式发展创新研究

扶贫工作是党中央、国务院的一项重要战略部署，也是维护社会稳定、促进社会经济与城乡统筹发展的有力保障。由于扶贫工作自身的特殊性与艰巨性，世界上任何国家的扶贫工作都是以政府主导的财政支持为主。经过多年的探索与发展，目前政府主导的财政支持模式种类较多、形式多样，虽取得了一定成效，但依然存在目标界定不清晰的情况。这主要体现在坚持普惠原则和依托产业扶贫所带来的矛盾。前者更侧重于民生、公平的扶贫，仅针对贫困户的单一支持，使有限的财政资金进一步分散，不利于发挥资金优势。而后者虽将有限的财政资金集中起来使用，以农业产业发展为主线，打破了传统的地域限制，提高了财政资金的使用效益，变“授人以鱼”为“授人以渔”，但却容易造成农业产业发展级差，打破普惠限制。

在我国现阶段的扶贫工作中，考虑到财政扶贫资金的规模对于整个贫困群体以及产业发展的需求依然偏小的实际情况，大规模的采用普惠模式的扶贫工作并不十分适宜，而通过产业扶贫模式，更能发挥财政资金的引导优势，形成产业的逐级发展趋势，更符合现阶段的国情。

为此，本文将重点围绕产业扶贫创新的问题进行讨论，拟从贫困地区农业产业化面临的困难及原因，以及现行财政政策实施中存在的问题等方面进行分析，就创新运用财政支农资金支持贫困地区农业产业化发展进行有益探索，以期为做好贫困地区农业产业化发展提供一些可供借鉴的对策建议。

一、贫困地区农业产业化面临的问题

近年来，通过各级政府的重视和努力，虽然贫困地区的农业产业化得到了一定发展，在安置农村剩余劳动力、提高贫困地区人口素质、有效增加贫困农户收入以及建设社会主义新农村等方面发挥了重要的作用，但贫困地区农业产业化发展仍面临着许多问题。

（一）产业化脱节发展严重、产业链难以形成

现行的农业、农村经营管理体制是长期以来计划经济体制下的产物，依然带有明显的计划色彩。农业、农村多头管理，导致外贸、购销、加工、贮藏等管理与服务相脱节，不少优惠政策难以落到实处。在这样的情况下，造成农业产业化发展表现出相当的盲目性。突出表现在农业产业化脱节发展、效益不高、产业链难以形成，这种情况在贫困地区尤其如此。

（二）金融支持力度不够

首先，农业产业化经营及结构调整的核心是规模化、商品化、高科技、高投入，产业链条关联度高，而产业化经营中的高资金投入与银行可提供资金之间有一定的矛盾。其次，农业产业化经营效益周期与银行贷款收回周期之间也有矛盾。由于农业生产受自然条件限制，生产周期长，比较效益低，决定了其投资回收期较长，而银行现行贷款实行期限管理，一般贷款期限为一年，农民在产业化经营中显然无法当年收回投资，不得已只能短贷长用，加大农民负担。最后，由于农业属于弱质产业，其金融融资能力较差，而银行从商业角度考虑，通常会较大比例地上浮利息，进一步增加农民负担。

（三）基础设施陈旧落后

农业基础设施是农业产业化发展的基础，农业设施落后必然制约农

业产业化的发展。当前，贫困地区农业产业基础设施陈旧、落后，而每年新增的设施又较少，致使农业生产抗拒自然灾害的能力不强，部分贫困地区连满足农业基础生产的设施都存在困难。与此同时，配套的基础设施建设，如交通、通信、医疗、教育、文化等基础设施落后也阻碍了贫困地区农业产业化的发展。

（四）商品化程度低、市场规模小

贫困地区一般地处偏远，市场体系建设滞后，农产品流通中介组织缺乏，市场规模偏小，阻碍了贫困地区的农产品商品化进程。据相关数据统计，贫困地区农户粮食、油料、蔬菜、畜禽的商品率都低于全国平均水平。由于贫困地区农户生产水平低，主要农产品生产量较低，也就没有更多的剩余农产品出售，进而难以通过经济循环来带动收入增长。

（五）农业科研与推广体系薄弱

虽然，在推广农业科研与适用技术上，政府出台了一系列的补贴政策，取得了一定成效。但在广大的贫困地区，农业科研与推广体系的建设依然十分薄弱。具体体现在：农业科研与推广技术人员的配备不齐，使对农户的技术指导收益面有限，从而导致农产品产量低、品质差，形成了低产出、低质量、低收益的恶性循环。

（六）职业技能及商业人才缺失

贫困导致劳动者职业技能及商业意识偏低是造成贫困的主要因素。首先，由于贫困地区贫困户普遍受教育程度低，思想又较保守，在信息闭塞、交通不便的情况下，其难以接受新事物与新技术，这将严重阻碍贫困地区农户依靠农业产业化脱贫致富的步伐。其次，贫困地区基层干部的传统农业观念浓厚，缺乏推广农业产业新技术、新理念的意愿。最后，由于工作环境恶劣和生活条件差，贫困地区也难以引进和留住相关的农业技术人才。

二、现行财政资金支持贫困地区农业产业化发展中存在的问题

资金的有效投入不足是造成前述农业产业化面临问题的主要原因。一直以来，虽然政府通过制定财政政策，将大量的财政资金投向贫困地区的农业产业，促进了贫困地区农业产业化的发展。但是，从投入产出的绩效上分析，由于其存在科目多、渠道多、金额小、分布散的问题，现行政策的实施效果并不理想。

（一）财政支持资金投入相对不足

政府因受财力的限制，对农业产业的投入还不能满足其需要，特别是对于贫困地区的投入则更显不足。以重庆市为例，2013 年财政农业资金投入为 60.8 亿元（不含基建），其中农业直补 28.4 亿元；主导产业（粮油、生猪等）补贴 21.2 亿元，而 2012 年重庆市农业总产值 1402.03 亿元。可见，财政投入农业资金相对较少，其投入至贫困地区的相对资金则更加匮乏。

（二）财政支持资金使用分散

现行财政支持农业产业化政策中，财政资金使用分散，难以形成合力。仅就中央财政资金而言，其分散性表现在两个层面上，一是在中央政府各涉农部门之间的分散，即为了照顾各部门的利益，首先要在它们之间对财政支农资金进行划块与切割。二是在地区和支农项目之间的分散，即中央各涉农部门在获得相应的支农资金审批管辖权之后，也会基于部门内部及地区间利益平衡的考虑，将有限的财政支农资金分配到不同地区的众多支农项目中去。

（三）财政支持审批进度过慢

目前，财政政策的实施为从上自下，因此财政资金的安排一般采取的是分级配套、层层下达的办法。项目资金从拨付到使用，往往要经过多个中间环节，资金在途时间长，进而影响了项目实施进度。

（四）财政资金使用效率偏低

财政资金拨付速度“慢”，在途时间长，最终会影响到支农项目的实施进度，以及效益的发挥。由于支农重点不突出，资金在使用上存在平均分配、高度分散的倾向，造成财政支农资金整体效益不佳的问题。此外，在财政支农过程中，普遍存在着“重投入、轻管理”的情况，这也是造成财政资金使用效率不高的主要因素之一。

（五）财政补贴金融机构效果不明显

虽然政府为支持农业产业化发展陆续出台了涉及农业贷款损失的风险补偿机制，以及各种贴息贴费政策。但受风险补偿认定手续烦琐、补偿比例偏低、贴息贴费直补企业（合作社、农户）、农业融资风险较大等因素影响，金融机构对农业贷款意愿依然不高，且有可能大幅提高融资利息。此外，农业保险体系发展滞后。由于农业企业保险意识薄弱，投保率低，保障面窄，当灾害发生时，企业在不能得到保险支持时，风险就必然向金融部门转嫁，加剧了农业产业化金融供给的紧张状况。

三、对于财政支持贫困地区农业产业创新模式发展的建议

农业产业化是农业发展的必由之路，是新农村建设的主攻方向，是新农村的主导产业。贫困地区要实现农业农村经济又好又快发展，必须采取切实有效的措施发展农业产业化。与此同时，为了使有限的财政资金发挥最大的效用，有必要对财政支农资金的整合路径及使用方式进行创新。

（一）探索财政支农资金金融化运作

探索尝试将政府扶贫支农投入由财政性资金转化为金融性资金安排使用。与原来完全“财政式”的直接投入模式相比，金融化运作模式的最大特征就是支农资金的循环、有偿使用。长期以来，财政支农资金的使用大多是单向、无偿的。贫困地区农业产业化发展资金需求巨大，仅靠现有规模的财政支农直接投入远远不够。因此，必须改变当前财政支农资金的使用方式，采用双向、有偿的金融化运作模式来使用财政支农资金，发挥其杠杆和引导作用，形成“政府引导，社会参与”的模式，进而引导农业产业的逐级发展与升级，依次分批带动贫困地区农户脱贫致富。

1. 以农村经济合作组织作为载体整合贫困地区农民的信用

进一步规范农村经济合作组织运营机制，据农民合作经济组织发展实际，制定相应的规范性文件，使合作经济组织的发展有章可依。明确农民合作经济组织的管理、指导、协调机构，组织有关部门或社会力量，突出加强各类专业协会、龙头企业、专业合作社、村级综合服务站、农副产品交易市场、农产品生产基地建设，改变农民合作经济组织无人管理、无序发展的状态。探索借助农村经济合作组织来整合贫困地区农民的信用，发挥财政的增信作用，同时依托当地特色效益农业产业，最终形成一个集中对外的信用与融资平台，助推农业产业化发展。

2. 探索设立贫困地区农业产业化发展基金

可探索设立支援贫困地区农业产业化生产发展基金，以增强贫困地区农业产业发展的“造血机制”。这部分资金要作为贷款的形式有偿使用。可相应地设立一个依托某国有资产公司组成的财政计划及各方面经济专家组成的发展基金委员会。贫困地区可以根据本地农业产业化资源条件、技术水平和其他经济情况，提出拟在本地建设的项目，提出建设方案和申请贷款基金的数量要求，由发展基金委员会根据国家的产业政策和生产力合理布局的要求，对各地提出的建设项目进行评估及审定，然后确定是否提供资金，是否给予有偿贷款。与此同时，应探索将各级建立的贫困地区帮扶基金、社会和单位自愿捐赠等各项社会扶贫资金，纳入到扶贫开发的整体规划中，与财政扶贫资金统筹考虑、统一运作。实行这种办法的好处是：改变了以往只管投入不问产出的分配方式；有助于克服某些地区在财力上过度依赖中央财政的状况，提高地方组织财政收入的自觉性；可以平衡各贫困地区间的受益差距。

（二）做大做强基地，培育和发展优势产业

基地是农业产业化的载体和依托，只有规模化的基地，才能提供充足、优质的原料，产业化的诸环节才能正常运转起来。贫困地区经济薄弱，自然条件差，建立基地必须确立主导产业，立足特色资源，扬长避短，扶优限劣，重点突破，将推进“一村一品”纳入基地建设，大力培育和发展自己的优势和特色，积极发展品质优良、特色明显、附加值高的优势农产品，推进“一村一品”建设，形成“一县一业、一乡一业、一村一品”的产业格局。一是要合理规划区域布局，加快特色村和特色产业的发展。对优势产业和特色产品，要坚持在农业生产中“有所为、有所不为”的方针，摒弃“大而全、小而全”的经营思想，运用市场机制和政策导向，促进生产要素流动、集中，形成区域明显、优势突出的农业生产布局，实行区域化布局、专业化生产、社会化服务、规模化经营、市场化运作的格局。二是进一步发展壮大一批特色种植、养殖园区，发挥特色村的示范作用。“一村一品”发展的主要是特色产业、特色产品，但特色的前提必须是优质的、市场认可的。要重点发展名气大、质量高的特色产业和产品，提高产品的科技含量和附加值。以培育规模种、养、加大户为抓手，培育扶持规模大户，着力推进特色村的建设。大力引进新品种、新技术、新材料、新工艺，发展名优产品、特色产品。要继续按照“政府搭台、市场运作、科技支撑、项目推动”的原则，突出项目建设，壮大特色经济，重点建设一批高科技特色农业示范园，在更高的层次上发挥特色村的示范、辐

射、带动作用，以点带面，有序推进，发展名品，创出效益，努力形成专业化、规模化经营的产业发展新格局。

（三）加快龙头企业建设，延伸农业生产链条

龙头企业内联千家万户，外联国内外市场，是发展农业产业化的“火车头”，具有开拓市场、引导生产、深化加工、搞好服务的综合功能。其经济实力的强弱和牵动力的大小，决定着产业化经营的规模和成效。贫困地区特别要把龙头企业建设作为经济发展的重中之重来抓。首先，分类分层次、突出重点、区别对待。培育和发展农业产业化龙头企业必须从实际出发，紧紧围绕农民增收这个中心和推进农业结构战略性调整这条主线，立足市场和资源，统筹规划，突出特色，以提高农业生产的市场化和组织化程度为基础，以科技创新为动力，以农畜产品加工和流通业为重点，坚持大中小型并举、多轮驱动，紧密龙头、基地、农民的有机结合，采取改造提升和改革规范现有企业、引资嫁接等办法，按照因地制宜、分类指导的原则，对农业产业化进行分类，根据不同类型，采取或制定相应的扶持政策和措施，大力培育龙头企业，推进农业产业化进程。其次，创造更加有利于农业产业化龙头企业发展的宽松环境。适应规模经济和支柱产业的发展，完善市场体系，重点建设专业市场，鼓励龙头企业直接把触角伸向国际市场，以促进社会分工的扩大和专业化生产的发展，为农业产业化拓展发展的空间。最后，推进农业产业化企业的体制创新。

（四）完善贫困地区产业化财政资金补助配套措施

1. 整合现有财政政策，发挥资金规模效益

针对现在扶贫资金分散的状况，研究实行将扶贫资金同退耕还林还草、防汛抗旱、农业结构调整等专项支农资金、国债资金、以工代赈资金、道路改造资金等捆绑在一起，整合起来，统筹安排使用，最大限度地发挥资金规模效益。

2. 加大财政对教育的投入力度，提高劳动者素质

财政支出是教育经费的主要来源，政府应随着国内生产总值的增加提高对贫困地区的教育支出，提高教育经费占国内生产总值的比重。主要对为贫困地区农户提供职业技能培训的各类机构提供补贴支持。

3. 强化财政扶贫资金管理

进一步强化财政扶贫资金管理，改进扶贫资金管理方式在不断加大财政扶贫资金投入的同时，要进一步强化资金管理，创新管理方式，提高扶贫工作成效；建立并完善扶贫项目立项公式制、项目建设招标制、项目竣工验收制、项目资金报账制等制度，规范财政扶贫项目和资金管理；减少资金审批环节，强化绩效管理，以绩效评价作为分配财政资金的一项重要因素；不断创新财政扶贫资金直接到户方式，如项目直补、项目覆盖、技能培训、移民搬迁、贷款贴息等方式，确保贫困群体直接受益。

当代农村农户经营行为研究

——对重庆小农户的调查

农业是人类社会赖以生存的基础产业，农业生产的最基本单元是农户。一个区域内所有农户经营行为的总和，构成了完整而复杂的农业生产实践活动。所谓农户经营行为，是指在特定的经济制度、资源要素等环境下，以满足自身消费和利益需求为目标，而实施的各种生产经营活动。农户经营行为对农业农村经济社会发展起决定性作用。当前，各地正在加快推进农业现代化，从微观层面，有必要对农户经营行为进行研究，分析农户经营行为的趋势、特征，有助于我们把握农业农村经济发展的一般规律。本文以重庆为基础，研究分析改革开放以来农户经营行为的变化演进，从政府宏观决策层面，提出科学引导农户经营行为、加快推进农业现代化的对策建议。

一、对重庆市农户经营行为的初步认识

重庆地处我国西南丘陵山区，是集大城市、大农村、大山区、大库区于一体的特殊直辖市，农民占城乡人口的大多数。改革开放以来，广大农民在市场经济的洗礼下，思想、观念、行为发生了巨大变化。从某种意义上讲，农户经营行为变迁是农业农村发展进步的一个缩影。

（一）历史趋势

改革开放40多年来，党在农业农村的政策主要经历了放活、减免、补贴三次大的变化。在党的惠农政策的激励和引领下，广大农民发扬艰苦奋斗、勤劳致富的创业精神，筑就了追求美好生活的康庄大道。从农户的经营行为来看，也大致经历了三个阶段。

第一阶段："求温饱"。主要是20世纪80年代。农村改革开放全面铺开，确立了家庭联产承包责任制的基本经济制度，赋予农民生产经营自主权，极大地调动了农民生产经营积极性，很大程度上释放了农村生产力，广大农户掀起了农业生产"大比武"。在农村改革开放后的10年里，粮食逐年增产（见表1）。据统计，重庆市粮食产量由1978年的815万吨，到1991年产量突破了1100万吨，达到1115万吨，比1978年增产37%，广大农户摆脱了缺粮的生活，过上了"吃饱饭"的日子。1991年以后的23年里，粮食产量基本上都保持在1100万吨左右，最高年份是1997年达到1185万吨。由此可以看出，1991年农民"求温饱"阶段的基本结束，在土地上不能获得更多粮食、更高收入后，生活水平改善遇到了"瓶颈"，农户的经营行为逐步过渡到第二阶段。

表1　　重庆市主要年份粮食产量统计　　单位：万吨

年份	1975	1978	1980	1985	1990	1991	1997	2010	2014
粮食产量	604	815	835	949	1085	1115	1185	1156	1145

资料来源：重庆市农村合作经济经营管理站统计数据。

第二阶段："求收入"。主要是20世纪90年代至21世纪头10年。一个重要标志就是1992年邓小平同志南方谈话后，进一步坚定了社会主义市场经济地位，城市经济迅速发展，特别是沿海地区改革开放进一步深入，经济发展日新月异，广阔的就业机会和大幅高于内地的务工收入，使内地包括重庆在内的广大农村劳动力持续向农外输出，逐渐由本乡、本县、本市向市外转移，劳务经济由此迅速壮大，农民务工收入快速大幅增加，逐渐成为农民持续增收的主要来源。据统计，农民收入从1978年的126元，增加到1992年的677元，农民收入年均增加39元；到2014年，农民收入达到9490元，年均增加400元，特别是近5年，农民收入年均增加达到1180多元（见表2）。

表2　　重庆市主要年份农民收入统计　　单位：元

年份	1978	1980	1985	1990	1992	1994	1995	1997	2000	2005	2010	2014
农民收入	126	163	325	587	677	1018	1270	1692	1892	2809	5277	9490

资料来源：重庆市农村合作经济经营管理站统计数据。

注：2014年以前，农民收入指标为农民人均纯收入；从2014年起，城乡居民收入统计指标合并，农民收入指标调整为农村常住居民人均可支配收入，仅参考。

其中，农民工资性收入占比逐年提高，1990年农民工资性收入仅占纯收入的15%，到2013年提高到49.1%，将近占农民收入的半壁江山。2014年，统计指标调整后，外出半年以上的农民务工收入不再计入工资性收入，虽不具可比性，但农民务工收入仍是主要渠道的现实情况未变（见表3）。

表3　　重庆市主要年份农民务工收入统计

年份	1990	1995	1997	2000	2005	2010	2013	2014
工资性收入（元）	88	251	319	623	1089	2335	8332	3196
占纯收入比重（%）	15	19.8	18.9	24	38.8	44.2	49.1	33.7

资料来源：重庆市农村合作经济经营管理站统计数据。

从这些年农村常住人口的持续减少和农村劳动力非农就业的不断增加就可以得到印证。从直辖前的1996年全市非农就业人口419万人，占户籍人口的17.1%，到2009年达到顶峰，为943万人，占户籍人口的39.8%。大量农村人口外流，其最主要目的就是通过外出务工、经商或是其他途径，获得更高的非农收入（见表4）。

表 4　　重庆直辖以来农村户籍、常住人口统计

年份	1996	1997	2000	2005	2009	2010	2014
农村户籍人口（万人）	2446	2448	2430	2352	2327	2196	2003
农村常住人口（万人）	2027	1982	1835	1532	1384	1355	1208
非农就业人口（万人）	419	466	595	820	943	841	795
非农就业人口占比（%）	17.1	19	24.5	34.9	39.8	38.3	39.7

资料来源：重庆市农村合作经济经营管理站统计数据。

第三阶段："求幸福"。自 2010 年以来，特别是 2012 年党的十八大以来，各级党委政府越来越重视民生，统筹城乡、区域发展力度不断加大，教育、医疗、卫生、社会保障等公共服务逐步向西部、向农村倾斜，中西部地区工作、生产条件日益改善，重庆市抓住机遇大力推进统筹城乡综合配套改革试验区建设，培育电子信息、汽车等主导产业，打造城市集群，全面推进农民工户籍制度改革，畅通了农民工进城通道，市内就业环境和生活条件明显改善，就业竞争力逐步提高。在这种情况下，外出农民工逐渐返乡，以就近就地为主开展就业创业。虽然一些农民工返乡就业可能收入上没有沿海高，但家庭生活的幸福感明显提升，农民也愿意回乡。从表 4 可以看出，外出人口从 2009 年逐渐减少，也就是说外出到市外的人口逐渐开始回流。据调查，2014 年，农村劳动力非农就业 792 万人，市内 428 万人，市外 364 万人，市内市外比为 54∶46，市内务工人数已超过半数。此外，在农民工户籍制度的推动下，4 年累计转户 409 万人，广大农民工转户进城后，成了真正意义上的城市居民，广大农民追求更高人生价值和生活品质的愿望逐渐变成现实。

（二）当前特征

从农户经营行为的变化趋势来看，主要有以下四个方面的特征。

一是非农化倾向突出。在计划经济体制下，农户的经营行为均由集体组织安排，绝大多数生产经营行为都是统一行动。向市场经济体制转变

后，农户经营行为不再受到严格限制，不管是种什么、种多少、怎么种等生产行为，还是务农、务工、经商等经营行为，都由农户自己做主。因此，农业农村开始分工分业，特别是随着城镇化不断发展，农村的“一亩三分地”难以满足农民增收致富的要求后，弃农务工成为他们的首选，非农化逐渐成为农村的普遍现象。据调查，2014 年，全市农村劳动力非农就业占到农村全部劳动力的66.5%，当前基本上是“70后”不愿种地，“80后”不会种地，“90后”不谈种地的现状，“谁来种地”的问题越来越突出。

二是多元化发展加快。近些年，在各级政府强农惠农富农政策的有力推动下，一些农户生产经营观念发生较大转变，不再满足于自给自足式的简单生产，出现了以生产商品化农产品为主的专业大户、以产地初加工为主的加工大户和合作社、以农产品销售为主业的农村经纪人、以提供农业社会化服务为主的农机大户、以提供乡村休闲旅游服务为主的农家乐等。2014 年，全市已发展家庭农场 1.1 万家、种养大户 13 万户、农家乐 3 万多家等各类专业化经营农户，其经营模式向规模化转变、经营方式向专业化发展、经营产品向多元化拓展，农村一二三产业呈加快融合发展态势。

三是科技化需求增强。专业大户、家庭农场等新型主体的经营规模普遍大于一般农户，市场化理念更为深入。为了提高农产品竞争力，对于优新良种、标准化技术、设施农业、机械化生产等新科技有较高的需求，期望通过新技术、新方式的应用，减轻劳动强度、提高生产效率、降低生产成本，获取最大化的效益。这些以家庭农户为基础的新型主体是现代农业的中坚力量，他们现在的需求，就是现代农业发展的重点。

四是职业化趋势渐浓。当前从事农业生产的农户，有的是因年龄偏大，无法外出打工，只能留守农村种地养活；有的是因恋土情结，难以割舍，以养老修身的心态种地；而当前一些年轻人和返乡农民工回农村务农，主要是基于外出学习和务工经商，积累了经验、资金和一定技术，他们将从事农业当成自己的事业来发展，职业化趋势十分明显。一般情况下，他们愿意扩大再生产，来获得农业的规模效益，以达到与外出务工相当甚至更高的生活水平。这类农民已在各地农村生根发芽，不断发展壮大。据调查，到 2014 年，全市返乡农民工创业已累计达到 36.5 万户，其中不乏回乡从事农业开发，走上农民职业化发展路子的新型职业农民。

（三）几点启示

对农户经营行为的研究和分析，可以得出，农民群众中蕴藏着巨大的发展潜力，在农村坚持实施正确的路线、方针、政策，广大农户就会迸发出无限活力，他们追逐“小康梦”的同时，也推动了整个农业现代化的发展。

尊重农户意愿是发展农业生产的前提。在计划经济体制下，广大农户在集体组织中“吃大锅饭”，生产积极性和创业活力受到抑制。小岗村“包产到户”的生动实践，反映了农民意愿，生产活力得到释放，农业生产实现大发展。随后，党在农村的政策充分体现了农民意愿，全面实行家庭联产承包责任制，并使之成为制度长期稳定下来，农业生产活力全面释放，创造了“用世界 7% 的耕地养活了 22% 的人口”的奇迹。因此，发展农业不能强制农户生产，而应因势利导，通过利益调整来激发农户的生产积极性。

顺应农户需求是扩大农业生产的关键。农业生产有国家需求、社会需求和农户需求，立足点各有侧重。国家层面，农业是国民经济的基础，需要有一个持续稳定发展的农业来支撑整个经济社会发展；社会层面，社会大众特别是城市人口对农产品有消费需求，期望农产品优质、安全、丰富、价廉；农户层面，从事农业生产首先是要满足自身食物需求，在此基础上，希望获得更多收入，进一步改善家庭生活。国家和社会的需求是促进农户农业生产的外部动力，农户需求是内生动力。当前，农业生产的内生动力不足，在这种情况下，需要国家从政策扶持、社会从市场机制等方面，来推动和促进农户搞好农业生产。

搞活农户经营是稳定农业生产的根本。农户是农业生产力中最活跃的因素。随着农业生产力的不断发展，原有的体制机制逐渐难以适应新的发展要求，农户生产动力下降。主要表现在：一是增收难。一家一户的超小规模经营，难以满足农户持续增收的需求。二是差距大。城乡二元结构体制，导致城乡居民收入差距扩大，农民跳出“农门”的愿望远大于回家务农。三是条件差。农业基础设施薄弱，生产条件较差，农业生产脏、苦、累，使社会对农民主要是“身份认同”而非“职业认同”，导致新生代农民务农意愿偏低。要促进农业持续发展，必须不断创新农业生产经营的体制机制，以制度创新来增强农户从事农业生产的获得感，进一步激发农村活力、焕发农业生机。

二、当前农户经营行为对现代农业建设的主要影响

农户经营行为与建设现代农业是个体与整体相互交织、相互作用的一个有机整体，农户经营行为是基础，建设现代农业是目标。从农户经营行为的特点看，对现代农业建设有三个方面的影响。

（一）农户经营行为的逐利效应，导致“增收”与“保供”的矛盾加剧

随着人口的自然增长和城市化进程加快，整个社会对农产品的需求越来越大，而农业本身是弱质产业，在生产成本不断提高、对外开放不断深入、国外低价农产品冲击加剧的影响下，受到成本的“地板”抬升和价格的“天花板”双重压制，同时，在耕地有限的情况下，生产效率和效益的提高远远跟不上经济发展速度，农业生产效益空间越来越窄，农户不能获得与外出务工相当的收入，就产生了强烈的挤出效应，“非农化”就会发生，导致“无人种地”的困境，反过来又加剧了农产品市场供给压力。

（二）农户经营行为的短期效应，导致“当前生产”与“长远发展”的矛盾加剧

当前，多数农户的生产行为从追求当期产量出发，大量施用化肥、农

药，忽视耕地质量和生态环境。特别是农村土地流转步伐加快，流入土地的农业大户，因经营期限限制，加之对土地经营权保护不够到位，一般对耕地维持简单投入，甚至有些进行“掠夺式”生产，致使耕地质量不断下降，影响农业可持续发展。

（三）农户经营行为的集群效应，导致农业发展地区差异加大

一般来讲，一个地方的农业生产，如果有农业带头人率先发展，实现较好收益后，其他农户的积极性会随之被带动起来跟进发展，形成产业集群效应，整个地区的产业规模会不断扩大，优势就会逐步显现。反之，一个地方的劳动力大量外出，缺乏带头人引领，大家也跟着外出务工，农业产业发展就会停滞。涪陵榨菜、奉节脐橙等产业发展就是典型的集群效应。此外，农耕条件好的地方，往往更容易集聚资金、技术、人才，现代农业发展步伐明显加快。例如，城镇周边、平原地区的农业产业化发展普遍好于偏远山区。

三、科学引导农户经营行为的对策措施

如何引导农户按照现代化的要求，实现专心务农、高效生产、科学经营、持续发展，是研究农户经营行为的最终目的。结合重庆实际，可从以下五个方面着力。

（一）以创新体制机制激发农户

按照习近平总书记提出“落实集体所有权、稳定农户承包权、放活土地经营权”的总体要求，不断完善农村基本经营制度。落实集体所有权，应加快推进农村集体经济组织产权制度改革，将集体资产量化确权到每个集体组织成员，借鉴现代企业制度经验，实行股份制经营，把集体所有权做实。稳定农户承包权，应全面推进土地承包权确权颁证，在农民自愿的基础上，一些地块细碎、外出人员较多的农村集体，可探索“确权确股不

确地”的方式，促进土地规模经营。不断完善确权颁证后续工作，做好土地权证的管理、服务和农民权益维护，真正把土地装进“口袋里”，让农民吃上“定心丸”。放活土地经营权，应加快制定完善入股、流转、处置等相关制度规范，赋予农民更广泛、更便捷、更高效的经营权，同时，保护合作、流转及担保抵押等各方的合法权益，以此赢得社会各方的共识，土地经营权流转交易、抵押担保、作价入股等各项融通方式，才能在更大范围内推广应用，让经营权真正“活”起来。

（二）以提升规模效益调动农户

经营规模偏小、不能获得与外出务工相当的收益是农户不愿务农的直接原因。2014 年，中共中央办公厅、国务院办公厅印发了《关于引导农村土地经营权有序流转发展农业适度规模经营的意见》，是解决农户小规模经营纲领性文件。贯彻中央精神，应结合重庆丘陵山区农业特点，因地制宜发展适度规模经营。一是制定完善土地规模经营发展的引导性政策。加快建立健全农村土地流转市场体系，加强土地流转服务，搞好信息对接，畅通流转渠道。坚持农民自愿原则，切实搞好闲置土地、撂荒地的流转，促进土地向有需求的农户集中，率先引导当地的种田能手把规模做大。二是探索农户适度规模经营标准。切实尊重和及时总结农户在规模经营发展方面的经验教训，形成当地最适合农户的土地规模经营标准。在每个基础条件不同的地区，树立规模经营发展典型，加快典型农户发展经验的推广复制，引导周边更多农户发展适度规模经营，促进务农农户普遍增效增收。三是大力发展农业社会化服务。规模化经营需要完善的社会化服务。应通过政策引导培育社会化服务主体和市场，以规模经营农户为重点，探索开展农业生产全程社会化服务，重点推行分段服务、全程托管等模式，切实解决规模经营农户耕种收、防病治虫、技术管理等生产问题，以此降低生产成本，帮助农户节本增效。

（三）以改善基础条件支持农户

加快推广普及现代农业科学技术及装备，通过一定的政策引导，让科技进入寻常农户家，降低农户农业劳动强度，提高作业效率。一是设施配套。在推进农业农村基础设施建设的同时，鼓励农户结合自己的生产基础，开展土地治理，实行“小改大、坡改梯、瘦改肥”，推进水利设施、作业道路建设，政府根据农户建设规模、投资额度，给予一定的资金补贴或项目支持。二是良种技术。发挥公益性农业科研机构的研发、推广、示范作用，在财政的支持下，将新品种、新技术通过田间学校等平台，向广大农户推广、传授和应用，在有条件的地方，还应对重点农户进行跟踪指导服务，提高农户科技应用水平。三是农机装备。扩大农机补贴范围，在农户日常生产经营过程中应用到的农业机械装备，尽可能给予财政补贴和扶持，减少农业固定资产投产成本，调动农户运用农业机械的积极性。

（四）以降低经营风险保障农户

面对农业自然和市场风险，农户承受能力较弱，需要政府给予支持、社会力量来化解。一是发展政策性农业保险。针对现有的保险品种，要“提标扩面”。“提标”就是要增加农业保险财政补贴，提高保险赔付标准，当农户发生生产损失后，保险赔款至少应覆盖成本，以帮助农户灾后重建、恢复生产。“扩面”就是要扩大保险覆盖范围，让符合条件的农户实现应保尽保，特别是对经营大户和家庭农场。另外，还应结合农户的经营特点，适时开发农业保险新品种，满足农户多样化经营需求。二是探索目标价格保险。农产品市场价格波动对农户影响日益加深，特别是规模生产商品化农产品的种养大户影响更为明显，要化解价格下滑对农户造成的经营风险，可探索开展目标价格保险，保险机构对因市场等不可控因素造成所保农产品价格下跌至约定价格以下时，承保农户获得保险公司价格损失赔偿，确保农户正常经营。三是发展农业融资担保。一般情况下，种养大户、家庭农场等规模农户相对普通农户来讲，对资金需求较大，为满足规模发展和季节性生产的资金需求，应设计针对农户的担保产品，把资金融通和担保覆盖到农户上来。应着力发展农户担保贷款，有了农业担保银行可降低对农户的信贷门槛和提高贷款额度，更加方便规模农户融资。

（五）以赋予市场地位提升农户

目前，农户还不能像企业一样以市场主体地位参与市场竞争，往往处于弱势地位。应以培育农民合作社、家庭农场为契机，在工商管理方面，赋予农民合作社、家庭农场独立法人资格，打通农户以市场主体身份进入市场的通道，提升农户的市场地位，促进他们与农业龙头企业、食品加工流通企业等主体进行公平、平等的合作。在税收政策方面，给予农民合作社、家庭农场等具备法人资格的农业经营主体税收减免优惠，向一般纳税人企业提供农产品原料时，一般纳税人企业可按照一般税率进行税收抵扣，一定程度上可降低涉农企业税收负担，畅通农产品销售渠道。在社会舆论方面，应积极营造有利于职业化、专业化农户发展的舆论环境，引导整个社会形成尊农敬农爱农的农业职业文化，提升职业农民的优越感，吸引广大青年从事农业职业，投身农业现代化建设。

四、政策建议

（一）重农支农助农

当前，正值全面深化农业农村改革的关键时期，各级政府加强“三农”工作，就是要重视农业、支持农村、扶助农民，以农户增收为目标、农户需求为导向，在面临的困难和问题中寻求突破，科学设计和实施强农惠农富农政策，让广大农户在新一轮改革创新中实现发展、获得红利。

（二）完善制度体系

加快完善农业农村相关法律、法规，制定地方配套实施办法，规范农业经营行为，保护农户合法权益。加强农村产权制度改革和完善，进一步明确和落实农户在耕地、宅基地、林地等农村资源资产的占有、使用、交易、抵押、处置等相关权能，重点加强土地经营权流转的规范和保护，促进高效、有序、规范流转交易，激活农村资源要素，激发农村经济新的增长潜力。加快构建完善新型农业经营体系，强化农户家庭经营基础性地位，引导各类经营主体与农户构建互利、合作、共赢的利益联结机制。

（三）加强精准扶持

近些年，政府对农业农村的投入逐年稳步增长，政策扶持力度越来越大，有力地改善了农村基础条件，提高了农业生产水平。但在各项扶持政策中，针对农户的扶持政策比较单一，主要是农业直补，其他方面的政策农户很难得到。当前，从事专业化、规模化、商品化生产的种养大户、家庭农场等规模经营农户越来越多，应着力研究制定促进规模经营农户发展的专项扶持政策，建立基础设施建设“先建后补”、土地流转费补贴、家庭农场直接补贴、贷款贴息补助等农户扶持政策体系，提高科学性、增强精准性、注重实效性，促进规模经营农户健康发展，把他们培育成未来农业现代化发展的主力军。

农业适度规模经营主体信用体系建设实践

农村普惠金融实践与探索

——重庆农担方案

园林施工企业融资担保贷款风险调查

园林施工企业的运营与一般工业类企业有着较大的区别，调查园林施工企业时，项目人员需充分了解园林行业的发展状况，结合企业的经营模式、自身实力进行综合调查，才可能对园林施工企业的融资担保风险作出准确的判断。本文通过园林施工企业调查实践，分享对该类企业的风险认识。

一、园林行业整体概况

2014 年国家提出优化国土空间开发格局、增强生态产品生产能力的目标，对林业生态修复工程投入将逐步展开，同时随着国家城镇化率的提升，中小城市的森林项目建设、城市建设绿化投资也会得到相应发展，对于园林行业来说面临新的发展机遇。园林行业的投资回报普遍偏高，吸引了众多的个人、企业参与，导致行业竞争激烈，但园林行业的竞争往往集中在一定区域内，这与行业发展、市场管理、业务渠道、企业实力密切相关。

总体分析，园林行业发展速度快，其已从农林业的附属地位独立成为城市建设的重点产业之一，经营利润高于一般工贸业，市场竞争激烈，行业门槛低，集中度不高，规范程度落后等现象突出。

二、园林施工企业经营分析

园林行业从产业链细分包括苗木种植、园林设计、园林施工、园林养护等几个环节，从企业的资金需求看，园林施工类企业相对其他几个环节需要更多流动资金来支持其日常经营，也是园林行业融资担保的主要申请人。因此，本文重点围绕园林施工类企业的融资担保调查进行阐述。

（一）经营模式

从园林工程的发包支付方式来看，工程项目分为 BT 项目和一般项目。BT 工程总价金额大，大部分 BT 项目由政府或国有单位发包，施工方在承接工程期间负责项目资金筹措，并在合同约定时间内竣工交付办理结算，再根据合同规定分期开具发票，分期取得合同价款(含超额利润)。施工周期内，企业需垫付巨额资金，在自有资金不足情况下，对外融资是必然选择。一般项目则是业主要求施工方进场完成前期工程，然后按合同规定，施工方按进度开具发票，陆续收取工程款。在工程竣工时，除工程尾款和约定的质保金外，施工方基本收到全部工程款，工程结算后收取工程尾款(含行业平均利润)，企业需垫付首期资金，依靠自有资金周转或对外融资基本可以解决。从园林工程的承接投入方式来看，一些园林公司会凭借自身优势地位通过竞标、议标方式获得工程施工权，出于公司发展管理需要，公司可能自己筹措资金完成该项目，也可能以其他方式直接转包给其他园林企业仅获取管理利润，因此名为合同施工方但实际不需资金投入，如以此向担保公司申请担保融资，则资金一定被挪用。

（二）资金运营特点

对经营模式的调查过程中，把握资金在园林施工企业运营的特点，可以帮助项目人员分析理解企业的资金缺口。在园林施工企业的运营中不管是 BT 项目或是一般项目，其资金呈以下几个特点。

1. 以满足流动性为主

园林施工企业的需求资金更多是流动性为主，从保证金交纳、施工期投入、后期养护都是企业对流动资金的周转使用，因此资金流动性是评估园林施工企业健康运营的首要指标。

2. 资金使用集中

通常园林工程须遵循生物生长规律，因此园林施工期存在明显的季节性（对于南方城市可能限制不大），在春秋季节园林施工企业会有集中使用资金的可能；从施工内容、施工对象因素考虑，除大型生态环境类项目外如公园配套工程、住宅区园林绿化、道路绿化项目等一般施工周期较短，可能集中 2~3 个月时间完成布景种植，形成园林施工企业资金的集中使用；另外项目前期园林方案设计、投标保证金都是企业需要集中交纳的款项。

3. 资金需求相对较大

资金的集中使用造成企业在某一段时间资金需求增大，若园林企业同时承接多个项目，资金占用量骤然加剧，如果中标 BT 项目，将是对企业资金实力的重大考验。

4. 资金占用周期不确定

理论上业主按合同约定支付工程价款，但实际操作时客观存在许多不可预见因素，出现建设方工程进度款不到位，付款周期延长，甚至无法兑付工程款等现象。这使园林施工企业资金出现动态失衡，资金周转率降低，周转次数减少，资金占用周期延长。

5. 资金管理不规范

施工过程中企业的资金投入未及时反映在报表的相关科目，对外采购的原料或以员工借款方式支付，出于避税等原因，企业故意通过个人账户完成资金交易，抑或企业为做大交易量，从个人账户划转资金到公司账户，虚构工程资金流入，这些资金运作方式致使项目人员无法评估园林施工企业的真实状况。

（三）小结

项目人员通过前期走访、工程合同调阅、与核心管理人员交流，可以初步完成企业经营模式和资金计划调查。通过了解园林施工企业的经营模式和特点，我们才可能分析企业的资金计划是否存在缺口，这是我们后续对企业做风险审查的基础工作。

三、园林施工企业风险调查

针对承保企业的贷款能力作尽职调查是风险审查的关键步骤，这部分工作应在园林施工企业财务部、施工现场分别与主要当事人沟通交流，现场核实验证相关佐证材料为工作重点。风险调查主要从企业的经营财务入手。

（一）经营情况调查

1. 企业股权结构

重点是看企业股权是否有变化，特别是关注近两年重要股东与股权结构的调整及原因，这与企业的未来发展有很大关联，股东退出后原股金的处理，是否干净或者演变成企业的债务，如股东为企业法人，还须进一步调查其股东，原则须追溯到自然人。在厘清实际控制人后，除常规方法了解法人或自然人情况外，项目人员还可通过人民银行个人征信系统、全国企业信用信息公示系统、全国法院被执行人信息查询系统等综合手段查证。

2. 施工资质

施工资质是需要拥有行业主管部门通过对企业注册资本、经营业绩、注册的专业施工人员数量、自有资产价值等核发的等级证书，等级越高，实力相对越强，允许承接的施工面积越大，竞争优势地位越明显，在风险识别中可以将某一资质设定为担保准入门槛。

3. 苗圃基地建设

一般园林企业都有自建的苗圃基地，主要用于存放一些名贵树种，用于展示和零星销售，也可种植普通常用的树木花草，为自己提供部分原材料，降低成本，但对于常年施工需求其供应量有限。通常情况下，实力较强的园林企业其基地面积较大，名贵树种多，树龄长，苗圃基地往往处于郊区，土地性质多为流转的农村集体土地，因此其总体价值不会太高。

4. 工程承接情况

项目人员应事先要求园林施工企业提供工程清单（包括调查时点前两年的项目），注明以调查时点为数据的统计时间，包括项目名称、业主单位、施工地址、合同签订时间、进场时间、合同金额（合同调整金额）、工程投入、已收工程款（其中上一年度收到的工程款）、应收工程款、施工完工进度（%）。该清单是我们调查企业经营情况的重点，同时与后续的财务调查有相互印证和逻辑上的关联，是我们预期园林施工企业未来发展的基础，也是经营调查环节的重点。

5. 企业经营规划

企业经营规划主要是调查企业未来可持续承接园林项目的能力，或者是其他产业介入可能性评判。对于每年承接工程量统计，关键是要统一工程归属标准，建议可以按“工程承接情况表——合同签订时间”为划分标准，可以清楚地分析每一周期内承接工程情况、实际开工情况、工程进度、工程投入等信息。

（二）财务情况调查

1. 调查顺序

调查路径因人而异，通过总结本文认为应先从报表入手，按权重分析科目，再查阅相应账套，核实对应凭证的方式最为直接方便。

2. 报表查阅

与调查其他工贸企业一样，项目人员首先通过其报表查阅记载的相关科目，对重大科目单独核实，在核实中一定与前述的“工程承接清单”结合进行核查。

3. 重点科目核查

以资产、负债、收入分类进行，对于重点科目的核实要与明细账、记账凭证结合进行，这是财务调查环节的重点。

（1）资产：通常情况下园林企业的流动资产占总资产的较大比例，对其固定资产——施工设备 / 办公场所、无形资产等只需简单列表审查，调查重点是流动资产，其中货币资金、应收账款、其他应收款、存货是主要构成部分：①货币资金，主要通过期末各银行对账单余额进行查询，需要注意查询时间统一，如果某一时点货币资金量大，应了解原因及合理性。②应收账款，不管是进度款或是工程尾款，通常园林企业要完成结算并得到业主同意后才会开具建筑安装业发票，在工程款回笼之前记入应收账款借方，这时的“应收账款余额”仅表示开具发票而未收到的工程款，与“工程承接情况表——应收工程款”可能存在差额，因前述的“应收工程款”是“工程投入”减去“已收工程款”余额，这种差额是因财务记账与实际操作之间的标准认定客观存在的，但我们可以在“存货”“其他应收款”等科目中找到这部分“差额”，从而进行验证经营财务数据的关联逻辑性。另外，园林项目工程款划转至园林企业后，其合计金额与“工程承接情况表——已收工程款”应完全一致，通过这种钩稽关系再次验证经营财务数据的真实性。因此，对应收账款借、贷双方的变化以及与“工程承接情况表”相关数据的验证分析，可以达到核实企业资料真实性目的，还可以评价企业的盈利能力、回款能力，如将该指标放在多个连续固定周期内分析，又是评估其持续经营的重要参数。③其他应收款，该部分主要是园林企业交纳的保证金，根据施工项目的情况而变化，另外一些关联单位的往来款也时常通过该科目反映，也有一些是实际支付的款项无有效凭证暂时挂账处理的，对于该科目主要是核查判断其真实性。④存货，主要是园林项目尚未结转成本的投入部分，其对应的原始凭证来源多，核实较困难，难免混淆，需要项目人员具备一定的园林工程造价知识，对施工现场投入进行估算，但不管怎么样，项目对应的存货一般不得大于“工程承接情况表——工程投入减已收工程款 ×70%”，更不得超过合同金额（合同调整金额）。

资产的核实原则做到还原资产概貌，了解估算企业资产质量价值，分析其综合实力。

（2）负债：一般我们直接认定企业报表记载的负债额，但需要关注的是是否存在漏记，包括企业因银行征信系统时效滞后性，故意隐瞒未显示在征信记录中的银行贷款，另外还可能有民间资金拆借，对外提供担保等隐性债务。总之，未知的大额负债是担保公司担保业务面临的最大风险，因此调查时应将企业的银行日记账、现金日记账进行严格审核，对有疑惑的资金项一定要核查落实，对周期性流出相同金额款项、非贷款合同约定时间流入的大额资金、非业务单位划入的往来款等现象一定要敏感。

负债的核实原则要做到全面反映园林企业的负债规模，评估企业经营中承受的财务压力和可能面临的资金风险。

（3）业务收入：通常情况下园林项目建设单位将项目投入转为固定资产或开发销售都需要园林施工方提供建筑安装业发票作为结转资产、成本的依据，因此发票的审查是施工企业收入核实最方便快捷的手段。由于建筑业纳税人是在工程项目所在地缴纳，因此工程类发票分为自开和代开，对于项目所在地与公司注册地一致的为自开票，项目人员可以直接查询企业的自开票系统，该网络与税务机关连接，真实性强；代开票由项目所在地税务机关开具（按国家规定税务机关以外的其他单位不得代开建筑业发票），无法在自开票系统查询，在核实代开发票时可以核查对应收入的付款凭证、园林工程合同、完税凭证、发票真伪查询系统来印证。需要注意的是发票的开具金额只是明确收入来源，是经营现金流入的基础，在未真正形成经营现金流入前不宜乐观认定为企业收入实现。项目人员可利用“工程承接情况表——项目地址”与合同原件对照查询发票类型，利用“工程承接情况表——工程投入”对照“业务收入”之间的差额，通过认定标准印证其存在的钩稽关系。

收入的核实原则是从合理性上推敲企业应收账款、存货、业务收入关系，评价企业的真实盈利能力。

（4）经营现金流：在完成收入核实后更加重要的是核实经营现金流入情况，经营现金回笼才是维持园林施工企业正常运转的血液，否则收入仅仅是账面的数字而已，对于经营现金回笼调查可以对应收账款贷方科目进行核查，其记账凭证主要包括工程（阶段）验收合格通知书、付款申请、银行进账单、发票等，在调查中应注意每笔资金回笼的时间，对于回款时点后资金去向也要特别关注，包括同一项目的收入现金有规律进出、收入现金划入几天内整笔划出或拆分划出，这些情况是可能存在工程挂靠等隐情，一旦落实需对该部分的收入现金予以剔除，不能计算为自有收入。对于上述调查项目人员可以对照“工程承接情况表——已收工程款”进行抽查核实。计算经营性现金流可暂不对应开票收入，按园林施工企业持续经营原则考虑，以固定周期为单位全部统计计算即可。

经营现金流的核实原则是准确，落实真实的自有收入回款是关键，通过类比方式评估企业的收款能力和持续经营能力。

4. 小结

通过对企业资产、负债、收入及经营现金流等财务分析，估算企业资金占用、工程投入、工程款回笼等指标，结合企业股东实力、企业资质、企业信用、工程承接情况、发展规划等信息，项目人员完全可以对园林企业申请的担保贷款进行风险评估和判断。

四、园林施工企业风险

企业是社会的经济细胞，面对宏观经济形势都无法独善其身，特别是在国家经济下行压力下其应对的风险更加复杂和严峻。担保公司在做好自身风险防范与识别同时，需要清醒地认识到园林施工企业与其他类企业一样面临多元化风险，在众多风险因素中，园林施工企业尤其要关注以下三方面的风险。

（一）政策调控风险

园林施工项目中的房地产绿化配套工程是公司业务的重要来源，而房地产市场受国家宏观紧缩调控影响，开发量下降，导致园林施工项目减少，市场份额缩水，对园林施工企业来说，利润空间被进一步压低；另外，区域性的森林工程项目的立项启动、预算拨付受政策导向影响更强，一旦变化对园林施工企业影响是重大的。因此项目人员对当地政府园林业规划、房地产市场政策要有一定的认识理解，另外还可对照“工程承接情况表——业主单位”，分析业务来源构成，避免过度集中承接单一类项目。

（二）资金链平衡风险

园林施工行业市场竞争激烈，为获得项目低价竞标，导致预期收益大大降低，通过短期拆借，增大资金成本，扰乱资金计划，工程回款未按期到位，资金流动性降低，当这些不利因素慢慢累积，最终结果是企业资金失衡、断裂。因此项目人员对企业的财务经营评估是风险调查的关键。

需要特别关注的是，园林行业中的BT项目，其资金风险较大，在实践中往往是企业项目投入完成，最终收到的不是工程款，而是置换的土地使用权，施工企业还需要等待较长的土地指标划转、土地性质调整公示、土地招拍挂竞标等程序，才能变现或办理抵押贷款，对园林施工企业形成巨大的资金压力。

（三）道德风险

园林项目竞标中采取不当手段和工程施工中的不当利益输送是建筑行业的通病，在目前高压态势下，一旦暴露对企业的打击则是灾难性的。

重庆农业乡村旅游调查报告

一、研究背景

近年来，重庆市依托大山区、大乡村、大库区的自然环境、田园风光、乡土文化等优势发展家庭休闲农业、观光农业，取得了明显效果，初步形成了都市功能拓展区以都市农业和特色村落为代表、城市发展新区以现代农业园区为代表、渝东北生态涵养发展区以乡村田园景观和特色农业为代表、渝东南生态保护发展区以民俗风情为代表的组团式发展格局。目前重庆市政府已把乡村旅游作为重庆经济的重要增长点和农村经济转型升级融合发展的重要突破口。2017 年 5 月，全国农业信贷担保工作指导委员会在《关于做好全国农业信贷担保工作通知》中对政策性业务标准进行了严格界定和全面阐述，其中家庭休闲农业、观光农业作为农村新业态予以肯定和支持。因此，对重庆家庭休闲农业、观光农业进行研究分析，为下阶段信贷担保、金融创新、政策实施、方案制定提供路径设计和参考建议十分必要。

（一）重庆市休闲农业乡村旅游发展概况

1. 重庆乡村旅游发展规划

根据《重庆市乡村旅游发展规划（2013—2020 年）》的目标，到 2020 年，计划创建 10 个全国休闲农业与乡村旅游示范县，打造十大乡村旅游产业集群，建成 100 个特色旅游镇、1000 个特色旅游村，年接待游客达 1.7 亿人次，乡村旅游总收入超过 800 亿元，吸纳 100 万名农民就业。

全市形成形式多样、发展规范的乡村旅游产品体系和特色显著、结构合理的乡村旅游发展格局，成为国内外知名的乡村休闲度假旅游目的地。从发展模式上充分考虑地区自然禀赋、民俗风情和文化特性，强化顶层设计，选择适宜模式，打好田园牌、民俗牌、生态牌，促进旅游与一二三产业融合发展，引导乡村旅游走特色化、精品化、差异化的发展道路，形成多点支撑、全域延伸的乡村旅游发展格局。另外，结合乡村旅游扶贫重点村开发计划，在渝东南、渝东北两大旅游协作区，重点支持建设一批旅游扶贫重点项目、打造一批乡村旅游精品线路、创建一批乡村旅游品牌、开展一批游客互送旅游活动，引导贫困山区群众，通过土地、山林承包经营权等方式，参与乡村旅游发展，分享产业链收益，依托发展旅游业脱贫致富。通过培育乡村旅游业，促进农村经济转型升级的特色产业和惠民富民的民生产业发展。

2. 重庆乡村旅游概况

截至 2016 年底，重庆市创建了 10 个全国休闲农业与乡村旅游示范区县、23 个示范点、23 个最美休闲乡村和中国美丽田园，建设省级美丽乡村 36 个、市级示范村 388 个，打造休闲农业和乡村旅游景区景点 3000 余个，发展农家乐 2 万余家、休闲果园及农庄 7500 多个，全年休闲农业和乡村旅游接待游客 1.52 亿人次，营业收入为 349 亿元，带动就业达 50 余万人。

（二）重庆乡村旅游产业政策

根据“十三五”重庆乡村旅游工作的要求，紧紧依托“三农”，在区县和市级部门的大力支持下，重庆市政府全力推进乡村旅游发展，从土地政策、规划引导、行业监管、资金投入、税收优惠、品牌宣传及人才培养给予全面支持，具体如下。

1. 土地政策

近年来，重庆市政府陆续出台《市政府办公厅转发市农委等部门关于用好农业农村发展用地政策促进农民增收的指导意见（试行）的通知》《市国土房管局关于贯彻落实〈关于用好农业农村发展用地政策促进农民增收的指导意见〉有关事项的通知》和《关于支持旅游发展用地政策的意见》等系列支持休闲农业和乡村旅游发展的用地政策，包括多渠道支持休闲农业和乡村旅游设施用地；鼓励使用农村存量集体建设用地、闲置集体建设用地、零星分散集体建设用地、“四荒地”、农村闲置房屋等发展休闲农业和乡村旅游；鼓励农村集体经济组织以集体建设用地使用权入股、联营等方式，与其他单位、个人共同举办企业发展休闲农业和乡村旅游；支持农户利用自有住宅及附属设施发展民宿旅游、养老服务设施。

2. 规划定位

为了保障休闲农业和乡村旅游项目可持续发展，市级部门要求各地进一步完善休闲农业和乡村旅游发展规划，组织编制本行政区域乡村旅游专项规划和线路规划，注重与城乡建设总体规划、土地利用规划、农业农村发展规划、交通水利等基础设施建设规划衔接，提高规划的科学性、可操作性和权威性，多样化发展乡村旅游产品体系和多业融合发展的产业体系，促进形成城郊风光乡村休闲旅游带、渝东北三峡风情乡村生态旅游带、渝东南民族风情乡村体验旅游带。比如，为了实施武隆县乡村旅游发展的总体规划和战略性指导规划，武隆县政府对全域乡村地区制定了《武隆县乡村旅游发展规划（2015—2025）》专项规划，涉及各镇建成区及仙女山、天生三桥、芙蓉洞、芙蓉江、龙水峡地缝、白马山、后坪天坑景区等旅游开发景区核心区以外的广大乡村地区，作为武隆县未来10年乡村旅游发展的重要指南和行动纲领。

3. 行业监管

首先，政府作为行业主管机构负责旅游市场的规范管理，另外先后成立重庆市农家乐产业协会、重庆市乡村旅游协会、重庆市农家乐（乡村酒店）等级评定委员会等行业协会自律组织，完善全市乡村旅游标准化体系，制定乡村旅游住宿、餐饮、娱乐、购物等主要消费环节的服务规范和定级标准，协助政府部门开展全市农家乐等级评定工作，指导和组织 1~4 星级和 5 星级农家乐的评定，出台《重庆市农家乐等级划分与评定》和《重庆市农家乐（乡村酒店）等级评定管理办法》。截至 2016 年底，全市 3 万余家农家乐，已评定星级农家乐共计 1514 家，其中五星级有 18 家，四星级有 48 家，通过行业管理提升企业形象，树立行业标杆，依靠行业自律，使重庆乡村旅游产业规模化、规范化。

4. 资金投入

《重庆市农业农村发展“十三五”规划》将休闲农业和乡村旅游纳入全市“371+x”的现代农业产业体系大力推进，市财政累计安排资金 13.4 亿元推进美丽乡村建设，市农业农村委每年安排 3000 万元开展美丽乡村示范村建设，这些资金主要用于区域性旅游资源环境设施建设；对市场类项目则鼓励按照风险可控、商业可持续原则提供信贷支持，适当加大信贷投放力度，适度降低贷款准入门槛；支持担保公司为乡村旅游提供担保，并按规定予以贴息。比如，重庆农业担保公司对从事家庭休闲农业、观光农业的新型农业经营主体提供 100 万元以内和 100 万 ~ 300 万元微小类和小微类产品担保融资，原则上明确承贷银行执行利率为每年 7% 以内，担保费率则控制在每年 2%~2.5%。另外，依据在一二三产业融合发展试点区域的政策，享受财政贴费和贴息；创新金融产品，设立乡村旅游投资项目资产证券化产品，推进乡村旅游项目产权与经营权交易平台，鼓励区县（自治县）设立旅游发展专项资金和旅游产权投资引导基金，吸引更多社会资本投入。比如，重庆农业资产管理公司对观光农业园、田园综合体等建设项目提供“基金 + 跟贷”的投融模式，单笔资金总额可授信 500 万元，期限为三年，综合费率每年为 8%。

5. 税收优惠

按照 2016 年《重庆市人民政府办公厅关于加快乡村旅游发展的意见》的要求，对月经营收入 3 万元（含 3 万元，按季度纳税 9 万元）以下的乡村旅游经营户，免征增值税；在城镇土地使用税征收范围内经营采摘、观光农业的单位和个人，其直接用于采摘和观光的种植、养殖、饲养用地，免征城镇土地使用税。对从事乡村旅游的符合条件的小型微利企业，按规定执行小型微利企业所得税优惠政策；经批准改造的废弃土地和开山整治的土地，从使用的月份起免缴城镇土地使用税 5 年；对个人出租住房经营乡村旅游的，免征印花税，减按 4% 的税率征收房产税，免征城镇土地使用税。对符合西部大开发税收优惠政策规定条件的，可减按 15% 税率交纳企业所得税。

6. 品牌宣传

重庆市政府要求把乡村旅游宣传营销纳入全市和各区县（自治县）旅游整体营销计划，要有计划、有重点、有步骤地做好乡村旅游产品和线路的宣传营销工作。如城口东安镇与重庆商报、网上村庄、游虫旅行等机构和平台合作开展黄安坝野营节、中国亢谷第三届干果文化节等一系列活动，主动邀请并配合媒体及时更新东安旅游专题网站和微发布，推送最新旅游咨询，于 2016 年申报为重庆市特色小镇第一批创建示范点建设目录；另外通过以奖代补等方式，鼓励社会力量参与乡村旅游的宣传推广和中介服务，支持建设专业化、品牌化的乡村旅游网站，如与村游网开展战略合作，组建重庆乡村旅游电子商务扶贫服务平台——重庆村游网已上线营运，充分发挥了旅游景区（点）、企业特别是旅行社的促销作用，形成宣传推广的合力。

7. 人才培养

组建乡村旅游发展研究中心，整合高校专家和行业精英力量，提供项目策划、创业辅导、经营管理、市场营销、人才培训等一站式服务，推动乡村旅游向个性化、精致化、主题化方向发展，比如，2016 年《重庆市专业技术人才队伍建设中长期发展规划（2010—2020）》明确提出推动乡村旅游科学发展与建设，提升乡村旅游规划、建设与管理水平，提高乡村旅游从业人员的技术水平及创新能力，通过市人力社保局、市旅游局定期举办乡村旅游发展与管理理论培训、学习；提高乡村旅游从业者在经营服务、食品卫生安全、接待礼仪、餐饮和客房服务、乡土文化导游等方面的素质和技能。比如，城口东安镇积极组织森林人家培训学习，组织厨艺大赛、大巴山森林人家技能培训等。

二、重庆乡村旅游模式分类

目前国内乡村旅游发展模式总结起来大概有产品模式、开发模式、运营模式等分类。如按产品模式分类包括农家乐模式、田园农业模式、民俗风情模式、科普教育模式、休闲度假模式、餐饮商业模式等；按开发模式分类包括交通依托开发模式、景区依托开发模式、产业依托开发模式等；按运营模式分类包括农户个体经营模式、村集体模式、公司（企业）模式、农民合作社模式、“公司＋农户”模式等。上述乡村旅游发展模式中，产品模式分类适合对乡村旅游品牌战略规划分析，运营模式分类适合对乡村旅游发展商业模式和盈利模式分析，而开发模式分类适合对乡村旅游建设经营中等点线面格局出现的需求与问题进行分析，结合本次调查目的，本文选择开发模式分类，以便对此进行思路清晰、准确到位地剖析。

根据休闲农业和乡村旅游开发的模式，本文将休闲农业和乡村旅游分为交通依托型（城郊休闲型）、景区依托型和产业依托型。

（一）交通依托型（城郊休闲型）

交通依托型的乡村旅游主要分布在城市周边，方便快捷的短途交通是该模式存在的关键要素。项目地分布在城郊呈区域集聚态势。比如，南岸区广阳镇、江北区唐家沱镇、九龙坡区北市驿镇，游客以附近城镇散客为主，经营者为游客提供特色餐饮、休闲娱乐等服务。该类型经营模式主要受交通条件、自身环境档次等因素影响。

（二）景区依托型

景区依托型的乡村旅游主要分布在自然景区或人文景观集中区域。

前者主要以自然优美成熟的旅游风景区为依托发展家庭休闲农业，如重庆武隆县仙女山、江津区四面山、南川区金佛山等景区周边的乡村旅游项目；后者以当地深厚的历史文化底蕴、淳朴的民风及古色古香的建筑遗迹为依托，形成访古、探幽、鉴赏，领略民俗文化主题游和人文景观乡村游项目，如以重庆铜梁安居古镇、丰都名山鬼城、沙坪坝区磁器口为依托开发的乡村旅游项目等，其辐射面可以依托景区影响全国，一方面资源禀赋优势明显，另一方面经营方向与景区自然资源开发或历史文化传承紧密相关。该类型经营模式主要受景区的品牌宣传、开发深度、设施状况及自身的服务水平等因素影响。

（三）产业依托型

产业依托型的乡村旅游主要将农业（种养）园区和农业观光项目建设结合起来，依托农业优势，拓展观光、采摘、教育、康养、农事等经营活动，并带动当地农产品加工销售，如重庆綦江农博园、永川区七彩蓝莓园、南岸区南山蜡梅园等。该类型项目农业产业特征明显，优势突出，可产生较大的产业经济协同效益，是镇乡三产融合较好的促进方式。该类型经营模式主要受产业发展、配套设施、宣传营销等因素影响。

三、重庆乡村旅游经营模式解析

（一）城郊休闲型经营模式

1. 表现特征

经营主体多以个体农户或亲属联合体投资，投资规模不大；选址以城市农村交界处居多，以农村集体用地为主，包括利用自有宅基地或流转他人的承包经营权进行土地改扩建；出行交通方便，路途时间短，成本费用低廉。

2. 经营模式

项目盈利模式简单，无核心竞争力。项目主要靠餐饮收入支撑，棋牌、垂钓仅作为配套设施是餐饮收入的补充，同质化经营现象突出。一是早期投资受土地权属关系限制，多为当地农户个人行为，投资能力有限直接导致城郊型经营的家庭休闲农业或观光农业建设起点不高，发展水平不高；二是后期受城镇化建设的压力，土地流转成本增加，国家对地上非农建筑的监管加强，限制了新进入者参与竞争，原有业主经营活力丧失，发展停滞；三是这些区域已属于城市规划的建设用地，面临征用和拆迁，已无法新建或改扩建。

3. 经营优势

投资总额不高，回收期短；地理上的便捷性，能够较好地满足游客心理上从都市喧嚣到农村自然宁静的快速转换，从而吸引了大量的城市上班族，有一定的客源基础。

4. 存在的问题

（1）建设规划落后。这种模式多为农村集体土地使用者关联家族共同经营，实力偏弱，往往先是几家零星经营，很快被模仿形成片区，建设过程无整体规划，布局杂乱、不成体系。

（2）农业特征逐渐弱化。城郊型乡村旅游定位应该是以农业为背景，展示的是城郊、乡村自然环境的安逸和放松，但目前多数经营项目的果园、大棚只是休闲观光的宣传噱头，无法真正提供农事体验的工作场景，削弱了农业本质。

（3）经营方向偏失。城郊型乡村旅游经营者对农家文化理解不成熟，放弃了原汁原味的乡土韵味，跟风建设一些“现代”城市的小洋楼或会馆，并逐步演变为专门承接婚宴、寿宴等的餐饮接待中心。

（4）消费产品单一。受自身因素影响基本没有其他特色经营项目，加之游客主要是城市居民，选择游玩时间集中在周末，周期不长，对住宿需求不高。因此，城郊休闲型乡村旅游模式有逐渐没落和经营转向的可能。

5. 发展方向

城郊休闲型乡村旅游作为早期经营发展过程的一种经营模式，实际是依托方便、快捷的交通资源而迅速兴起，当这一因素随着游客消费理念的提升、信息化技术的应用，农业旅游产品更新不再是唯一选择标准。我们认为，该模式未来发展方向可以从以下几个方面思考：一是在农业资源条件已不足的情况下，结合当地农耕文化特点，提炼一些农事活动中的小片段、小插曲，如组织游客摘菜、网鱼，使用操作简单农具进行农活，让游客感受采摘乐趣；或者关注部分人群的体验，为重点人群设计场景，如饲养城市不常见的小动物，通过小香猪、小羊羔、小牛犊、小矮马、小白兔等，吸引小朋友喂食参观，从而带动成年人的消费；又或者将养生餐饮作为重要体验方式，凸显出本地生态理念，让食材的新鲜与天然成为新卖点。二是对于保留有部分农田但已不适宜产业发展的区域，则另辟蹊径打造主题，如种植小规模、精品化的草莓、葡萄、樱桃等水果，制作成高档的季节性伴手礼，在游玩同时，延伸产业链，促进深度消费。三是有条件的片区整体打造，政府主动介入进行风貌整体改造。例如，南岸区广阳镇对成片乡村农家乐外观进行整体规划改造，规划形成具有巴渝特色的农居风情街，这种聚居点首先成为城郊休闲型乡村旅游一道亮丽的风景线，可以有效提升乡村形象，另外也可作为向游客提供食宿服务的民宿点。

（二）景区依托型经营模式

1. 表现特征

区位优势明显，区域性公共配套成熟，与景区文化环境有高度一致性，一损俱损，一荣俱荣，共生关系明显；依托景区自身品牌，可以聚集大量游客资源，“近水楼台”成为景区依托型乡村旅游最大的优势。

2. 经营模式

景区依托型乡村旅游以成熟景区为支撑，地理优势明显，同时具备良好的交通条件，景区以其知名度作为辐射半径从周边两三百公里到全国都可能涉及，因此游客构成多元化，需求表现多层次。作为该模式的经营者，应对游客兴趣偏好、停留周期、消费水平进行分类，形成不同产品的对接。围绕景区平台和客户资源可采取不同经营模式，将吃、住、行、游、购进行整合，形成不同的营利模式。

度假休闲（避暑纳凉）模式，依托高山旅游资源，把避暑纳凉、农事体验作为核心主题功能，优先开发建设星级农家乐、林间特色民宿、乡村精品酒店等项目。

精品民宿（村落）模式，依托乡村旅游资源和地形地貌特征，修复历史文化遗址遗迹、传统村落等，突出民宿休闲、文化体验等核心功能，重点建设传统村落、民俗风情集镇等项目。

康养人生（修身养性）模式，依托乡村良好的气候、水源及空气条件，重点建设山地修身养性、养老度假物业等乡村旅游项目。

户外拓展（探险）模式，依托原生态森林资源、高山气候资源，重点打造户外运动、高山拓展等乡村旅游项目。

农事体验（田园休闲）模式，利用乡村独具特色的生态农业资源、农耕文化资源重点打造农事体验、休闲农业、生态观光等乡村旅游项目。

宗教体验（文化养生）模式，依托当地的宗教文化资源，收集稗官野史类的文字进行加工和嫁接，配以传统农业资源开发宗教文化体验、古遗址文化旅游等项目。

3. 经营优势

资源共享为该区域乡村旅游项目游客资源提供了基础保障，同时国家对旅游景区的基础设施直接投入对当地的乡村旅游项目有明显的外溢效应；经营方向灵活，从经营模式选择上看景区依托型乡村旅游有较丰富的平台资源，经营思路可以有较多选择和调整空间。

4. 存在的问题

一方面，景区为乡村旅游提供稳定的资源平台，带来了充分的外部性；另一方面，乡村旅游提供各类服务，有效延伸了旅游景区的产业链。这种利益共享的利益联结十分重要，但发展中也会出现以下问题：

（1）乡村旅游项目与景区发展之间利益诉求矛盾冲突。乡村旅游项目与景区项目是不同的利益主体，乡村游主体通常是市场化主体，偏重自身的经济利益和短期目标，而景区属于公共资源，经营主体多数是国有主体，它们会关注景区整体形象、环境培育，如对森林保护、水体利用、商业开发、人流数量等因素进行控制，资源稀缺导致两者之间会产生一定的矛盾。

（2）交通畅通是景区旅游具备的前提条件，一般来讲景区外部交通由省市级政府财政支持，随着景区成熟会逐步得到改善，而景区内通往乡村旅游项目的道路可能分布在乡镇或几个村社，其征地协调和建设投资依靠乡镇是难以完成的，内部通达性不完善，进入乡村旅游便存在很大制约。

（3）无配套规划。在景区发展过程中，政府通常投入大量精力却无暇顾及景区外的乡村旅游规划，导致一定时期出现乡村游项目用地、建房及配套设施建设乱象，严重破坏未来景区的整体规划布局。

（4）专业人员不足，管理缺失。该模式下的项目投资资金一般较大，投资人多为跨行从事工商资本者，其管理人员往往是原团队的核心成员，对乡村旅游缺乏专业积累和行业经验。

5. 发展方向

景区依托型乡村旅游应注重整体性，需要依托景区品牌理念，按照资源分布、地形地貌特征、文化脉络传承、水文条件限制、道路交通现状进行空间结构上的策划和布局。因此，首先确立景区乡村旅游主题形象，打造差异化乡村旅游项目包，作为载体支撑乡村旅游品牌，构建乡村旅游品牌体系，最终形成特色突出的旅游产品谱系，其间再用乡间民俗、采摘瓜果蔬菜、捕鱼捞虾、放养动物、学做乡村风味小吃、木机织布、手工刺绣、简单农具制作、陶制品、花卉食品、花粉食品、野生植物食品、水果食品、特色风味小吃、珍稀禽畜水产佳肴等乡村旅游活动或产品去丰富和完善这种体验。总之在景区主题特色下，从一个乡村旅游节点到另一个乡村旅游节点的连贯与统一，为旅游者带来一种整体性和多层次的体验是该模式乡村旅游的发展方向。

（三）产业依托型经营模式

1. 表现特征

以优势农业产业化、规模化为依托，发展特色乡村旅游；通过游客观光、休闲和乡村体验，促进农副产品的生产、加工和销售，带动当地一二三产业融合发展。

2. 经营模式

产业依托型乡村旅游是以农业产业为依托、以乡村旅游为导向的农旅融合经营方式，农业产业和乡村旅游是该模式并重的两项功能，缺一不可。其经营模式包括两类：一是农业产业化作为资源和背景支撑，打造具有一定产业优势效应的农业主题观光区，然后以旅游促进农业协同发展的模式。例如，在潼南、永川、巫溪区域已形成油菜花、向日葵、玫瑰花主题园，成熟的农业产业是基础，是游客观景、赏花、采摘、耕作、垂钓等农事体验活动的重要载体。乡村旅游在此基础上，通常还需要嫁接一些文化创意，做一些主题系列的深加工产品、主题元素表演及展览，丰富和延伸农业的内涵。这种产业模式下的乡村旅游不同于一般的农家乐和休闲观光旅游，它更强调以农业为本，以旅游体验提升附加值。二是以农业产业化作为平台，发展成为寓教于乐的专业基地，如摄影基地、培训基地、教育基地等。比如，垫江乐天花谷、綦江农博园等，根据季节变化培植不同花期的木本、草本植物营造相应主题景观，利用农业产业基础建设一批有别于传统农业生产的智慧平台，真实直观地表达未来农业发展前景。这种产业模式下的乡村旅游可形成多产业发展格局，为夯实乡村旅游发展基础提供新的生产方式。当然，这也是细分市场的结果，是农业衍生品，是农业生产形态的创新。

3. 经营优势

首先，该模式是以农业产业为基础，相比其他模式，其农业元素和农业特征最完备，基础条件最好；其次，农业产业规模、集约化发展优势明显，一旦进入成熟期，农业回报收益可观；最后，在农业支持过程中，带动了农村产业结构的调整，促进了农村生产生活条件和村容村貌的改善，形成了良好的旅游环境和氛围，更好地促进了该模式的发展壮大。

4. 存在的问题

（1）单就农业产业化进程来说，不是一蹴而就的。首先，政府对农业优势产业的判断和定位要十分慎重和科学，需要调查和论证品种、规模及区域，一旦实施不可逆转；其次，农业产业化起步和发展必须循序生物生长规律，加上自然灾害、管护技术、劳动力成本及资金来源方方面面因素的影响，农业产业化的进度更加缓慢。若无法提供产业依托，这种模式下的乡村旅游即成为空中楼阁。

（2）目前该模式下的乡村旅游仅依托一些小规模农田、果树、鱼塘资源进行设施投入，开发利用层次低，产品形式单一，毫无产业优势可言，对游客缺乏长期的吸引力。

（3）规模化农业产业是以土地集约化利用为前提，目前集体土地流转经营权的转租成本偏高及外来资本的无序竞争，导致产业发展背负较高的资金成本，不利于农业产业化的健康持续。

（4）缺乏科学、合理的设计规划。许多产业依托型乡村旅游前期只是单纯投资农业项目，根本没有计划发展乡村旅游项目，导致后期开发建设乡村旅游时无从下手或者需要破坏产业的整体性。

5. 发展方向

产业依托型目标就是区域内产业融合发展，支持推进新型农业经营主体培育发展，创新机制、整合资源，探索农业农村发展新业态、新模式，按“村庄美、产业兴、农民富、环境优”的目标，实现农村生产生活生态“三生同步”、一二三产业“三产融合”、农业文化旅游“三位一体”，逐步建成以农民合作社为主要载体，让农民充分参与和受益，发展集“循环农业、创意农业、农事体验”于一体的田园综合体。这是乡村旅游的新业态，能够成为城乡发展的黏合剂，实现城乡在多个领域的对接，构建城乡内生性、可持续的联动发展，因此我们认为该模式是未来乡村旅游发展的方向和目标。

四、乡村旅游问题与困境小结

通过对乡村旅游三种模式的经营现状、经营方向及经营思路的分析，我们认为休闲农业和乡村旅游存在的主要问题受政策体制、规划设计、团队管理、营销推广、资金投入、客源市场、服务意识、消费水平等多因素相互影响。归纳起来，目前困境主要是以下几方面。

（一）资源要素制约

资源要素包括土地制度、资本市场、劳动力供给、基础设施建设、生态环境、居民收入、生活消费等。通过走访，在所有要素中土地是乡村旅游发展中一直困扰和未根本解决的首要问题。从国有土地供应市场来看，一是征用农村集体土地受国家土地规划限制；二是征用后的国有用地首先满足城市建设需要，作为国有建设旅游用地的供应量简直杯水车薪，根本无法满足乡村旅游发展需要。在实际操作中，乡村旅游项目所占土地大部分都是农村集体土地，这包括集体建设用地、村民宅基地、耕地（甚至有基本农田）、集体荒地或者林地。通过先建设、后补手续的方式开发或通过办理农业（林业）附属设施用地等方式进行，这样形成的建（构）筑物设施一方面面临合规性风险，另一方面又要承受土地房屋权属不清晰、无法交易带来的尴尬。当然，这种制约也是社会资本进入该领域最大阻碍。

（二）农业内涵认识有限

乡村背景的旅游开发项目不管是早期的农家乐，还是现在规模化的农业主题园，多数建设主体对农业内涵理解并不完整，对乡村农业的认识停留在狭义的农业生产方面，其实还应包括农业生活和农业文化。部分主题园对农业元素的嫁接或者农业文化的展示过于生硬、简单、盲目。我们认为，在农村的历史进程中，一定有一些记事传说；在村落的格局变迁中，一定有前辈生存的智慧；在村庄山水地界演变中，一定有天人合一的规律，对这些内容进行重构与重生，才会有新的路径去认识思考农业内涵。

（三）产品同质化竞争

借用市场营销理论“没有疲软的市场，只有疲软的产品”，乡村旅游市场前景乐观，但对具体的产品却没有那份自信，究其原因，就是乡村旅游的个性化越来越不明显，同质化现象严重。经营者对市场没有过多研究和耐性，盲目乐观或急功近利，对看似成功的经营模式照搬照抄，简单拿来主义，没有用心研究某种模式下游客的心态和兴奋点。经营项目基本雷同，在面对同一客源市场时，同质化竞争不可避免。

（四）经营模式简单化

虽然我们对乡村旅游建设经营分三种模式，但从市场角度看，经营应该是不拘泥于某种形式，我们认为乡村旅游应该坚持以农为本，向消费者提供有层次、有深度、有情怀的服务，以满足游客需求作为出发点。我们实际走访中发现，城郊型乡村旅游项目已逐渐去“农”化，其定位在与当地食材无关联的中高端餐饮上，偏离农业基础。又如一些高海拔区域，通过集中避暑纳凉带来客源，但政府没有及时对功能布局、区域划分、产业配套做规划，也未对大山深处的资源和独特农产品挖掘，只能发挥承接老人和小孩到此纳凉的基本功能，产品定位极为相似，极大限制了附加值的提升。再如一些规模化的农业观光园虽然配套有农业项目，包括自然观光、菜果采摘等，但用户体验不强，对于养生、文化、教育及度假模式的开发延伸不够。若乡村旅游经营模式长此以往，是没有出路的。

综上所述，乡村旅游困境有的属于顶层设计的问题，有的属于思维意识的问题，有的属于市场机制的问题。针对这些问题，我们认为，一是需要耐心和时间面对，如制度体制束缚，这需要政府制定相应的政策调整，从源头解决制度性障碍产生的壁垒；二是需要智慧和勇气，大胆创新地解决问题，包括规划、建设及经营中意识形态方面的问题，可以通过自我学习与提升的方式解决；三是资金、客源、品牌属于市场资源竞争的问题，可以通过完善市场机制、优化产品方案解决。结合本次调研目的，我们重点对重庆乡村旅游市场的融资情况进行了剖析。

五、重庆乡村旅游融资现状

（一）融资需求预测

重庆市农家乐产业化协会统计，截至 2016 年底，协会 3 万余家农家乐，尚未达到星级农家乐的会员有 2.8 万余家，这些农家乐主要是需要更新设备设施、提高装修档次、增加电器设备等，按平均 20 万 ~ 50 万元的需求估算，则需求资金在 60 亿 ~140 亿元，若考虑一些规模化的主题观光园的建设配套投入，其资金需求量更大。

（二）融资需求分析

对重庆区域内多个乡村旅游项目的走访，不管是农家乐，还是有一定规模的大型主题农业园、乡村酒店或特色民宿，不管是处于建设期还是刚完工的乡村旅游项目，对资金都反映出较强的需求，并通过相关渠道进行过或尝试进行融资。

1. 融资渠道

目前，重庆市场融资渠道众多，从收集信息看资本类和负债类等融资渠道基本都是畅通的，这包括国有银行、小额贷款公司的项目贷款和流动资金贷款、国有资产公司创投资金（引导基金）融资、基金公司股权投资，甚至一些风险投资等。但是一旦涉及具体乡村旅游项目时，资产的问题就成为融资方案中最大的阻碍。所以，一般直接融资或基金股权投资是无法进入的，需要进行包装或关联融资。在这种情况下，民间高息融资成为解决这类资金渠道的最后选择。

2. 贷款资金用途

从收集的乡村旅游经营者申请贷款用途分析，一部分用途是申请建设资金或装修改造资金，用于园区的主要设施项目或附属设施的修建；一部分用于装修改造或家具电器设备的购买。

3. 资金额度

根据申请用途不同，园区的建筑设施、附属设施或装修贷款，多为一定规模的乡村游项目申请，其资金规模多在 300 万 ~ 1000 万元，甚至更高；而农家乐项目多数是为提档升级、改造或添置设施，其资金申请多在 50 万元左右，少则 10 万 ~ 20 万元，最多不超过 100 万元。

4. 融资成本

通过政策引导和支持，银行会实施一些针对农户的优惠贷款，比如，在重庆一些贫困地区实施的扶贫贷款，银行对每户授信 5 万元，按年贷款基准利率 4.35% 执行，但对于非贫困区农家乐业主就不能享受以上政策。若通过民间融资，其成本通常在 2% ~ 3%（月息）或更高，这是业主正常运营所不能承受的财务成本。再如，某银行对于普通旅游项目产品按基准利率上浮 30% 执行，并要求提供抵押物。

5. 贷款期限

对于一些有实力的客户申报乡村旅游项目，银行会通过其他产品如“流动资金三年期循环贷”方式实施，但仍需一年一还，增加成本费用；而对于一些中小客户的贷款期限往往只有一年，到期后重新申报审批。

6. 贷款产品

近年来，银行推出不少针对“旅游开发”贷款项目，比如，某银行内部制定的旅游项目产品标准“被评为国家 4A 级及以上风景名胜，在区域内具有独占性资源垄断优势、集聚效应明显的景区，景区年客流量不低于 15 万人次等”；又比如，“对于拥有稀缺景区资源、客流量较大、运作规范的世界遗产、4A 级（含）以上、国家级风景名胜区旅游景观企业可选择信用方式，其他企业原则上要求提供我行可接受的、风险缓释能力较强的担保。”这些产品都是针对大型风景区，进入门槛高，产品基本未考虑乡村旅游项目。

（三）融资需求矛盾产生的原因

通过分析我们认为乡村旅游获得银行金融或其他资金支持，存在困难的主要原因有两个方面：一是金融机构的客户定位和客户筛选机制决定资本会优先投向股东有实力、经营稳定成熟、足值抵押物（或资产权属、价值清晰）、行业垄断优势明显的客户；二是乡村旅游项目自身存在投资人实力不强、产权不清晰的问题，缺乏可供抵押的有效资产，难以达到金融支持的条件，从而被金融机构排除在外，综上所述，担保公司进入该领域成为解决供需矛盾的有效手段。

六、旅游融资担保思路与设想

我们认为，对乡村旅游项目的融资支持，应按照“政府支持、协会参与、担保介入”多方合作模式，积极推进乡村旅游项目的融资担保。

（一）政府角度

1. 政府财政

主管部门积极为当地乡村旅游市场争取更多的财政政策，并协调交通、文化、林业及水力等各项资金整合，进行基础环境建设，如产业布局、环境整治、道路交通修建以及乡村文化打造。

2. 政府平台

针对旅游资源较好的区域设立政府平台公司，对重点区域集中打造，主要进行基础设施投入，并结合乡村旅游优势规划一批有地方特色的产业项目，全部进行招商自主经营，并对这类项目采取“扶上马、送一程”方式，平台公司只参与利润分红。最终让其成为拉动当地乡村旅游市场的标杆和领头羊。

3. 风险准备金

建立区域乡村旅游项目贷款风险（准备）金池，主要用于两个方面：一是向金融机构承诺乡村旅游项目还款出现风险时，承担一定比例的风险损失；二是作为风险发生时垫付流转土地承包权的租金及必要的维持费用（可以计算财务费用，进入处置成本），为风险处置提供充裕时间。

4. 引导基金

通过财政资金设立专项引导基金，委托专业基金公司进行管理和市场运作，联合其他社会资金（也可由银行贷款，担保公司提供担保）共同投资乡村旅游项目。

5. 沟通机制

对于乡村旅游项目贷款集中和达到一定贷款额度的区域或重点项目，政府应成立乡村旅游项目风险协调部门（或者成立资产临时托管中心），定期与金融机构沟通联系，配合风险预警处置与化解工作，维护好当地的金融生态。

（二）协会角度

1. 客户推荐

利用农家乐协会在各地方的组织体系，对金融产品进行宣传，并按照金融机构准入条件推荐会员客户名单（对推荐成功且按期还款的可进行费用奖励），对信用较好的客户建立信用档案。

2. 优惠政策

通过与政府主管部门的联系，争取相关贴息贴费的政策支持，降低会员客户的融资成本，优先对信用等级较好的客户实施。

3. 协助保后

委派当地分会工作人员与金融机构联合成立贷（保）后服务小组，定期对贷款客户经营情况、非财务信息进行回访、收集，形成贷（保）后报告提交金融机构（按工作量给予工作经费），作为贷（保）后管理重要补充手段。

4. 信息共享

内部建立信息共享平台，为乡村旅游项目风险资产处置提供信息撮合（可收取一定信息费用）。

5. 客户培育

通过对农家乐星级标准实施，联合金融机构对他们进行培训，一方面推进客户的自我提升，另一方面积累贷款目标客户。

（三）担保公司角度

1. 设计担保产品

一是小型农家乐升级改造：担保额度控制在 10 万 ~50 万元，主要用于农业配套、设施改造、装修、购置电器等，周期为一年。

关注风险要点：实际控制人从事行业经验、当地旅游环境和客源量、土地流转合同、主体经营收入（注意季节影响）、现场踏勘时着重观察其设施、装修、电器是否有更换更新必要。

二是小型农家乐（休闲观光园）改扩建：担保额度控制在 50 万 ~100 万元，主要用于新建设施、新设施装修及购置电器等，周期为一年至二年。

关注风险要点：实际控制人从事行业经验、当地旅游环境和客源量、土地流转合同、主体经营收入（注意季节影响）、是否存在新建扩容的必要、预估新投入与客流增加后的净现金流是否盈余、现场踏勘时着重观察现有设施使用率、高峰期的接待量等。

三是观光（产业）休闲园建设：担保额度控制在 100 万 ~500 万元或 500 万元以上，主要用于项目建设、装修及购置设施设备等，周期不超过三年。

关注风险要点：实际控制人从事行业经验、当地旅游环境及配套、土地流转合同、股东自有资金到位可行性、股东对项目已投入资金核实、项目未来经营的盈利测算、投资回收期预测、现场踏勘时着重观察项目施工进度、资金投入情况等。

2. 风险判断与控制

我们认为，乡村旅游项目风险主要集中在建设阶段，在这段周期主要调查乡村旅游产品定位、自有资金筹集、股东行业经验与合作关系、股东持续投入能力、合规合法性等相关因素，贷款介入项目时间越往后，建设风险相对越小；进入项目经营期后，其风险要点相对明确，容易评价，主要包括完工后应付款支付、食品及其他安全、产品营销推广策略、合规合法性等。

（四）建设期

1. 乡村游产品定位

项目规划是否符合当地旅游背景和特征，其未来盈利点是否合理，这关系到以后经营预期收益的实现，一旦投资形成，项目建设不可逆转，因此这是项目贷款评价最为核心的要点。这方面可以评估参考规划报告中的盈利分析或咨询行业专家和业内人士。

2. 自有资金的到位核实

对于小型农家乐项目，建议不支持其建设环节，其资金投入本身不大，先期筹集自有资金投入和行业经验积累是有必要的，可适当支持经营一定周期后的农家乐改扩建项目；对于规模化的农业休闲项目资金支持应设置门槛，即业主自有资金部分已投入一定比例后，如60%~70%，缺口资金筹集最好有其他预案，方可介入信贷担保。

3. 股东行业经验与合作关系

首先，要求关注股东的行业经验，调查项目操盘人是否具备农业旅游项目建设运营管理经验或从事酒店管理、餐饮管理方面的专业团队；其次，对于两名以上股东初次合作，处于建设期的项目，应该特别谨慎。

4. 股东持续投入能力

这是项目建设完工的关键，这点应该关注业主自有资金已投入和后续自有资金可投入真实性的调查，缺一不可。这方面可从股东前期从事的行业经历、资产证明及未来投入资金主要来源方面进行综合评价，对于缺口资金全部依靠融资且比例较大时，应该特别谨慎。

5. 合规合法性

在当前土地政策下，建设期间应与当地政府土地管理部门协调，办理必要的规划调整手续和前置手续，同时做好开发建设过程中森林、环境、水质方面的保护措施，规避相关风险。

（五）经营期

1. 完工后其他应付款支付

对于基本完工计划投入运营的项目需要特别关注资金投入，重点测算其资金来源与投入的匹配，一旦有资金来源方面的缺口迹象，可能就是业主隐瞒民间融资信号，这种高息费用对于初期运营项目来说风险极大。

2. 食品及其他安全应对

食品及其他安全应对主要是经营过程中防止食物中毒和其他人身意外伤害。这方面可以通过内部管理和购买保险方式规避。

3. 产品营销推广策略

产品营销推广策略主要评价项目建成后，是否运用合理的营销方式或者及时调整营销策略去吸引游客。

4. 合规合法

项目建成后，主动办理相关经营审批手续，包括消防验收、食品经营许可证、特种行业经营许可证等，规避相关风险。

农业融资担保项目调查思路与方法（3322）

一、三个“本”

（一）本人

要求借款主体是项目的实际控制人。拟开展调查前，须向拟借款主体询问并说明要求，现场访问过程要反复问清楚借款主体实际控制人是否为本人。通过现场交谈、采集身份信息、面签相关文书、周边人员询问等交叉印证方式验证并核实借款主体是否为本人。

（二）本事

要求借款人具备一定的行业技术和经营能力。其能力调查可以通过了解实际控制人行业经历（如养殖年限、经营年限等）来印证。一般来说，种养生产或经营该类项目连续年限应在三年以上，同时生产或经营的项目最好是相同而不是相近，如果种养生产或经营该项目借贷主体不是生产及经营负责人，须调查生产及经营负责人的相关情况，以及借贷主体与技术、经营负责人的相互关系等。

（三）本钱

要求借款人具有一定的自有资金支付实力，包括拟经营实施项目的固定资产、流动性资本或铺底流动资金投入能力。本钱的多少一方面可以通过拉家常来打听其积攒本钱的渠道，筹集准备了多少资金，如何估算项目总预算，如何调配资金，若本次贷不到钱的预案；另一方面可以估算实际控制人及关联主体的综合负债水平来判断其本钱有多少。保持项目一定比例的本钱（自有资金）是产业良性经营的重要保障。

二、三个“本地”

（一）本地人

对借款人是否为本地人进行调查，主要针对本乡、本村人，如果项目条件较好可放宽到本（县）区域，一般不为项目所在地较远区县的经营主体提供信用担保。对本地人查询可以通过身份证信息、同区域村民走访询问方式完成，对身份证籍贯及住址与实际出生成长地不一致的，需要通过调查访问印证相关情况。

（二）本地项目

对拟担保项目所在地进行调查，属种养及休闲农文旅结合类项目，其坐落地址应在本乡、本村范围内；属农产品加工类项目，其加工场地地址应在本乡、本村范围内；属农产品经营商贸流通项目，产品主要来源地址在本乡、本村范围内；其他涉农项目，建设或经营区域应在本乡、本村范围内。本地项目与本地人的地缘关系应结合调查。

（三）本地优产

对借款项目所在产业是否为当地（以乡、村为单元）优势产业进行调查，优先支持当地的重点优势产业，这类产业一定在本区域得到长期认可和适宜繁殖生长的，可以通过生产传统、生产资源、项目区位、产品市场、扶持政策等几个方面去考察优势程度，如当地有历史的传承、适时经历了品种改良或技术改进、生产或经营相对成规模、发展前景良好、市场需求未饱和并持续增长、有一定政策扶持力度的产业。审慎对待小众、新引进或本地水土等气候不宜的产业。

三、“两化”

（一）市场化程度

判断项目经营机制市场化，可以从其原料采购、产品市场、项目收益的性质进行判断。另外，经营主体地位和形态也是影响市场化程度的重要因素，比如，以小农户、家庭农场为单元的经营主体市场化程度相对低一些，农民合作社、种养大户、社会化服务组织、农业小微企业参与市场机制程度相对高一些。要谨慎介入市场化程度低、长期依靠非经常性收益（如财政补贴）维持的经营项目。

（二）外地化程度

可以从产品销售地域判断，产品主销区域外地化会促使经营主体在生产周期、组织分工及原料供给方面提升综合管理能力。运销半径越远，外地化程度越高，一般来讲，产品品牌影响力会扩大，价格会卖得越好，销售区域越广，产品规模效益也越突出。

四、“两合规”

（一）项目手续符合规定

一是项目立项建设环节的审批手续是否完善，如养殖场选址是否在适养区、项目建设用地是否办理相关手续、项目建设环境评价是否达标；二是项目生产运营环节的审批手续是否完善，如规模养殖和生产运营环节需要办理的防疫许可及环保审批手续、加工企业需要办理的生产许可手续等。上述部分手续对于农业项目有可能存在一定宽容和模糊处理，但政策一旦收紧对于某些经营主体是灭顶之灾。因此，对已实施运营的项目，在调查时也要关注一下立项建设环节的相关审批是否到位。

（二）项目主体信用符合规定

通过公司担保业务 4.0 系统、银行征信系统、专业 App 应用等方式，查询项目及主体征信是否有重大瑕疵和当前信用逾期及其重大经济纠纷和法律诉讼。

农业小微主体融资担保风险评估思路与方法

一、研究背景

农业经营体系是农业发展的基础与核心，在体系的主体构建过程中，专业大户、家庭农场、农民合作社、农业产业化龙头企业等是重要力量，对他们的金融资源配置，沿用传统工商业融资评价模式是完全不可行的。我们认为，针对新型农业经营主体特别是农业小微主体的金融服务，在经营风险评估方面，需要创新思维，调整思路与方法。

二、农业小微主体的定位

同属新型农业经营主体的专业大户、家庭农场、农民合作社、农业产业化龙头企业，其经济地位各不相同，许多农业产业化龙头企业直接从事农产品收购、加工、贸易，具有明显的二三产业特征。他们在经营规模、内控管理、资源供给等方面具备较强的竞争优势，而其他类型的经营主体多以初级农业为载体，从事种植、养殖和农副品加工，如重庆市《关于培育发展家庭农场的指导性意见》就指出家庭农场主要是围绕“粮油、蔬菜、畜牧、柑橘”等产业，“以家庭成员为主要劳动力”“以农业收入为主”，在规模上仅要求“商品肉猪场年出栏量≥ 300 头，肉牛年出栏量≥ 50 头，蔬菜类种植面积≥ 30 亩，柑橘类种植面积≥ 100 亩……”起点规模明显不高，同样专业大户及农民合作社的规模也遵循适度原则。虽然单位规模不大，但是专业大户、家庭农场、农民合作社的数量在农业主体结构中占比最大，他们是农业生产过程的直接实施者，是构建新型农业经营体系和发展现代农业的重要基础，是真正意义的农业小微主体，其生产力的发展一定程度反映了地区农业生产关系的先进水平。作为农业普惠金融，应该更加关注这类主体的融资需求，并通过机制创新让这种需求成为现实。

三、农业小微项目的阶段融资需求

农业小微主体的成长过程中，与工商类企业一样需要经历相应的生命周期。

（一）最初种子期

进一步提高生活水平是推动小微主体进入该周期的原动力，他们多以熟悉的农业产业进行尝试，良好的专业技能和谨慎的从业心态使他们初次转型相对容易，该周期的发展基本可以通过自有积累或少量周转资金解决，融资需求总体不高，此阶段延续周期在1~3年。

（二）创建期阶段

随着产业回报利润增加，农业小微主体有进一步扩大规模的愿望，小微主体自有资金无法满足生产资料的增加，扩规需要的场地、设备、人员等“门槛资金”成为阻碍其发展的重要因素，但此时的小微主体社会化程度低下、组织管理粗放、财务信息追溯难以进行，加之外界对农业行业的不了解，预判风险过于谨慎，造成农业小微主体在创建期获得贷款困难重重，此阶段延续周期在3~5年。

（三）生存期阶段

这是一个承上启下并为以后中长期发展打下基础的重要阶段。管理制度、盈利模式与竞争优势在这一阶段逐步建立和形成，直接表现为企业开始多元化发展的战略，对外投资形成混业经营、跨界经营模式，企业资金短缺矛盾突出，向外融资弥补现金流的不平衡成为一种必然选择，但此时同样是因为外界对小微主体资金运用的不清晰，导致贷款介入困难。此阶段延续周期在 5 年以上。

当然，如果能获得相应资金支持之后，部分农业小微企业会进入扩张期甚至成熟期，完成小微主体到农业产业化龙头企业的蜕变。

四、对农业小微主体阶段性融资评价

我们认为，对农业小微主体前三阶段的融资评价，判断应各不相同。

（一）种子期是小微主体的雏形期

种子期是累积行业经验、丰富阅历并成长的重要阶段，这时期对小微主体起重要作用的是控制人的行业经验，核心是对技术运用和掌握，决定因素比较单一。

（二）创建期是小微主体成长过程中的转折期

前期积累的行业经验仍是其发展的重要因素，首先，形成小规模的集中生产，原有的行业经验对新的生产方式仍有支撑作用；其次，由于产量提升，交易进一步扩大，市场波动引发的危机感在逐步显现；最后，已形成的资产及负债数量、结构及价值变化开始影响经营利润。总体来讲，这个时期起重要作用的仍是小微主体控制人的行业经验，包括运用信息对未来市场的预判和技术在规模扩大后的应用，决定因素看似单一，但内涵有较大的扩展。

（三）生存期是小微主体成长过程中的瓶颈期

前期积累的行业经验基本失去决定性作用，企业管理最显著特征是对个人经验依赖转换多点发力、共同作用，总体来讲这时期起重要作用的是小微主体经营模式及优势的定型和创新，核心是经营过程的现金流的平衡运用，单一决定因素已变成是诸多因素的制约和平衡，稍有不慎，小微主体就有灭顶之灾。

五、对农业小微主体融资评价的难点

（一）受自然属性影响，融资评价专业性强

从自然属性理解农业生产是对有生命的动植物进行再生产，带有强烈的地域性和季节性，比如，晚熟类柑橘最佳环境资源就在重庆的长寿区，若重庆其他区县也计划发展种植晚熟柑橘，一旦资金投入就会存在很大的问题；又如，榨菜生产，其原料基本会在每年春节前后一次性收购盐渍并作为未来一年的产品原料，周期性的资金占用影响到资金失衡；再如，葡萄种植必须要经历 2 ~ 3 年的生长期，才逐渐进入盛产期实现收益，这种自然属性决定葡萄种植前期，净现金流亏损是必然面临的阶段。因此，以自然属性理解，金融资金介入农业要考虑农业品种地域、资金动态需求及匹配周期等，风险评价不能与二三产业混淆雷同。

（二）受社会属性影响，信息不对称，融资评价支撑困难

至少在生命周期前三个发展阶段，新型农业经营主体的专业大户、家庭农场、农民合作社基本是以家庭经营为主，维系内部成员关系由多因素相互作用自我形成，这种典型的内生动力很难被打破，在此基础上形成的共识与合力，是最大化的，当然也无须监督与管理。因此，造成农业生产过程的投入、经营及产量等信息不能按照现代企业管理要求完整记录，信息缺失难以追溯，严重影响金融机构对农业小微主体的风险评估结果。

（三）农业行业特别是农业小微主体的现有融资评价模式单一、无针对性

目前，银行等金融机构针对的农业类贷款申请主体调查方法基本沿用工业企业贷款流程设计，照搬使用会计核算的相关表单，试图精确计算各类经营指标、偿贷能力指标等，这种调查路径的依赖注定未来要发生严重错误，即使调查时关注到农业小微主体的实际情况，不机械套用会计核算表单，但在行业及产业链不清晰的情况下调查，差异化的行业产业特征会被一般通用指标掩盖，导致调查失去针对性，缺乏指导意义。

六、农业小微主体担保融资风险评估

农业小微类主体个性特征明显、复杂，如果按具体表现去对应评价小微主体，估算风险、核算信用额度是一项耗时和费力的工作。但如果将具体特征的共性在同一行业内进行归纳总结，把共性还原成具体的数据，我们认为可以找出一些关键的数据，而这些数据呈现出的差异与我们试图寻求相对审慎、合理的信用额度之间应该存在某种相关关系，这种相关关系就是建立融资评价模型的前提。对于相关关系的研究和界定需要做大量的前期工作，包括对农业行业产业的分级分类、行业产业链指标设计、指标数据的分析、风险及信用模型建立。

（一）行业分级和产业链分类为小微主体融资评价提供基础条件

第一，以主体从事经济活动性质相似性为原则对农业行业进行类别分级。需要注意两个方面问题：一是首级分类标准，其分类可以部分借鉴传统的一产分为养殖、种植、林业等几大板块，但还需要根据实践情况预设一些板块内容，主要是涉农行业，如农机具、新农村建设、农业休闲旅游等，待一级分类确定，剩下的工作便是每级目录的展开和细分；二是每一级目录的细化程度，如养殖行业二级目录可以分为禽、畜、水产类等，再

将禽三级目录分为鸡、鸭等，继续将鸡四级目录细分为蛋鸡、肉鸡等，总共四级。而农机具行业二级目录可以分为整机类和零部件类，是否需要进一步行业细分可结合当地区域农业项目担保实施情况设定，可粗可细。通过分级便于对某一细分行业的归纳，总结行业内相应对象的特征，辅助后续的指标类比分析。

第二，要对农业行业进行产业链上的分类，产业链分类是按主体提供产品（劳务）的不同形态、环节进行划分。产业链的划分应注意所在行业是否有自然属性，对于存在自然属性的行业，如养殖业，产业链上需要考虑育种、饲养、加工、贸易四个环节。以肉鸡行业为例，其经济价值在四个环节都有体现：育种——针对肉鸡苗的孵化和育雏阶段；饲养——商品肉鸡养殖出栏阶段；加工——针对肉鸡的屠宰及深加工阶段；贸易——针对商品（白条）肉鸡及副产品销售阶段。对于无自然属性的涉农行业，产业链只需考虑加工、贸易两个环节，以“农机—整机”行业为例，加工——农机具（微耕机）的生产制造；贸易——农机具（微耕机）的社会化服务经营。产业链分类使融资评价更加精准，便于对行业内每个阶段提炼相应的特征指标。

通过行业分级、产业链分类目录可以形成二维农业主体行业分布表，让每个农业主体在上述坐标图中确定自己的位置，为后续指标设计提供基础，使融资评价工作方向清晰、明确。

（二）共性分析及指标设计为该类主体的融资评价提供路径支持

在确定行业及产业链后，就是完成分析共性特征及指标设计工作。共性特征是关注所处每个细分行业及产业链主体的关键点，一般可以从行业经验、规模大小、合规合法、销售收入、银行贷款等时点性、周期性指标考虑，但哪些指标最具有代表性，能反映主体行业特征，是指标设计面临的问题。以蛋鸡行业的育种环节为例，其行业经验、圈舍面积、环保处理、蛋鸡引种规模、产生（孵化）用电量等指标是在诸多指标中通过类比和可操作性筛选确定的，一般控制在 15 个左右，指标原则既要兼顾产业链的行业特征，又要有生命周期运行态势的体现，如行业经验作为种子期、创建期评价经营主体的关键指标，与蛋鸡引种规模一定区间内呈正向关系；蛋鸡引种规模和 150~430 日龄蛋种鸡量作为创建期评价经营主体的关键指标，又是评价资金链与持续经营能力的重要参考；产生（孵化）用电量作为生存期评价经营主体的关键指标，还可印证蛋鸡引种规模的合理性。

指标设计是建立小微主体融资评价模型的关键，精确把握指标内涵，准确评价小微主体现状和趋势，对多个主体相同指标、相似阶段进行横向对比，通过风险评价模型进行信用估算，达到事半功倍的效果。

（三）信息采集为该类主体的融资评价提供数据支撑

指标体系设计完成后，即可展开数据收集工作。数据的收集须围绕指标完成，但要注意以下问题：第一，信息要转化为数据，对于信息的调查记录应该量化，形成数值，而不是文本描述，这样便于后期的整理比较；第二，信息量收集尽量全面，对于纳入调查的农业小微主体，都要按指标进行数据收集，分析时数据足够充足，可提高容错能力；第三，采集信息不要求 100% 准确，信息缺乏时代对信息准确性自然要求高，反之当我们掌握了大量数据时，精确性就不那么重要。因此，上述工作是一个不间断的持续过程，要认识到，我们的目标只是得出一个相对准确的信用额度及大致的发展趋势，因此可以对精确性作出一些让步，正如《大数据时代》（维克托·迈尔—舍恩伯格、肯尼思·库克耶著）所写“适当忽略微观层面上的精确度会让我们在宏观层面拥有更好的洞察力”。

（四）数据分析为该类主体的融资评价提供有价值的预测

大数据的核心就是预测，在分析预测过程中，需要注意以下问题。

1. 确定小微主体的生命周期

每个主体生命周期内都有与之重要关联的代表性指标，如主体在种子期的行业经验是最重要的决定指标，经验发现一些个体农户若专注某一行业的生产经营，积累许多实用技术、市场经验，从种子期到创建期的转变是相对容易的。以生猪行业饲养环节的小微主体为例，长期稳定地从事自繁自养商品猪生产，虽然生猪市场价格波动短期内造成亏损，从长期看仍然保持一定的盈利；而一些工商资本投入农业，尽管资金充足，但投资人无专业知识和技能，仅靠外聘专家指导，多数以失败告终。再如，主体创建期的规模也是最重要的决定指标，如某小微主体一直从事蛋鸡养殖，规模保持在 5 万只左右，由于搬迁获得扩建机会，其没有充分考虑自己对行业的驾驭能力，投资建设蛋鸡规模 20 万只，不到一年时间蛋鸡连续发生不正常淘汰，降低到 8 万只，可以说确定每个生命周期内的最关键指标对于风险评价来说非常有指导意义。

2. 研究相关关系

正如《大数据时代》提出“相关关系分析更准确、更快，而且不易受偏见的影响”，除关键指标外，小微主体的最终信用是各类指标共同作用影响的结果，如果某个小微主体的指标 A、B、C、D 等共同作用了信用 x 的产生，那么在有足够多主体数量的情况下，我们会发现指标 A、B、C、D 等上下波动的可控范围和由此确定的信用 x 的规律及主体发展趋势，至少我们可以确定一个大致的信用区间或辅助我们找出存在的问题。

3. 信用风险模型的建立

信用风险模型是大数据预测的结果体现，需要依靠长期积累和模型修正，并将此过程转化为计算机识别的语言程序，是我们对农业小微评审工作的目标。

七、农业小微主体融资担保风险控制注意的其他事项

（一）评估调查适用批量进行

调查和评审优先选择同一区域、同一行业的农业小微主体，方便数据

指标收集，同时可形成标准化作业，符合对小微主体的快速评审机制，此外，批量大数据的进入有利于风险评价模型的自我修正。

（二）预设关键指标（组）

由于信用风险评价模型的建立需要较长周期，建议之前将审批重点放在关键指标分析上。一些重要信息往往需要多个指标共同反映和印证。比如，生存期主体通常会发生贷款资金挪用，所以资金平衡监管是重点，而通过梳理当期新增贷款额度、当期固定资产投入、当期经营性现金回笼、当期流动资金占用作为指标组去分析资金平衡是具有很强的代表意义。

（三）信用额度总体控制

从农业小微主体的定位看，其资金规模不宜过高，财务费用的刚性支付和到期集中还款压力会让农业小微主体不堪重负。因此，评估信用额度时应考虑所有融资性的负债资金，前两个生命周期我们主张通过“自有积累为主、贷款为辅”的方式介入，以流动性为主；在生存期可谨慎介入项目资金担保，须合理匹配担保期限。

（四）底线指标不能突破

不管农业小微主体现状如何，经验认为，关于主体控制人的信用记录、主体经营年限、与环保相关的要件审批等红线类指标是一定不能突破的。

涉农担保融资绩效及还款能力实证研究

近年来，随着国家扶持“三农”政策的深入贯彻实施，我国农村地区经济发展水平不断提高，银行业信贷支农力度持续加大，但还是远远不能满足当前农业产业化发展的需求，特别是一些规模种养大户和一些中小企业仍然存在贷款难问题。与一般中小企业相比，农业企业缺乏抵押物，而城市担保机构由于各种原因，不愿在农村发展业务，导致其缺乏完善的担保支持，贷款难度偏大。

建立专业担保公司，完善担保体系，为农业产业化龙头企业及种养大户贷款担保能否解决涉农融资难？涉农担保融资绩效如何？涉农企业贷款偿还能力如何评估？如何提高涉农企业的贷款偿还能力？本文将带着这些涉农担保融资的问题，通过对涉农担保机构与涉农企业较为深入地调查分析研究，试图提出一些有参考价值的推进涉农担保融资的途径和措施，以及需要日后实践、工作和调研中关注的事项与问题。受实证选择等客观因素的影响，此次实证调研的实证选择与分析的样本代表性与样本量，皆具有相当的局限性，对实证调研分析的结论的代表性，造成不良的影响，但是我们仍希望通过此次实证调研，能够产生一些有益的启示，促进涉农担保融资绩效及还款能力的探索研究，明晰影响涉农担保融资绩效及还款能力的因素，提高涉农担保融资绩效及还款能力。

一、涉农担保机构实证调查分析

（一）涉农担保融资机构情况

1. 发展概况

重庆市A涉农担保机构成立于2006年，是一家国有政策性专业涉农金融服务机构，历经六年发展，至2012年，公司业务覆盖全市38个区县，已与20个区县签订了业务推荐、风险分担的战略合作协议。业务合作银行达到21家，形成了国有银行、股份制银行、专业银行多层次、多层面的合作局面，银行累计授信额度近60亿元。

A涉农担保机构六年来经营良好，截至2012年8月底，累计为845户企业合作社提供担保41亿元（不含农户），在保金额16亿元。近三年，在保金额年均增长率超过50%，年均净资产收益率达到12%，累计计提两项准备金已达到1.12亿元，A涉农担保机构六年来为“两翼”地区担保涉农主体近250家。新增直接用工数24543人，通过“公司+农户”或“公司+合作社+农户”直接和间接带动近600户涉农中小企业及约150万农民创业增收。累计为44户合作社提供6100万元担保贷款。

A涉农担保机构六年来，支持了2万名农民工的劳务输出，人均增收近2800元；试点城口农户贷款，为3400户农户承诺担保贷款4626万元。

A涉农担保机构业务涉及育种（苗）、农资生产、农机器具、基础建设、要素市场，贯穿种植、养殖、农副产品加工、涉农流通、餐饮、农业观光休闲旅游全过程，也涉及移民搬迁、农村劳务输出、非城镇居民务工及家电下乡等涉农民生工程等产业，实现了农业细分子行业、农业产业链全覆盖。

A涉农担保机构截至2012年8月底，银行认可的土地、房屋抵押物作价占比约为44%，余下多为农村“三权”抵押作价。农业企业和合作社通过农业担保贷款放大自身平均3倍左右的贷款规模。金融放大效益依然明显。

农业担保已全面深入重庆农村生产、生活的方方面面，为重庆农业、农村、农民提供全方位担保金融服务。

2. 经营财务状况

A 涉农担保机构资产总额 2008 年底为 17000 万元，2009 年底为 23000 万元，2010 年底为 40000 万元，2011 年底为 47000 万元，2012 年 3 月底为 49000 万元；比 2008 年底增长了 188.24%；

所有权益 2008 年底为 150000 万元，2009 年底为 17000 万元，2010 年底为 28000 万元，2011 年底为 29000 万元，2012 年 3 月底余额为 30500 万元，比 2008 年底增长了 103.33%；

实收资本 2008 年底为 6500 万元，2009 年底及 2010 年底为 15000 万元，2011 年底及 2012 年 3 月底为 26700 万元，比 2008 年底增长了 310.77%；

业务覆盖 38 个区县，2008 年底在保余额为 10700 万元，2009 年底在保余额为 48000 万元，2010 年底在保余额为 82000 万元，2011 年底在保余额为 131000 万元，2012 年 3 月 31 日在保企业为 342 户，在保余额为 141000 万元，比 208 年底增长了 1208.30%。

3. 重庆市 A 涉农担保机构 2012 年 3 月底在保余额结构分析

A 涉农担保机构 2012 年 3 月底在保企业为 342 户，在保余额为 141000 万元，其中：种植企业为 85 户、在保余额为 46469 万元，占 2012 年 3 月底在保余额的 32.96%；养殖业企业为 54 户，在保余额为 30355 万元，占 2012 年 3 月底在保余额的 21.53%。

A 涉农担保机构 2012 年 3 月底在保余额中，在保余额在 1000 万元以上的在保企业有 266 户，在保金额为 119150 万元，占 2012 年 3 月底在保余额的 84.5%；在保余额 100 万元以上的在保企业有 20 户，在保余额为 860 万元，占 2012 年 3 月底在保余额的 0.61%。

A 涉农担保机构 2012 年 3 月底对 57 户在保企业进行了分析，在保金额占在保贷款企业资产总额的平均为 13.44%，其中：16 户在保企业的在保金额占在保贷款企业的资产总额的30%以上，在保余额为26650万元，占2012年3月底在保余额的18.90%。

（二）涉农担保贷款企业实证调查情况

2012年8月，我们对重庆市A涉农担保机构5户在保企业进行了现场调查，实地查看在保企业的经营情况及抵（质）押物的情况，并对两户在保企业的抵（质）押物都在相关部门进行了查询：主营业务分别为豆制加工、榨菜加工、食用菌种植、家禽养殖、水果批发，在现场调查过程中，有3户企业未查看到财务资料、1户企业未提供完整的财务资料、1户企业财务资料已无查看价值，2户企业除1户企业的工商部门登记未能查询外，其余的均抵（质）押登记在案，具体情况如下。

1. 重庆市B食品有限公司

重庆市B食品有限公司主营榨菜加工，2012年3月31日在保余额均为740万元，贷款发放时间为2010年11月15日，贷款期限为10个月(2010年11月15日至2011年9月15日)，系建行贷款；使用公司房产、机器设备、股东私人房产做抵押，公司100%股权质押。在调查过程中，未查看到财务资料，抵（质）押物在国土部门及工商部门查询，均登记在案。

据该公司介绍，在榨菜收购季度，缺少流动资金收购窖藏榨菜，导致生产中断，现场查看原材料（窖藏榨菜）缺少，进行零星生产。

准备申请强制执行法院判决书将产生相当金额的损失。

2. 重庆市C食品贸易有限公司

重庆市C食品贸易有限公司主营食用菌生产，2012年3月31日在保余额均为2300万元，委托贷款为200万元；2012年8月31日在保余额均为2100万元，委托贷款为200万元（见表1)，使用公司土地及机器设备做抵押。

表 1　　公司贷款情况　　单位：元

<table>
<tr><th rowspan="2">序号</th><th rowspan="2">贷款银行</th><th rowspan="2">贷款金额</th><th rowspan="2">贷款发放时间</th><th rowspan="2">贷款期限</th><th colspan="2">贷款还款计划</th><th rowspan="2">贷款还款及代偿情况</th></tr>
<tr><th>还款时间</th><th>还款金额</th></tr>
<tr><td rowspan="5">1</td><td rowspan="5">交通银行</td><td rowspan="5">1500</td><td rowspan="5">2011 年 6 月 21 日</td><td rowspan="5">2 年</td><td>2011 年 12 月 21 日</td><td>150</td><td>2011 年 12 月 23 日，由 A 担保公司发放委托贷款归还</td></tr>
<tr><td>2012 年 6 月 21 日</td><td>150</td><td>2012 年 6 月 20 日，有 A 担保公司为其代偿</td></tr>
<tr><td>2012 年 12 月 21 日</td><td>300</td><td>2012 年 9 月 20 日，有 A 担保公司为其代偿</td></tr>
<tr><td>2013 年 3 月 21 日</td><td>300</td><td></td></tr>
<tr><td>2013 年 5 月 31 日</td><td>300</td><td></td></tr>
<tr><td rowspan="6">2</td><td rowspan="6">交通银行</td><td rowspan="6">500</td><td rowspan="6">2011 年 6 月 28 日</td><td rowspan="6">2 年</td><td>2011 年 12 月 21 日</td><td>50</td><td>2011 年 12 月 23 日，由 A 担保公司发放委托贷款归还</td></tr>
<tr><td>2012 年 6 月 21 日</td><td>50</td><td>2012 年 6 月 20 日，有 A 担保公司为其代偿</td></tr>
<tr><td>2012 年 9 月 21 日</td><td>100</td><td>2012 年 9 月 20 日，有 A 担保公司为其代偿</td></tr>
<tr><td>2012 年 12 月 21 日</td><td>100</td><td></td></tr>
<tr><td>2013 年 3 月 21 日</td><td>100</td><td></td></tr>
<tr><td>2013 年 6 月 20 日</td><td>100</td><td></td></tr>
<tr><td>3</td><td>成都银行</td><td>500</td><td>2011 年 9 月 8 日</td><td>1 年</td><td>2012 年 9 月 7 日</td><td>500</td><td>2012 年 9 月 7 日 A 担保公司为其代偿</td></tr>
<tr><td>4</td><td>委托贷款</td><td>200</td><td>2011 年 12 月 23 日</td><td>3 个月</td><td>2012 年 3 月 22 日</td><td colspan="2">未还，A 担保公司于 2012 年 3 月 22 日为其展期 3 个月，到期日 2012 年 6 月 22 日，目前企业仍未归还</td></tr>
</table>

据该公司介绍，2011 年夏季，生产车间空调未及时启用，导致数十万袋菌种灭亡；目前已停产，查看财务资料已无价值；抵（质）押物在国土部门查询登记在案，工商部门未能查询；力争盘活资产，或者整体出售资产，避免贷款损失或把损失降到最低。

3. 重庆市 D 食品有限公司

重庆市 D 食品有限公司主营豆制品加工，2012 年 3 月 31 日，在保余额为500万元，贷款发放时间为2011年6月15日，贷款期限为1年（2011年6月15日至2012年6月15日），系中国银行贷款；委托贷款500万元，贷款发放时间为2012年3月27日，贷款期限为3个月（2012年3月27日至2012年6月27日）。

2012年8月31日，在保余额为1000万元，其中：重庆银行贷款500万元，贷款发放时间为2012年6月13日，贷款期限为1年（2012年6月13日至2013年6月12日）；中信银行贷款500万元，贷款发放时间为2012年8月22日，贷款期限为1年（2012年8月22日至2013年8月21日）。使用公司房产、公司股东私人房产作抵押，公司100%股权质押。

未查看到财务资料；公司原在重庆巴南区，地处重庆主城二环之内，当地政府要求食品加工厂完全搬迁出二环之外，目前该企业已完成收购重庆市K啤酒有限公司（地处南川区）；根据现场调查，豆制品生产车间正在装修过程中，啤酒公司生产仍将进行，同时生产D公司系列豆制品，对该企业的生产规模大幅度增加，对公司管理要求更高，对资金的需求将更多。

4. 重庆市E家禽养殖专业合作社

重庆市E家禽养殖专业合作社主营家禽养殖，2012年3月31日，在保余额为80万元，贷款发放时间为2011年7月26日，贷款期限为1年（2011年7月26日至2012年7月26日），系三峡银行贷款；2012年8月31日，在保余额为240万元，贷款发放时间为2012年8月14日，贷款期限为1年（2012年8月14日至2013年8月14日），系三峡银行贷款。使用担保贷款购买孵化设备、自建房屋，公司股东私人房产作抵押。

现场调查无存栏，据该公司介绍已全部出栏；未查看到财务资料；该合作社规划建设成集养殖、宰杀、冻藏于一体的企业，提示合作社做好疫病预防，防止合作社规模过度扩张的风险。

5. 重庆市F果品有限公司

重庆市F果品有限公司主营水果批发，该公司发生两笔担保业务，

2011 年 3 月 31 日，担保贷款 1000 万元，贷款期限为 1 年（2011 年 3 月 31 日至 2012 年 3 月 31 日），系三峡银行贷款。

2012 年 3 月 31 日，担保贷款 1500 万元，贷款期限为 1 年（2012 年 3 月 31 日至 2013 年 3 月 31 日），系三峡银行贷款。

2012 年 3 月 31 日、2012 年 8 月 31 日，在保余额均为 1500 万元；使用公司股东私人房产、公司 100% 股权、全部应收账款做质押。

该企业地处重庆水果批发市场，以收购、销售水果为主；提供查看的财务资料不完整，其经营情况与现金流情况无法判明。

从上述五户在保企业调查情况显示，涉农担保企业的还款能力评估不容乐观，应加强对担保贷款企业的交流与监管，获取真实的财务资料，及时地了解担保贷款企业的经营情况与现金流情况，掌握担保贷款企业的贷款偿还能力动态变化，防患于未然，降低担保贷款的风险。

（三）A 涉农担保融资发展过程存在的隐患分析

从上述五户在保企业现场调查显示 A 涉农担保机构向涉农企业担保贷款存在贷款展期—以新贷款还旧贷款的现象；B、C、D 三家涉农企业获得担保贷款支持一至两年时间内仍然出现了经营不继，停产或半停产的状态。

向涉农企业收取的费率过高，过多地增大涉农企业财务费用，据 A 涉农担保机构的调查，基本上年担保费率为担保贷款银行执行利率的 50%。

单个涉农企业，在保金额较大，可能诱发企业主套现企业的行为。

到期未归还担保贷款占期末担保余额的比例上升。截至 2012 年 3 月 31 日，担保贷款到期未归还的担保贷款及担保贷款到期未归还 A 涉农担保公司已代偿款的担保贷款（本金），2 户企业金额为 1230 万元，占 2012 年 3 月 31 日在保余额 141000 万元的 0.87%；截至 2012 年 8 月 31 日，担保贷款到期未归还的担保贷款及担保贷款到期未归还农业担保公司已代偿款的担保贷款（本金），金额为 1650 万元，占 2012 年 8 月 31 日在保余额 160000 万元的 1.03%。

应收代偿款处置尚未完成。2008年至2012年3月31日发生的应收代偿款1230万元尚未处置完成。

担保企业贷前管理、贷后管理风险控制存在薄弱环节：（1）担保企业贷前档案资料收集存在不足，我们抽查了25户担保企业的信用担保档案资料，发现存在以下不足：部分的年度财务报表未经审计；部分缺少完税资料；较普遍缺少监管计划。（2）担保企业贷后管理财务报表收集存在欠缺。我们抽查了10户担保企业贷后管理档案资料，发现部分贷后监管工作不到位，具体存在以下不足：部分企业财务报表，未能及时反映企业的财务状况；部分企业财务报表存在不合理，未收集相关的说明资料。

股权质押与动产抵押风险防范措施较弱。我们抽查的25户担保企业中有11户进行了股权质押，7户抽查担保企业进行了动产抵押，占抽查担保企业的35%；农业担保公司担保的企业多数是农业生产或加工的中小企业，其股权的价值确认及流通存在较大的障碍；抵押动产受保质期、技术含量较低及分散不易监管等因素的影响处置的价值较低，此类风险的防范措施较弱。

二、结论与探索

重庆市A涉农担保机构，业务覆盖38个区县，2012年3月31日，有在保企业342户，在保余额为14.10亿元。其中，种植业企业85户，在保余额为4.65亿元；养殖业企业54户，在保余额为3.04亿元，在一定程度上，加大了对农村经济的金融支持，特别是对区县级及以上的农业龙头企业的促进效果相当显著。涉农融资性担保体系的健康发展，对缓解中小企业和“三农”融资难担保难问题、促进经济平稳较快发展起着积极的推动作用。

涉农类中小企业，具有弱质性特征，资产可抵押性较低，在重庆市A涉农担保机构的调查中，发现存在较大比例的股权与动产质押，对单个涉农企业个体担保贷款金额在1000万元以上的比重较大，可能诱发涉农企业主套现企业的动机，从根本上影响企业的贷款偿还能力，加大涉农担保机构的经营风险，涉农担保机构代偿担保贷款比例上升，涉农担保机构的生存与发展会受到严重的影响，对担保、贷款、发展的良性涉农担保融资的绩效大打折扣。

我们从涉农担保机构、涉农企业开展实证调查分析，解剖涉农担保融资的绩效情况及涉农担保融资发展过程存在的隐患分析；实证分析涉农企业偿还能力的因素；阐述涉农担保融资的绩效与企业偿还能力的相互依存的关系，发展涉农担保融资，一定程度上解决了涉农企业低抵押、融资难的问题，促进了企业的发展，提高了涉农企业还款能力，特别是对区县级及以上的农业龙头企业的促进效果相当显著；单个涉农企业抗风险能力较差，目前生产资源的需求信息不透明，生产资源整合难度较大，农村区域经济的形成与发展缺乏规模经营，解决企业融资问题、增强企业的偿还能力，是个关系到企业、银行、政府及其他机构的系统工程，缺一不可，只有共同努力才能真正地解决问题。

通过实践，可以看到政策性农业担保公司在缓解农村经营主体融资难方面具有独特重要的桥梁作用，说明通过政策性农业担保公司扶持农业发展是行之有效的。

农业高风险和低回报并存的特点，使商业性的金融机构及金融中介不可能大力为农村经济建设服务。而作为政策性的农业担保公司，第一，其经营范围有明确限定，只能针对农业范围；第二，政府（财政）是公司的主要股东，股东对公司经营的考核重点之一就是对农业的扶持效果；第三，作为政策性的农业担保公司依靠主管部门的行政网络，可以广泛地了解农村经营主体的融资需求，对担保风险进行良好把控，并整合政策资源更好地扶持农业。

因此，作为政策性的农业担保公司有意愿同时也有能力搞好农业担保，搞好对农村经营主体的金融服务，助推农村经济发展，这是任何商业性的金融机构和金融中介机构都无法做到的。

（一）增加涉农担保融资绩效、增强涉农企业贷款偿还力探索

第一，深入领会《中共中央　国务院关于加快发展现代农业进一步增强农村发展活力的若干意见》（2012 年 12 月 31 日），契合中央精神研究探索涉农担保融资扶持的方向与目标。

第二，完善配套政策，促进政策性农业担保公司进一步发展。建立政策性农业担保公司是缓解农业经营主体融资难问题有效途径之一，应针对其经营特点，制定符合其经营实际、对其进步发展有促进作用的配套政策，发挥其为涉农企业解决融资难的政策性作用。

第三，大力支持政策性农业投资。融资和投资两者不能偏废，在强化政策性担保的同时，还必须加强对农业投资的力度。农业自身资本匮乏，如果没有外来资金的注入仅仅依靠其自身的积累，要想短期内改变农业农村面貌是很困难的，因此政策性的农业投资必不可少。一方面，应当加强农业投资平台的建设，引导更多社会资本有序流入农业；另一方面，政策性农业投资机构可直接投资农业项目，培育优势农业产业，以此带动农业农村发展。

研究探索整合国家对农村投入的引导作用的方式和方法，国家农村政策性投入与国家农村融资扶持相结合，发挥联动优势。

第四，涉农担保机构，增强以防范风险为重点加强保（贷）前、保（贷）时、保（贷）后管理，研究探索保（贷）后的管理，能够反映出担保贷款企业贷款偿还能力动态的指标体系与管理体系。

随着担保贷款种类、规模的扩展，各种业务风险逐渐累积，各种矛盾与问题也逐渐地出现，在一定程度上，妨碍了涉农担保机构的职责履行与发展壮大，对担保贷款企业保（贷）前、保（贷）时、保（贷）后管理提出了更高的要求，对申请担保的公司的前期调查、风险评估、审批阶段及保后调查阶段，严格按照涉农担保机构制定的内部管理制度的规定执行。

（1）保（贷）前管理。各申请担保的公司提出担保申请后，担保机构

在前期调查阶段，针对申请担保公司的实际情况，尽力搜集申请担保公司的有关资料，做好尽职调查及风险评估，充分发挥重庆市农业农村委的政策优势、专业优势，降低涉农企业的担保风险。

（2）保（贷）时管理。严格审批，完善合同的相关手续，资产抵（质）押登记手续，在签订委托保证合同及反担保合同时，尽量将与申请担保公司有关的资产、关联公司及个人考虑进来，能抵押的就抵押，能质押的就质押，需要承担连带的就承担连带责任。

（3）保（贷）后管理。在保后调查中监督在保公司资金使用及资金回收情况，掌握在保公司的生产经营情况和重大投资情况，掌握在保公司偿还到期借款的能力，反映在保公司存在的问题并提出改进措施，使担保公司担保业务风险得到较好的控制。

第五，探索股权质押与存货抵押的风险防范措施。在目前基本大法许可的范畴内，充分发挥涉农担保机构在涉农企业中的影响作用，探索研究适合涉农企业股权流转、资源整合的措施，减少在保涉农企业贷款的抵（质）押物的风险。

（1）完善现有机制。加强登记机关从业人员的教育宣传和行政引导，改善抵（质）押登记环境。

目前，在公司在办理抵、质押登记的过程中，由于登记机构从业人员对法律了解不全面、墨守成规，致使一些依法可以办理登记的抵（质）押行为无法办理。例如，某些区县的登记机关，在办理房产抵押的过程中，抵押权人不能是担保公司而只能是银行；某些区县不能办理股权质押；房产抵押登记部门在抵押物评估价值低于贷款金额时不予登记；抵押物不同意办理重复抵押；等等。而这些情形都是依法可办理抵质押登记的。

因此，必须加强登记机关从业人员的教育宣传和行政引导，以使其在现有法律环境下将抵（质）押的范围最大化。

（2）对法律已规定但未明确登记机关和流程的加以明确。行业主管部门或地方政府应出台明确相关职能主管部门的具体职责和分工，对未明确登记的机构例如生物资产、收费权等物权，明确登记部门，对于林权等新种类的物权进行登记，制定细则，明确操作流程。

（3）对法律目前尚未规定的，加快立法，尽可能挖掘新的可抵、质押权利，如宅基地的抵押等。

第六，开展涉农担保融资贷款企业偿还能力的持续研究，将贷后管理动态化，掌握企业的正常经营活动状态，借鉴金融系统等行业先进经验，如建立完善客户的偿还能力追踪体系，建立客户的评级管理。

第七，建设推广农业生产信息。充分发挥政府引导作用，建设农业生产信息平台，发挥农村农业机构信息指导作用，引导涉农企业的生产行为，减少盲目性。

“互联网 +”现代农业行动运行机制实证研究

一、研究背景

2015 年 7 月，国务院出台了《关于积极推进“互联网 +”行动的指导意见》，有助于推动互联网由消费领域向传统领域拓展，加速农业等传统产业的发展升级，增强传统行业的创新能力，这给现代农业发展带来了良好的发展机遇。2016 年 5 月，农业农村部、发展改革委等 8 部门联合印发《“互联网 +”现代农业三年行动实施方案》，着力推动现代信息技术在农业生产、经营、管理、服务各环节和农村经济社会各领域的深度融合，推进农业在线化和数据化，大力发展智慧农业，强化体制机制创新，全面提高农业信息化水平。在“互联网 +”的大趋势下，农业要实现新发展、新突破，必须大力推进“互联网 + 现代农业”发展，应用云计算、大数据、物联网、移动互联网等现代信息技术，推动农业全产业链改造升级。

二、重庆现代农业发展概况

（一）重庆现代农业发展取得了一定成效

近几年，重庆市一直将“三农”问题作为发展重点，充分发挥大城市带动大农村的优势，走出了一条具有重庆特色的现代农业之路。尽管土地资源不具优势，但重庆具有多重海拔、多样化生态等地理特征，可根据不同自然条件种植不同农作物，为重庆打造特色效益农业提供了条件，也使重庆的现代农业发展取得了一定成效。一是高标准农田建设夯实了现代农业发展的基石。近年来，重庆大力推广建设旱涝保收、稳产高产、节水高效、生态良好、科技先进的高标准农田，农业综合开发高标准农田示范工程建设范围逐渐扩大到全市各区县，为现代农业发展打下坚实的基础。二是优势特色产业的培育推动现代农业发展壮大。通过建设蔬菜基地、茶叶基地、花卉基地，扶持农民专业合作社及龙头企业，推动了产加销一体化产业链的建设，推动了优势产业的发展壮大。三是现代农业品质得到有效提升。通过大力投入农业综合开发科技项目资金，加大农业新品种新技术推广与应用，有效提升了现代农业品质。

（二）农业现代化发展存在难点

重庆具有大山区、大农村、大库区格局的特征，农业发展先天条件不足，使现代农业发展在一定程度上受到了制约。

1. 农业基础条件薄弱，抵御自然灾害的能力有待加强

一方面，耕地资源有限，人均耕地面积不到全国平均水平的三分之二，人地矛盾突出。另一方面，耕地主要以山地、丘陵为主，“巴掌田、鸡窝地”较多，耕地资源品质差，耕地单位产出水平有待提高。此外，由于资源开发不合理，一些地方农村水源污染、植被破坏、水土流失严重，受季风气候影响，自然灾害较多，农业抗御自然灾害的能力较弱。

2. 农村人力资本短缺，农业现代化发展存在难度

发展现代农业不仅需要资金，更需要劳动力。重庆市处于山区，人力资源的开发与管理相对滞后，尤其是农村劳动力素质较低，这必然导致在现代农业发展中先进技术的推广运用等方面存在一定的困难和障碍。此外，由于受教育程度相对较高的农村青壮年劳动力大量外移，农村人口结构加剧变化，一些地方农业兼业化、农村空心化、农民老龄化现象日益凸显，农村劳动力结构性矛盾制约了现代农业的发展。

3. 农业创新不够，信息科技应用水平有待提高

重庆农业发展面临高层次创新人才匮乏，科技基础条件薄弱，农业科技创新和储备能力严重不足的问题。同时，受农业科技投资主体少，农业科研和推广经费有限；农业科技成果应用主体素质不高，推广手段陈旧；受技术到位率低、农业科技成果转化率较低等多重因素影响，农业新技术研发推广进程受到了阻碍。

4. 资本投入不足

农村资金来源一般分为两个方面：一是来源于政府，但长期以来政府对农村“输血式”的直接投入模式成效有限。二是来源于金融资本，目前我国主要以信贷为主的融资结构，一方面使风险主要积聚在银行业金融机构；另一方面受商业机构风险偏好影响，区域分布不均衡，信贷结构不合理，中低端的农业融资需求仍难以得到满足，与此同时，按照收益覆盖风险的经营原则，银行收取的贷款利率要高于非农行业贷款。因此，一般新型农业经营主体获得银行信贷资金的成本普遍较高，这对于风险高、投资收益低的农业生产而言，无疑是一笔沉重的负担。

首先，随着新农村建设的推进，现代农业发展需求日益迫切，且涉农新型经营主体融资渠道呈现出多元化，撬动社会资本投入，发挥金融杠杆作用，就显得尤为重要。其次，创新引导社会资本向“三农”直接投资方式，优化农村金融环境，逐步形成以社会资本为主的支农投入结构，有利于拓宽新型农业经营主体融资渠道，达到对于新型农业经营主体“输血更造血”的目的，促进农业现代化发展，就显得尤为重要。

三、探索发展“互联网 + 农业金融”在农业现代化资本领域的作用

农业属于弱质产业，因其具有较高的自然风险、投资收益低等特点，受金融信贷资本青睐度不高，且农业属于季节性很强的产业，资金需求和农产品销售属于“小、快、灵”的业务范畴，时间一般均在 1 年以内。然

而，传统银行类融资并不具有匹配农业生产特性的相关融资产品，其融资期限一般在1年以上。因此，“贷款期限不对称”是新型农业经营主体“融资难、融资贵”的主要原因之一。

因此，互联网金融的逐渐兴起成了金融创新的热点。我们认为，互联网金融开辟了新型农业经营主体融资新渠道，有望缓解新型农业经营主体的融资难、融资贵等问题。新型农业经营主体除了正常的银行直接融资，还可通过互联网金融模式引导社会资本直接进入农业领域进行融资。

探索这种投资新模式具有以下必要性。

（一）互联网金融天生与小、快、灵的新型农业经营主体经营模式相匹配，更需要政策的支持

从起源和发展来看，互联网金融是在互联网技术发展和中小企业融资难双重挤压下催生的互联网技术和传统金融相结合的一种金融创新，“小额、快捷、融资期限不固定”是互联网融资的基本特点。可以说，互联网金融自诞生之日起便主要是为新型农业经营主体服务的。

因此，在农业领域受到银行直接融资排斥，却又最缺发展资金的新型农业经营主体最符合“小、快、灵”的互联网金融融资模式。互联网金融的发展更利于将社会资本投入到从事农业基础的生产领域，进而促进新型农业经营主体的发展，服务于实体经济、中小微企业及种养殖大户。

（二）信息技术支撑新型农业经营主体实现快捷融资，降低融资门槛及融资成本

互联网金融融资模式弱化了传统金融业的分工和专业化，减少了由于市场信息不对称造成的资源浪费，也降低了融资过程中的交易成本，减轻了借款人的融资负担，实现了新型农业经营主体的快速融资。在互联网金融模式下，资金提供者可以通过贷款者的消费、收入等历史信息或通过第三方获取借款者的信用信息，大大降低借款者和投资者之间的信息不对称

性，解决贷款期限问题，满足贷款者短期资金融资需求，使这两者之间进行非常直接和灵活的协调，进而降低新型农业经营主体的融资门槛和融资成本。

（三）互联网金融推动了利率的市场化

金融的发展最终是要走向市场化的，一个金融机构要在众多的机构里面有市场竞争，价格就必须要接受市场的选择。在传统金融机构的准入门槛、运行环境非常高的情况下，这种竞争是不充分的，未来整个市场的竞争要走向成熟，作为投资者和贷款者对于风险的评判，可以根据自己的风险偏好有自主选择权，从而去获取收益，这就需要去构建成熟的投融资过程。而在传统的金融格局下，利率难以实现一种市场的真正公平化。让市场在配置资源当中起决定性作用，让投资人和贷款人直接可以讨价还价，直接利用各自的风险偏好定出价格，对中国金融的成熟发展及利率的市场化具有巨大的推动作用。

（四）拓宽融资渠道的新探索，融资需求更易解决

新型农业经营主体经过了快速发展，正处于提档升级的重要时期。经调查，目前新型农业经营主体的主要融资具有的特征为：资金主要来自自身积累，外源融资较少；债务融资偏多，权益融资偏少，商业银行是重要的融资渠道。一方面，由于新型农业经营主体缺乏抵押物等条件，难以获得贷款；另一方面，即使获取了贷款，银行提供的资金也与新型农业经营主体在期限、金额等方面无法进行有效配置。这就需要依托互联网金融，激励社会资本进入农业领域，来拓宽新型农业经营主体的融资渠道。互联网方式具有比较好的资金渠道募资能力，可以面向社会各级阶层，让更多社会人士关注农业、投资农业，资金来源更加丰富广泛，能够满足新型农业经营主体的资金需求。

四、“互联网 + 农业金融”的实证案例——“农哈哈”平台

（一）“农哈哈”平台简介

重庆市农本电子商务有限公司（以下简称农本公司）成立于2014年8月，正式运营时间为2014年10月31日，是经重庆市政府批准成立的重庆市农业资产经营管理有限公司的下属全资国有公司。公司营业范围是通过互联网开展商务信息、经济信息、企业管理等咨询服务，以及农产品销售、数据处理等业务。

农本公司旗下“农哈哈”（http：//www.nhhdz.com/）互联网农业金融网站，是采用第三方支付公司的资金托管，保证专款专用，并由国有政策性融资担保公司提供担保，凭借强大的社会公信力打造安全、有序、规范、高效的专属于农业的投融资信息平台及网贷、网购平台。

（二）网站基本运营情况

1. 主营业务（P2P）开展情况

（1）运营底线思维：农本公司自成立伊始，旗下所有融资项目全部为龙头企业、合作社、家庭农场、种养殖大户等实际控制人，平台约束自律，在法律法规及道德底线控制下运作项目，与2015年7月18日由人民银行等十部门发布的《关于促进互联网金融健康发展的指导意见》（银发〔2015〕221号，以下简称《指导意见》）的主要思想不谋而合。

（2）发标情况：截至2015年12月底，成功撮合项目72笔，无流标、弃标情况，放款金额为13650万元；还款23笔，累计还款金额达6780万元，在还余额为6870万元。

（3）收入情况：截至2015年12月底，农哈哈实现净利润33万元[注：种养大户、农户等根据信用状况，居间服务费、担保费等实行减（免）政策]。

（4）借款人情况（平台每个项目的总额授信均控制在500万元之内）。

2. 项目分类

（1）按资金用途分类。公司按照借款人的资金用途，分为三类：过桥类、信用敞口类、全额小微类。具体个数及金额如表1所示。

表1　　项目分类表（资金用途）

项目	个数（个）	金额（万元）	平均额（万元）
过桥类	12	3450	287.5
信用敞口类	30	5770	192.3
全额小微类	10	920	92
合计	52	10140	195

注：过桥类：在银行类融资机构有融资到期时，需要短期冲贷资金而在平台进行借款的项目；信用敞口类：在重庆市农业融资担保集团有限公司申请为其在银行担保融资后，另外在平台对其授信的信用敞口类项目；全额小微类是只在平台进行融资的小额类项目。

（2）按所属行业分类。

表2　　项目分类（行业分类）

项目	个数（个）	金额（万元）	平均额（万元）
种植类	12	2200	169
养殖类	6	1400	280
加工类	15	3250	191
休闲观光类	4	1050	262
农机、农资（提供商）	5	1500	300
农户	9	540	33.75
林业类	1	200	200
合计	52	10140	195

注：从上表行业上分析，平台主要支持与扶持的对象为种养殖业、加工业、农户。

3. 投资人情况

（1）投资人年龄结构分析：截至2015年12月30日，平台完善注册信息的投资人数共计974位，其中有投资记录的有效会员人数共计338

位，其年龄结构分布如图 1 所示。

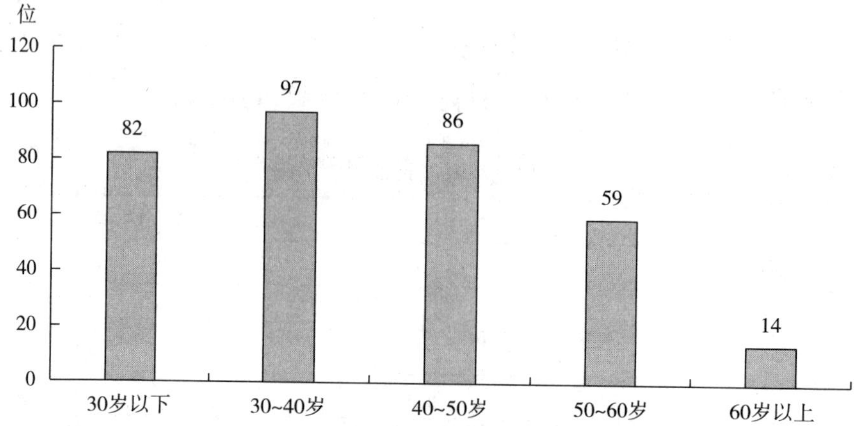

图 1　有效会员年龄结构分布

注：从以上分布图可以看出，一是平台的主要投资者主要集中在 60 岁以下；二是平台以后的重点工作是激活目前已注册但无投资记录的会员，扩大会员基数。

（2）投资人区域分布图：按身份证注册登记信息，有投资记录的会员（338 人），目前投资人 90% 以上集中在重庆，其次是四川、北上广等地。

4. “P2P+ 担保”获得农业农村部创新项目大力支持

根据《农业部关于下达 2015 年农业技术服务创新项目资金的通知》（农财发〔2015〕44 号）文件的规定，农本公司于 2015 年 8 月 21 日获得农业技术试验示范专项经费 600 万元，专项用于探索开展“P2P+ 担保”互联网金融支农模式创新。资金创新使用分为两个部分：一是作为农本公司名下 P2P 业务的风险保证金有 500 万元；二是作为农本公司的平台技术升级改造费有 100 万元。

（1）P2P 业务的风险保证金 500 万元。该笔资金下到农本公司后，公司研究相关实施方案，并报市农业农村委备案，实行专账管理，确保财政补贴资金的安全与不被挪用。目前“农哈哈”平台运行一年无一笔风险代偿项目，风险保证金余额 500 万元。

（2）平台技术升级改造费 100 万元。探索开展“P2P+ 担保”互联网金融支农模式创新，需要稳定的软件系统、良好的硬件设施。为保障平台的安全，需对平台进行技术升级改造，具体包含服务器托管、硬软件设施升级改造、手机客户端建设与改造、数据库建设与维护、农产品电商平台搭建与改造、互联网融资与农产品电商综合信用体系建设及完善等内容。

五、实施互联网农业金融平台经营的几点经验

第一，农业互联网金融创新首要条件必须具有平台的硬件、软件设施、设备必须过关，保证资金安全。

第二，具有互联网技术人才、金融人才、农业人才相结合的人才互补团队。

第三，在开展业务之中，逐步普及借款人、投资人的互联网知识、金融知识、农业知识等，养成具有“互联网精神”的良好习惯。

第四，互联网金融的本质是金融（含P2P），因此，利用好杠杆原理，放大融资倍数是必要的。给投资、融资方搭建好网络“面对面”媒介平台，充分披露借款人融资信息，做好信用中介平台。

第五，新型农业经营主体根据自身融资需求，可以自己设定融资方案，期限应更加灵活，期限为1~12个月均可，不应按照传统银行类金融机构申请一年期贷款似的“一刀切”，这样有利于：（1）融资需求灵活。借款人根据自己申请的融资方案，可保障自己的农业生产、资金计划、市场拓展等，使用贷款资金更加灵活、机动。（2）无抵押、纯信用。贷款审批流程更简单、更专业，“零抵押、零保证金”，属于信用类贷款。（3）脱媒金融。摒弃了原有通过银行融资的三方繁杂手续，以及相关银行贷款回报，降低了融资成本，属于互联网脱媒金融。（4）节约时间成本。一般审批通过后一周内可以获得贷款资金，大大提高了融资办理手续的效率，特别是很多借款人无正规的财务人员，办理相关手续均亲力亲为。因此，在一年时间内，估计半年（含续贷申请）都在办理融资手续，农业互联网金融模式的创新，会尽可能让借款人把更多精力投入生产经营中去。

六、当前互联网农业金融发展面临的问题以及建议

（一）合作伙伴

在平台设立时，为杜绝资金池，采用“第三方支付公司资金托管”模式，技术接口、平台数据等均与其有关。但很可能受制于第三方支付资金托管公司，若更换合作伙伴会面临数据遗失等潜在风险，因此，寻找一家稳定的银行进行资金存管很有必要。

截至2015年12月30日，平台发标金额为13650万元，实现净利润33万元，单笔标运营净收益率为0.24%。而第三方支付公司的直接成本就占发标金额比重0.22%，因此，若互联网金融监管细则早日出台，就可通过银行直接接入资金托管，更能降低借款人的总成本。

（二）成本方面

目前“农哈哈”针对借款人的成本主要分为三个部分：担保公司履约担保费、平台的居间费、投资人利息。

“农哈哈”网站及重庆市农业融资担保集团有限公司为支持小微类新型农业经营主体的发展，对全额小微类项目实行减（免）收居间服务费以及担保费政策。但只靠公益行为来支持小微类项目发展并非长久之计，因为资金直接使用成本过高（至少为8%），若低于8%这个成本，在社会筹资方面面临很大困境。因此，若有政府主管部门进行区域试点，补贴一部分成本，那么互联网农业金融无疑将会迎来一个更好的春天。

（三）风险控制

既然互联网金融的本质是金融，那么风险控制始终是第一位的。目前国内所有平台业务模式采用的都是纯信用、无抵押等方式。为提高公信力，一般选择国有担保公司进行担保，但工商局、房管所、国土局等部门

并不认可互联网金融产生的相关借贷合同等，更不能办理抵押手续，因此在提高借款人的违约成本，保障担保公司或平台第二还款来源方面比较弱势。因此，加快相关部门对相关协议的认可并对借款人实现抵押、保证、质押等反担保方式也是当务之急。

（四）建设“互联网＋农村后援大数据库”

“农哈哈”平台建设的初衷，一是做好互联网脱媒金融，解决新型农业经营主体的融资需求；二是网贷与实体电商相结合，充分提炼借款人的数据信息、产品信息，从而充分利用“人＋产品”，提炼大数据信息，并建设大数据信息库，从而综合评估借款人的信用度，因此扩大大数据的运用是农业互联网金融发展非常重要的工具之一。

七、结语

“互联网＋农业金融”是对重庆市农业融资担保集团有限公司多年积累担保的约 1500 个涉农贷款主体（担保融资为 66 亿元）经营分析了解，部分新型农业经营主体的急切需求短期融资产品（比如，1 个月、3 个月、6 个月等），但传统银行融资又不具有该部分业务，因此，利用信息通信技术以及互联网平台，运用当下互联网金融主流业务模式（P2P），创新实现“P2P+ 担保”模式，做好中介桥梁作用，解决新型农业经营主体的短期融资需求，并引导社会资本流向农业领域。

“互联网＋农业金融”在探索“互联网＋”现代农业运行方面创新解决了农业融资的一个难题，未来在“互联网＋”现代农业发展中还有很多领域值得我们去思考探索，如产品供给、农资配送、技术交流、补贴发放等。

农业贷款融资项目特色征信体系建设研究

一、前言

农业贷款融资难的问题长期困扰农业产业发展。要真正发挥金融支农惠农的作用，不仅是简单地把资金引入农业农村，还需要发展适合农村特点的金融产品、服务创新及信用体系、担保体系等一系列的配套工程。其中，最为重要的是建立符合农业农村实际的特色征信指标体系，在充分吸取其他信用指标体系的基础上，结合农业农村的实际情况，探索建立出一套能有效评价农业经营情况的特色征信指标体系，增加农业行业评价、农户行为评价、财务评价等内容，通过对人、对行业的评价，找出符合农业特点的评价方法，推动农村信用环境建设。

从现行的中央银行征信系统来讲，主要是对借款人的信贷记录采集，信息主要包含借款人的基本情况、银行信贷记录、法院诉讼情况等，虽然记载的信息较多，但相对真实地局限于银行借款记录、有无逾期等，对借款人的其他基本信息并没有做到实质性审查，信息的可靠性不足，因此来讲，中央银行的征信系统具有一定的局限性。本文研究的农业特色征信指标体系建设，除对农业经营主体信贷记录采集外，更加强调根据行业属性、人及符合农业特殊性的财务数据来对经营主体的真实情况作出判断。

本文主要通过重庆农担（或称公司）十年来在农村金融中的探索，总结符合农业融资特点的特色征信指标。

二、特色征信指标建设的必要性

（一）破解农业农村融资难的实践探索

农业农村融资难问题的产生，一是在于金融机构的信贷取向，金融机构在提供信贷支持时，更多注重两个因素：现金流和抵押物；二是农业经营主体自身问题，经营状况和财务管理不健全，自身实力较为羸弱；三是现行的金融产品不符合农业生产的实际需求。

因此，农业农村融资难实际的问题在于缺乏一套合理的评价体系来帮助金融机构对农业经营主体的经营状况进行评价从而得出合理的评价结果、选用合适的金融产品。

（二）增强农业经营主体的融资能力

农业经营主体融资能力的不强有多方面的因素，但其中缺乏对农业经营主体的评价体系是最主要的原因之一。现行的中央银行征信系统，包含的主要信息为信贷记录和诉讼记录，且信贷记录更多为银行的信贷记录，其他借贷记录并不能真实反映，因而金融机构使用的方式更多为参考，更多还是通过对项目的现场调查来评价项目是否符合融资条件，对项目的评价更多是凭主观判断来实现。完善特色征信指标体系建设，旨在通过对行业现状和行业经营方式的评价，以及对实际控制人的行为评价来实现对项目的判断，减少主观人为因素的影响。通过行业分析和人的行为分析对项目增信，实现信用金融，增强其融资能力。

（三）规范农业经营主体的经营，增强持续发展能力

农业经营主体的经营管理能力较弱，对经营相对较为盲目，简单认为规模即能产生效益，一味贪大，但没有考虑到农业产业经营的实际情况。从西部地区来看，主要以山地、丘陵为主，并不适合大规模的经营，适度

的规模经营更为符合该地区农业发展的现状。通过特色征信指标体系的建立，可以为农业经营主体提供更多有效的行业信息，包含行业现状、经营思路、市场信息等有价值的信息，从生产、流通、销售各个方面帮助农业经营主体规范发展思路和经营模式，增强其对行业的认知度，发现市场价值，探寻符合自身实际情况的发展之路。

（四）建立健全农业经营主体评价体系

金融机构目前对农业经营主体的评价信息主要来源于以下几方面：一是政府管理部门的管理信息，包含行业数据、企业申报信息、执法部门的公开信息；二是中央银行征信系统，主要是信贷信息；三是社会信息，包含经营主体的商业信用和社会信用。虽然信息来源比较多，但是价值并不高，原因在于三个方面的信息并没有整合，且信息各方对于信息的采集渠道不同，导致信息的可信度并不高。农业特色征信指标体系的建立，可以将上述三个方面的信息资源整合起来，确立统一的信息采集渠道，通过大数据分析来比对项目信息的真实性，增强农业信息的可信度。

（五）通过特色征信体系建立健全农业行业数据模型

农业产业发展目前的困局在于信息不对称，有效的市场信息并不能及时传递到农业经营者，农业经营的真实信息也不能反映到相关政府管理部门，相应的政策并不能有效解决农业产业发展的困局。农业特色征信体系的建立，一方面，是完善行业数据，使农业经营主体在行业经营中有更多的信息资源，帮助其在发展的过程中能够遵循行业市场规律，制定更有效的经营思路和策略，帮助其发展壮大，同时为其增信，增加其融资能力；另一方面，通过对农业经营主体的数据采集，在对其增信的同时，收集行业数据，整合行业资源，建立农业行业数据模型，健全农业产业数据模型，使管理部门在制定相关政策、引导行业发展方向上具有更多的数据支撑。

三、特色征信指标体系建设的可行性

（一）特色征信指标体系建设的政策依据

1. 国家政策鼓励建立农业农村大数据

为了贯彻落实《国务院关于印发促进大数据发展行动纲要的通知》（国发〔2015〕50号）、《农业部关于推进农业农村大数据发展的实施意见》（农市发〔2015〕6号）、《农业部关于印发〈“十三五”全国农业农村信息化发展规划〉的通知》（农市发〔2016〕5号）等有关部署要求，积极探索发展农业农村大数据的机制和模式，带动不同地区、不同领域大数据发展和应用。2016年10月，农业农村部办公厅印发了《农业农村大数据试点方案》，其中重庆市重点发展“生猪大数据”和“柑橘大数据”。

2. 国家鼓励多元化大数据共享

《国务院关于印发促进大数据发展行动纲要的通知》中明确提出：大力推动政府部门数据共享；稳步推动公共数据资源开放。因此，大数据资源的共享将会有畅通的渠道，作为特色征信体系中的公共数据来源更加有保障。通过对政府公共部门数据来源的整合和共享，扩大了数据来源的范围，提高了对新型经营主体行业数据、个人的基本信息数据的准确性。

（二）公司数据来源体系基本形成

1. 融资担保项目数据来源体系

公司于2006年成立，从2009年开始建设信息化办公系统，2016年开始升级建设第二期信息化办公系统，经过十年的发展，已经积累了3000多户新型经营主体的数据，从项目的基本信息、经营信息、财务信息、行业信息等各方面都积累了庞大的数据。

2. “农哈哈”项目部互联网金融数据体系

公司从2014年底成立了重庆农本电子商务有限公司“农哈哈”项目部，主要从事农业互联网金融，作为农业互联网金融撮合平台，累计已经完成近400笔项目，累计投资达5.6亿元，积累了大量新型经营主体的借贷和还款信息。

3. “渝哈哈”项目部高端农产品电商购销数据体系

公司2015年底筹备建设“渝哈哈”高端农产品电商，2016年已经实现“微商城”上线，即将上线电脑端平台。目前已经有过百家“三品一标”商家签订上线协议。在平台上的购销数据和价格形成了第三个数据来源。

以上三大数据来源，构成了公司现行的数据采集体系，包含了交易数据、借贷数据和第三方调查数据的数据来源体系将丰富特色征信体系的数据来源，同时提升数据来源的准确性。

四、特色征信体系建设的基本构架

对农业经营主体、行业发展信息的评价及预测基于农业大数据的分析，在数据采集的时候会有多种方式的数据源，在对此部分进行数据研究的时候，主要分两类数据进行采集，第一部分为外部数据评价，第二部分为基本数据评价。

（一）第三方数据评价

通过在电子政务外网上建设数据交换平台，获取各委办局对农业经营主体的相关数据，此部分数据通过前置服务器以标准化的数据接口方式进行数据采集，并利用ETL工具进行数据清洗并形成数据库。这种类型的数据基于各委办局的业务系统，我们通过相应的数据规范进行提取，包含的数据如表1和表2所示。

1. 个人指标

表 1　　个人指标

序号	数据类型	内容
1	个人基本信息	姓名、性别、出生日期、身份证号、户籍所在地住址、居所、工作单位、学历等身份识别信息与职业信息等
2	个人信贷信用信息	经行业主管部门或者行业协会披露的，个人与金融机构、住房公积金管理中心在贷款、贷记卡、担保等活动中形成的信息
3	个人商业信用信息	个人与商业机构、公用事业单位发生商品交易和服务关系形成的个人赊购、缴费等信息
4	个人社会公共信用信息	行政机关、司法机关、行使公共管理职能的组织在行使职权过程中形成的个人信息
5	个人其他信用信息	法律、法规规定的其他与个人信用有关的信息

注：此部分数据通过公安部门的自然人信息库、金保的个人数据库、各行政单位或第三方事业单位的业务系统获取。

2. 企业指标

表 2　　企业指标

序号	数据类型	内容
1	企业基本信息	注册号、企业名称、住所、法定代表人（负责人）姓名、法定代表人（负责人）身份证号码、邮政编码、联系电话、企业类型、注册资本（金）、经营范围、成立日期、登记机关、年检情况、变更信息、注销信息、吊销信息、纳税人识别号、纳税人名称、核准税务登记日期、主管税务机关（部门）、企业职工人数、主要产品、行业分类、资产总量、销售收入、净利润、纳税总额、企业成长状态
2	企业信用信息	著名商标、其他优良信用信息、企业组织机构代码、计量器皿名称、检定日期、不合格项、检验机关、企业注册号、企业名称、欠贷金额、欠贷时间、纳税人识别号、纳税人名称、欠税税种、欠税金额、欠缴税款所属时期、行政处罚信息、其他认定的不良行为信息、纳税五十强及其他评定或授予的企业荣誉称号等优良信用信息等
3	企业警示信息	警示信息名称、警示内容、警示起始日期、发布警示信息的机关等

注：此部分数据通过工商局、国税局、地税局、中小企业局、环保局、质监局、食品药品监督管理局、农业农村委、商委、人力社保局等业务系统内获取。

（二）基本数据评价

通过借助数据库前置界面或相关工具，采用人工方式进行数据导入，此部分数据基于对农业经营主体、行业发展信息的判断辅以主观的研究进行数据录入，包含的数据如表 3 至表 6 所示。

1. 道德指标

道德指标是对实际控制人的行为评价，通过对其在社会活动中的各项情况来判定其的基本信用状况。

表 3　　道德指标

序号	评价科目	评价内容
1	道德行为	道德方面的表现（获得有关部门嘉奖或存在公安部门的违法等记录）
2	家庭婚姻状况	家庭稳定、离异、离异再婚、多次离异、离异未婚
3	外部社会评价	厚道、善良、守信、宽容、诚实、谦虚、正直、执着
4	文化水平	研究生及以上、本科、专科、专科以下
5	从业经验	从业时间超过 5 年、3~5 年、1~3 年、1 年以下
6	个人性格	性格坚韧、乐观、自信、积极、组织能力强、守时
7	资信状况	中央银行征信系统有无逾期记录
8	公共事业信息	公积金、社保缴存、水电气缴费、电信缴费
9	资产情况	商品房、商业门面、写字楼

2. 行业指标

行业指标集合了该行业以及其上下游行业的政策导向、发展趋势、行业整体情况等。

表 4　　行业指标

序号	评价科目	评价内容
1	行业政策	是否符合行业政策导向，属鼓励发展产业
2	发展趋势	规模化、集约化、适度规模、家庭农场

续表

序号	评价科目	评价内容
3	行业现状	产能过剩、产能不足、产能符合市场需求
4	财税政策	是否具有税收扶持政策
5	产业链阶段	种养殖业、加工业、销售流通业、全产业链
6	流通环节分析	跨区域型农产品、区域型农产品、地方农产品
7	市场供需	本地产品是否能满足市场需求
8	行业规模	当前整体行业规模是否符合市场需求
9	销售均价	当前产品销售均价是否符合行业预期
10	上下游产业情况	其上下游产业类型及概述情况

3. 社会经营活动指标

社会经营活动指标是重点分析内容，通过对其外围情况、政策补贴情况、经营模式等进行分析，判断企业的发展趋势和成长性。

表 5　　社会经营活动指标

序号	评价科目	评价内容
1	征信情况	中央银行征信系统有无逾期记录
2	行业位置	是否在该区域该行业中占据主导地位，具备一定定价权
3	债务情况	有无银行外负债
4	合同履约情况	有无合同违约情况，购销合同是否按期履行
5	政策扶持情况	是否获得政府补贴，补贴程度
6	产品属性	有机食品、绿色食品、无公害食品、一般食品
7	供销关系	供销关系是否稳定，合作期限长，款项结算及时
8	销售模式	经销商、自建销售、经销商和自建销售
9	营销模式	网络销售占主导、实体销售、虚实结合销售
10	生产设施设备	自有产权、租赁、代工
11	经营许可情况	各项证照、经营许可是否完备
12	信贷资金使用	有无信贷资金挪用，是否按要求使用信贷资金
13	实际经营年限	经营时间超过 5 年、3~5 年、1~3 年、1 年以下
14	纳税情况	是否按规定纳税，有无偷逃税款情况
15	公用事业	是否按规定缴纳公用事业费用，有无偷逃员工社保情况

续表

序号	评价科目	评价内容
16	混业经营	专注行业、混业经营、是否涉及国家限制性行业
17	VC/PE 资本投资	是否获得 VC/PE 资本关注，具备投资可能
18	其他产业资本投资	是否有其他产业资本投资
19	商业模式	适应宏观经济变化的商业模式
		适应国家政策变化的商业模式
		适应市场竞争变化的商业模式
		适应消费需求变化的商业模式
		适应企业自身发展的商业模式
20	技术水平	技术水平成熟，较难复制
		技术水平成熟，容易复制
		技术水平一般，容易复制
		技术水平很低
21	经营情况	销售收入可信度
		账面存货与实际相符程度
		应收账款可信度
		利润可信度

4. 财务指标

财务指标主要是通过财务数据来分析企业的发展能力，但由于农业企业的财务水平不高、财务报表的真实性较低，因此在分析财务数据时主要通过对企业调查了解后的还原数据进行分析。

表 6　　　　财务指标

序号	评价科目	评价内容
1	偿债能力指标	资产负债率
		资本负债率
		现金流动负债比率
2	营运能力指标	总资产周转率
		固定资产周转率

续表

序号	评价科目	评价内容
3	盈利能力指标	资本金回报率
		主营业务利润率
		净资产收益率
		资本保值增值率
4	发展能力指标	销售（营业）增长率
		资本积累率
		资产增长率
		三年利润平均增长率
		三年资产平均增长率

通过以上两个板块的内容，分别对项目实际控制人和项目的公共信息、产业信息、经营信息、财务信息进行评价，建立农业特色征信指标体系。

农业信贷担保特色征信体系大数据应用研究

为了全面贯彻落实《中共中央　国务院关于实施乡村振兴战略的意见》（中发〔2018〕1号）文件要求，助推乡村振兴战略行动计划顺利实施，解决农业农村信贷“融资难、融资贵、融资慢”问题，充分发挥金融支农惠农作用，提高金融服务效率，创新金融服务方式，从挖掘农业生产数据价值入手，实现“产业数字化，数字产业化”。本文以“大数据就是生产资料、云计算就是公共服务能力、智能化就是转化应用”为核心理念，结合农业数据特殊性，综合分析农业信贷担保特色征信体系大数据应用现状及难点，并提出合理建议意见。

一、研究背景

农业信贷担保特色征信体系大数据应用，是随着大数据应用爆发性增长而衍生出的独特架构模式，也直接推动了农业信贷担保业务的发展。在农业信贷担保特色征信体系大数据应用中，大数据运用起到降低人工负荷、提高风险防范能力的效果，帮助整合农业数据趋于标准化、系统化、普及化发展，但全国庞大的农业数据在不断地实时更新和变化中，难以实现字段化采集，对于农业信贷担保特色征信体系的搭建、运用和分析都是现阶段需要克服的难点。

所以，总的来说，我们现在还处于大数据运用的初级阶段和探索阶段，初期的数据收集和硬件设施都有待提高和发展。农业特色征信体系大数据的应用显然还不够成熟，数据收集汇总还不够全面，技术系统等硬件开发还不够完善，特别是农业特色征信体系的数据具有其特殊性、独特性，在收集时需要有效、系统地处理和汇总，并及时同大数据运用技术接轨、完善，这就需要配套合适的引导政策和补助政策，助推农业信贷担保特色征信体系大数据应用发展。

二、相关定义

（一）特色征信体系定义

第一，符合农业特色。首先，建立一类符合农业农村实际特色的信贷担保征信体系具有重要意义。农业农村特色征信体系需根据农业生产活动的客观性要求，制定对应的特色服务体系，在充分吸取其他信用指标体系的基础上，结合农业农村的实际情况，探索建立出一套能有效评价农业经营情况的指标体系。农业农村特色征信体系不仅能够增加农业行业评价、农户行为评价、经营方式评价等标准，还能够通过评价体系精准定位需求客户群体，配比适度信贷额度，从而在推动农村信用环境建设的同时，推动农业信贷发展，解决农村农业融资问题。

第二，与现有征信体系存在差异。现行的征信体系中，例如，中央银行征信系统，系统主要是对借款人主体的信贷记录采集整理，信息主要包含借款人的基本情况、银行信贷记录、法院诉讼情况等，虽然信息众多，但都相对局限于银行借款记录、逾期行为等数据，对借款人的其他基本信息，特别是农业行为信息并没有做到实质性审查，信息的全面性不足，普遍性不够。因此，中央银行的征信系统对于农业征信体系的使用具有一定局限性。本次研究的农业信贷担保特色征信体系，除了对农业经营主体信贷记录的采集，更加强调针对农业主体的行业属性、行业行为以及符合农业特殊性的特色数据采集和判断，力求体现出农业信贷担保特色征信体系的特殊性。

（二）大数据运用的定义

第一，什么是大数据？大数据是指无法在一定时间内用常规软件工具对其内容进行抓取、管理和处理的数据集合。大数据运用是指从这样的数据集合中，快速获得有价值信息和分析统计的能力。对大数据的运用方式，包括大规模并行处理数据库、数据挖掘电网、分布式文件系统、分布式数据库、云计算平台搭建、互联网和可扩展的存储系统等（见图 1），这些应用方式只要在基础数据源充足、数据处理平台支持的条件下，都将能够服务于农业信贷担保特色征信体系。

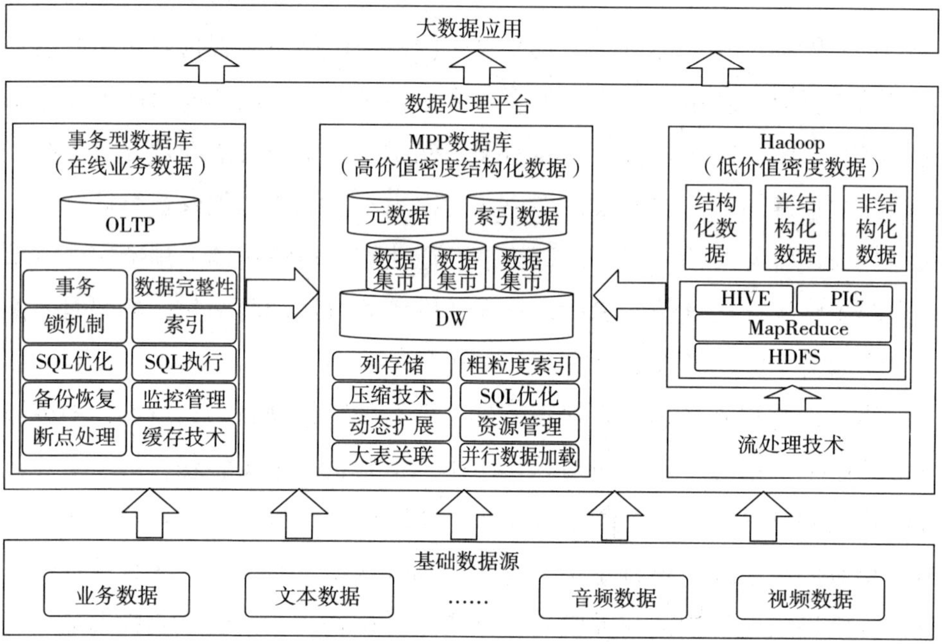

图 1　大数据运用示意

第二，什么是大数据运用？农业信贷担保特色征信体系的大数据运用，是指在农业信贷担保特色征信体系中，将有关农业担保特色征信体系的相关数据整合处理，快速获得所需要的价值信息，得到相应征信数据分析报告，精准定位定价，或使用云计算服务进行风险预估，筛选风险项目。

三、应用优势

（一）增强农业信贷担保能力

第一，提升对数据的处理和分析能力。数据处理和分析正成为新一代信息技术融合应用的连接点。移动互联网、物联网、社交网络、数字家庭、电子商务等是新一代信息技术的应用形态，农业信贷担保的信息技术也在推陈出新，这些应用不断产生大量数据，云计算又为这些海量、多样化的大数据提供存储和运算平台。通过对不同来源数据的管理、处理、分析与优化，将结果反馈到上述应用中，服务各行各业，推动其发展，将创造出巨大的经济和社会价值，同样能够帮助新型农村经营主体，更有效地进行生产活动。

第二，大数据应用是各行业持续高速增长的新引擎。面向大数据市场新技术、新产品、新服务、新业态的不断涌现，大数据所引发的数据快速处理分析、数据挖掘技术和软件产品等发展，都将成为产业的一大助力，是不可或缺的力量，农业农村发展也离不开时代的大潮流。

第三，大数据运用将成为提高核心竞争力的关键因素。各行各业的决策正在从业务驱动转变成数据驱动。对大数据的分析可以迅速掌握市场最新动态并迅速作出应对，达到实时性、准确性。

第四，大数据时代科学研究的方法手段将发生重大改变。例如，抽样调查是社会科学的基本研究方法。在大数据时代，可通过实时监测、跟踪研究对象在互联网上产生的海量行为数据，进行挖掘分析，揭示出规律性的东西，提出研究结论和对策，同样能够有效作用于农业信贷担保的研究中。

第五，规范业务操作提升客观性和准确度，降低业务风险。在业务办理方面，大数据的应用能够简化人员操作，甚至能提供建议和方案。大数据运用对业务的客观性分析和高速、稳定、大数量分析是行业核心竞争力的一大关键指标，其处理系统和技术框架能够有效地服务于我们需要的目标（技术框架详见图 2）。

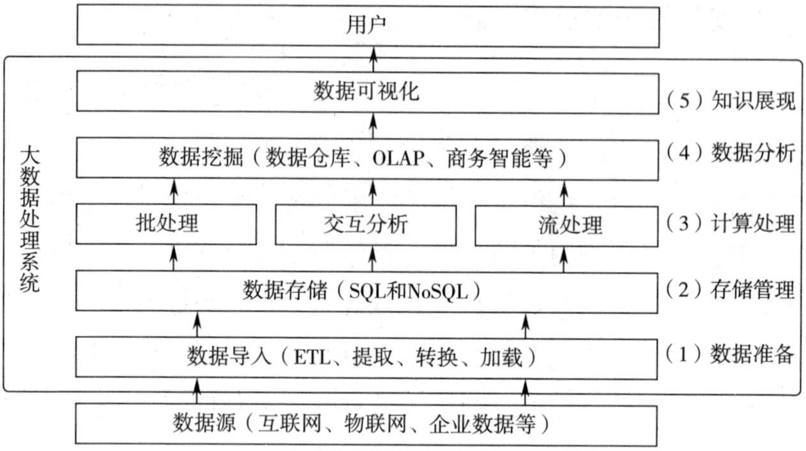

图 2　大数据技术框架

（资料来源：工业和信息化部电信研究院）

总体来说，在农业特色信贷担保征信体系中，大数据的应用已经成为一种必然趋势。在风险防控层面，大数据可以快速处理分析我们所需要的信贷征信数据，通过数据挖掘和计算功能能够提供给我们信贷征信预评和预警，大大提高风险评估的客观性，将数据和分析去主观化，提升风险评估能力，预防风险。

（二）增强农村经营主体的融资能力

大数据的运用能够极大地提高风险防控能力和人工工作效率，势必也将在一定程度上化解农村经营主体的融资问题。农业农村融资问题是目前制约农业农村发展的主要问题，这个问题的产生，一是在于金融机构的信贷取向，金融机构在提供信贷支持时，更多注重两个因素：现金流和抵押物，用于防控风险；二是农业经营主体自身问题，经营状况和财务管理数据，自身实力强弱。

因此，农业农村融资难问题的实际关键在于缺乏一套合理的评价体系和数据管理机制，来帮助金融机构对农业经营主体的经营状况进行评价，得出合理的评价结果，使用合适的金融产品。大数据完全可以针对难点合理化解，解决信用评估问题，提高风险识别能力，找准用户定位，融资难问题自然会迎刃而解。

（三）加强对农村经营主体的引导能力

一般来说，中小型农业经营主体的经营管理能力普遍存在较弱的问题，对经营相对较为盲目，简单认为规模即能产生效益，一味贪大，但没有考虑到农业产业经营的实际情况。从西部地区来看，主要以山地、丘陵为主，并不适合于大规模的经营，适度的规模经营更为符合该地区农业发展的现状。通过特色征信指标体系大数据的运用，可以为农业经营主体提供更多准确的行业信息，包含行业现状、经营思路、市场信息等有价值的管理、运营信息，从生产、流通、销售各个方面帮助农业经营主体拓宽发展思路和经营模式，增强其对行业的认知度，发现市场价值，探寻符合自身实际情况的发展之路。

（四）建立行业数据模型库，长期有效推动农业发展

大数据的运用能解决农业产业信息不对称问题，有效地将市场信息及时传递到农业经营者，农业经营的信息也能真实地反映到相关政府管理部门当中，从而制定的相应政策就能更有效地解决农业产业发展存在的困难。

第一，充分挖掘数据价值。农业特色征信体系大数据的运用是为了行业数据得到充分利用，使农业经营主体在行业经营中有更多的信息资源，帮助其在发展的过程中能够遵循行业市场规律，制定更有效的经营思路和

策略，帮助其发展壮大，同时为其增信，增加其融资能力，带活市场。

第二，整合汇总行业数据。通过对农业经营主体的数据采集，在对其征信数据收集的同时，收集行业数据，整合行业资源，建立农业行业数据模型，健全农业产业数据模型，使管理部门在制定相关政策、引导行业发展方向上具有更多的数据支撑。

四、数据来源及使用状况

自大数据运用在我国被确定为国家战略以来，已经逐渐被大家了解和接受。但大数据的运用推广还存在一定客观问题，在数据的收集、统计和分析等方面还需要大量的经验积累，而数据收集又是大数据运用的关键，尤为重要。

（一）政策支持，数据共享

大数据收集共享是贯彻落实《国务院关于印发促进大数据发展行动纲要的通知》（国发〔2015〕50号）、《农业部关于推进农业农村大数据发展的实施意见》（农市发〔2015〕6号）、《农业部关于印发〈“十三五”全国农业农村信息化发展规划〉的通知》（农市发〔2016〕5号）等有关部署的要求，积极探索发展农业农村大数据的机制和模式，带动不同地区、不同领域大数据发展和应用，农业农村部于2016年10月出台了《农业农村大数据试点方案》，重庆市响应国家号召，重点开展了“生猪大数据”和“柑橘大数据”建设。

在鼓励多元化大数据共享方面，《国务院关于印发促进大数据发展行动纲要的通知》中明确提出：大力推动政府部门数据共享；稳步推动公共数据资源开放。因此，大数据资源的共享将会有畅通的渠道，作为特色征信体系中的公共数据来源更加有保障。通过对政府公共部门数据来源的整合和共享，扩大了数据来源的范围，提高了新型经营主体行业数据、个人基本信息数据的准确性。

（二）金融领域数据整合与吸收

目前，金融机构对农业经营主体的评价信息主要来源于以下三个方面：一是政府管理部门的管理信息，包含行业数据、企业申报信息、执法部门的公开信息；二是中央银行征信系统，主要是信贷信息；三是社会信息，包含经营主体的商业信用和社会信用。虽然信息来源比较多，但是价值并不高，原因在于三个方面的信息并没有整合，且各方对于信息的采集方法不同，导致信息的可信度并不高。农业特色征信指标体系大数据的建立，可以将上述三个方面的信息资源整合起来，确立统一的信息采集渠道，通过大数据分析来比对项目信息的真实性，增强农业信息的可信度。

（三）农业机构第三方数据汇总

当然，农业数据最真实、最主要的来源方式还是农业机构自身运营中所得到的一手数据。下文以重庆农担（或称公司）为例，从融资担保、互联网金融、电子商务三个方面分析数据来源方式。

第一，数据来源于融资担保项目经营数据。公司于 2006 年成立，从 2009 年开始建设信息化办公系统，2016 年开始升级建设第二期信息化办公系统。经过十多年的发展，已经积累了近 2 万户新型经营主体的信用数据、相关项目的基本信息、经营信息、财务信息、行业发展信息，涉及 600 多万条数据。

第二，数据来源于“农哈哈”农业互联网金融数据体系。公司从 2014 年底成立了重庆农本电子商务有限公司“农哈哈”项目部，主要从事农业互联网金融，作为农业互联网金融撮合平台，累计已经完成近 1573 笔项目，累计投资达 10 亿元，积累了大量新型经营主体的借贷和还款信息，互联网金融数据能够实时、客观、真实地完善和补充农业经营主体和行业发展数据，稳固行业数据模型。

第三，数据来源于“渝哈哈”精品农产品电商购销数据体系。公司

2015年底筹备建设“渝哈哈”高端农产品电商，2016年已经实现“微商城”上线，即将上线电脑端平台。目前已经有过百家“三品一标”商家签订上线协议。在平台上的购销数据和价格形成了第三个数据来源，即市场供需和行业发展模型。

以上三大数据来源，构成了现重庆农担除银行征信外主要的数据采集体系。其中，重庆农担旗下“问哈哈”咨询公司收集的有关农业咨询业务数据、“找哈哈”撮合平台收集的有关农业需求信息数据、农业资产经营管理公司收集的有关农业投资信息数据、农业区域公用品牌运营平台收集的有关农业品牌信息数据都正不断累积到公司自主建立的数据库进行整合和调整，其中主要记录的交易数据、借贷数据、信用数据和第三方调查数据的数据体系，将极大丰富现有的金融征信体系数据，同时提升数据来源的准确性，建立农业信贷担保特色征信体系数据，为大数据运用的成长提供肥沃的土壤。

（四）数据使用状况

第一，收集数据情况不佳。农业信贷担保特色征信数据的收集普遍呈现片面性和主观化。农业信贷担保相关的特色征信数据收集没有集中、规范的模式，各个相关行业、有关企业数据收集分散、独立，且没有统一方式将数据融合汇总形成有效数据库，单独的数据积累具有一定的片面性，且农业特殊性导致的收集模式人工化、数据主观化将在一定程度上影响真实性。

第二，数据使用程度不够。大部分来之不易的农业农村数据无法用于大数据应用，关键性可使用的农业生产活动数据、农业行为数据、农业资产运行数据、农业销售经营数据等却难以评估和校对，而通过人工主观评价或从其他客观数据推导进行核算，又使大数据运用结果错误率高，数据客观化、标准化成为难题。长时间在数据使用上存在的病症，使农业农村离大数据运用越来越远。

第三，数据运用能力不够。首先是数据收集难，其次是数据可用性低。农业特色征信数据大量的杂乱收集，导致能够适用于大数据运用和分析的有效数据占比越发降低，甚至与传统金融征信数据产生冲突。区别于城市行为所产生的生产活动数据、生产经营数据痕迹不明显，行为不充分，部分主体基本没有数据留痕；并且农村农业所具有的特殊性导致农业数据的大数据运用本身就是一个难点，现阶段只能进行初步的固定数据整合，研发低级适配产品。

五、主要应用模式

（一）建立数据系统，体现数据价值

大数据的运用首先需要建立一套健全、完善的网络信息系统，该系统同样也需要大数据应用的技术支持和数据支撑。搭建这样一座征信体系与大数据运用的系统桥梁，能够让数字变为数据，将数字产业化、产业数字化。

第一，将众多的孤岛数据进行连通和整合，加强数据的汇总能力，并分析数据信息，建立标准和规范。只要各应用系统都支持这些标准和规范，原则上就能将各个应用信息平台进行数据交换，并能将相连的平台数据进行整合，从而实现数据格式化、标准化。在提供规范数据的情况下，搭建信息共享平台，同时对外部提供一个统一的信息对外出口，逐步建立统一高效的资源整合、互联互通、信息共享、透明公开、使用便捷、实时监管的信息系统，实现智能化数据整合目标。

第二，大数据系统能够创新分析数据、优化主体的管理运营模式。通过信息化中心平台整合主体各业务系统，形成合力，让信息资源充分流转，发挥巨大的社会效益。凭借智能化信息服务的先进技术作为强有力的支撑，利用更为先进的信息化手段，掌握工作的主动权，把传统的事后处理转为实时监控。建设信息化中心平台，规划资源分布，实现业务流程复

制，提高运作效率，提升整体服务能力；建立统一的门户信息，为客户的全面服务信息的保存、传递、查询提供有效的数据，对数据快速实时查询。通过对数据进行分析和处理，对信息进行有效利用，帮助管理者进行科学管理决策，帮助业务人员进行基于农业特色征信体系的业务开展和闭环式服务方案的制定，支持农业特色征信体系探索与研究，促进业务规模的扩大。

例如，重庆农担正在研发的信息系统由多个子系统组成，包含融资担保、创投基金、互联网金融、农产品电商、农业项目咨询、农业资产撮合等多专业领域。各种系统需要专业化的软件开发建设，也需要整合不同业务系统，统一信息化建设。在此背景下，重庆农担探索大数据背景下的网络信息系统结构，着手自主研发信息化 4.0 系统拟用于匹配大数据应用模式，预计第一阶段先将大数据应用同工作系统结合，将大数据模式同征信等重要业务数据相关联，将各部门、子公司孤岛数据整合、统筹运用，开发大数据运用产品。虽然探索难度大，但目前为止初见大数据运用成效，部分功能正在完善使用中。

（二）规范业务操作，多领域互通

大数据的运用会推动多方数据整合与共享，使多行业、多业态融合，完善机构内部机制，吸收外部优势，积极拓展合作机会。

第一，促进机构内部整合。大数据的应用在某种程度会迫使机构必须进行内部数据的整合和规范，因为大数据的应用需要一定程度的标准化和规范性。同一种行业数据的不同规格和不同分类数据的同一类型数据，在大数据的应用背景之下都必须在内部先自我整合、自我统一之后才能进行使用。

例如，涉及农业融资担保征信、农业创投风险、电子商务行情、农业项目咨询方向、农业资产撮合成功率等多专业领域数据，在同一闭环内想要互通信息，进行大数据分析的应用，在信息系统的支持下，就必须先进行合理整合、创建标准、将内部整体化整合，这是一大难点，同样也是一大突破。

第二，撮合对于不同农业机构之间，甚至多行业机构之间合作。这种标准化建立和数据整合，直接为不同机构带来了合作机遇。通过合作，一方面能够共享经验和成果；另一方面能够更好地全面获取各方所需信息，完善数据，提高大数据应用的全面性和准确性。

（三）激发产品创新力

大数据的应用必然需要与其配套的大数据产品研发。农业信贷担保的征信产品离不开风险控制，风险控制机制是否合理是一个新型信贷产品能否生存的硬指标。

在重庆农担的产品创新过程中，公司以4.0信息系统建立为契机，将所属子公司数据进行汇总和整合，创新化建立标准化产品，用于配套农业信贷担保特色征信体系大数据应用。通过数据分析，建立征信体系对个人指标、企业指标、行业指标、经营指标、财务指标等多方位统筹、比对，确定匹配机制，实现标准化作业。例如，重庆市农业信贷主要产品——生猪饲养标准化产品的创建：从主体基本信息调查开始，调研主体项目经营情况，将数据匹配到大数据资源库分析市场及行业经营现状，评价主体经营优良；并根据主体以往征信情况，分析农业征信指标；按照标准化考核核心项目，系统匹配授信额度和期限，以及提出反担保措施建议，实现基本依靠数据分析达到客观化、安全化、简易化，最大限度地降低风险发生率，创新运用大数据分析，实施风险评估与控制。

（四）把控金融风险

农业信贷担保征信大数据的应用，数据是资源，产品是手段，金融风控才是目的。如今大量涉农经营主体在金融上存在创业融资、互联网金融等消费需求，但是却一直游离于征信体制之外，以致面对金融的“高门槛”，望尘莫及。例如，在互联网金融发达的今天，有近一半互联网用户在中央银行征信系统竟没有信用记录。而在现在的技术条件之下，人们的日常行为可以被记录，大数据可以根据客户的信息进行客户画像，评估个人信用和投资风险，填补征信领域的市场空白。

六、主要应用的难点

（一）信息孤岛化，数据收集难

当前，我国大数据产业正处于起步阶段，信息孤岛、技术不足、人才缺失等都成为产业发展中亟待解决的大问题。数据收集难、共享难是众多难题中最为突出的一点。

大数据的基础在于数据，数据的生命在于共享，正如“巧妇难为无米之炊”，拿不到底层的数据，数据分析也就无从谈起，特别是对于农业信贷特色征信数据而言，数据少、数据乱是其特点。如今，数据孤岛林立、融合困难，已经成为政府与企业面前的首要难题。

第一，数据缺失问题。理论上，中国农业数据收集工作一直都在进行中，但实际数据分析是非常困难的，大部分农业数据根本没有痕迹可以追踪、没有行为可以佐证，得到的数据也不具有客观性。并且数据孤岛化也是一个严重的问题，农业特色数据更加加大了其难度，不同部门的数据储存在不同地方，格式也不尽相同。大数据最高的层次就是用数据来形成智慧，使社会各方面可以运转起来。做数据分析先要整合数据，这本身就是研究的困难。

第二，数据开放性问题。由于政府部门之间、企业之间、政府和企业间信息不对称，法律制度不具体，缺乏公共平台和共享渠道等多重因素，导致大量政府数据存在“不愿公开、不敢公开、不能公开、不会公开”的问题，而已开放的数据也因格式标准缺失无法进行关联融合，形成孤岛。

第三，缺乏动力和共享壁垒阻碍数据共享问题。不少企业以保护商业机密或节省数据整理成本等为理由，不愿意交易自身数据。部分政府部门也缺乏数据公开的动力，有的让数据沉睡，有的则是已经利用数据开展商业化应用，因此不愿共享。数据孤岛的痛不是技术问题，是利益问题，背后隐藏的利益导致了数据孤岛的产生。

（二）应用技术不够成熟

即便解决了数据共享和收集问题，数据可供随时取用，数据的使用和分析仍是主要挑战。大数据来源众多、数量巨大、形式各异，农业征信数据更是具有其独特性，要从中获得一目了然的信息，就需要真正高效、可靠的数据管理和分析系统。

第一，如何处理巨量数据是中国大数据产业面临的首要技术问题。中国的数据体量基数大，比如，中国的农业人口众多，主体数据庞大，这些数据储存本就困难，调用更是困难，需要使用的时候往往难以找到或已不存在。

第二，数据分析本身也是一个难题。大数据中，绝大部分属于非结构化的数据，它们大量存在于社交网络、互联网和电子商务等领域，这些数据的不确定性表现在高维、多变和强随机性等方面。资金交易数据流就是不确定性大数据的一个典型例子。这些都需要通过包括数学、经济学、社会学、计算机科学和管理科学在内的多学科交叉来研究和讨论才能使用。

第三，我国大数据技术创新能力还有待提升。《大数据产业发展规划（2016—2020 年）》指出，我国在新型计算平台、分布式计算架构、大数据处理、分析和呈现方面与国外仍存在较大差距，对开源技术和相关生态系统影响力弱。同时，大数据应用水平不高。我国发展大数据具有强劲的应用市场优势，但是目前还存在应用领域不广泛、应用程度不深、认识不到位等问题。

（三）大数据产品适配度低

为了符合农业信贷担保特色征信体系大数据应用，需要适配合适的产品进行研发，应用产品的创新，可以概括为两个方向：一是精准化定制，二是预测。

第一，精准化定制个性化产品，实现精准营销。农业信贷担保特色征信体系可以运用大数据技术，针对不足和需求，专业定制系统用于征信查询，或研发产品，通过比对数据来降低风险。

第二，产品预测性开发主要是围绕目标主体需求。基于过去、未来的相关因素和数据分析，从而提前作出预警，或者是实时动态的优化，产品可分为决策支持类的和风险预警类。

但目前市场上此类产品较少，一是人才力量不足，近年来，我国大数据产业发展进入爆发期，由于成熟的人才培训体系尚未建立，直接导致人才短缺的问题日益突出。二是政策支持不够，研究和探索大数据产品及运用都是需要大量人力物力的支撑，在高端人才稀缺的背景下，系统不健全、结构不完善、资金困难都使发展情况雪上加霜。迫切需要通过行业整体性的产业规划和扶持政策，明确发展重点，加强方向引导。

（四）农业信贷担保征信意识缺乏

系统应用本身在硬件条件上需要成长和发育周期，而新型农业经营主体对农业信贷担保征信体系的认知也需要加强。

第一，行为意识不够，数据痕迹较少。农业农村“融资难”问题不仅仅是农业抵押物不易评估所导致的，往往问题的症结在于新型农业经营主体的征信意识缺乏，导致农业生产经营可实用和佐证的数据不易留痕，金融机构无法判断生产情况。征信意识的培养不仅仅可以增加农业信贷担保特色征信体系大数据应用的数据收集能力，而且可以帮助新型农业经营主体规范和约束其经营方式，降低农业生产和金融担保双层风险。

第二，征信概念模糊，守约意识不足。部分农村新型农业经营主体不仅征信意识不够，且征信概念模糊，对征信损坏、本金逾期的恶劣后果没有正确认知，也反映了农业信贷担保征信体系在农村普及度缺乏的问题。部分主体，甚至对于逾期行为不以为然，使金融业“不敢担保”“不敢融资”，都成为农业信贷担保特色征信体系大数据应用的难题之一。

七、建议措施

农业信贷担保特色征信体系大数据应用具有较强的特殊性，不仅在于农业生产活动的特殊性，还在于一定的地域特殊性和认知缺乏性。以下结合重庆当地发展现状、特色及农业信贷担保特色征信体系大数据应用的目的，对重庆农业信贷担保特色征信体系大数据应用提出以下建议措施，旨在有效助推农业信贷担保特色征信体系大数据应用的发展。

（一）政策助推数据收集

数据收集与整合是农业信贷担保特色征信体系大数据应用的基础之一，没有可用数据，就没有评价指标，因此建议：一是以重庆市信息进村入户工程推进为契机，通过行政、技术、市场等手段，探索农村地区公共服务资源接入方式，推动服务资源的数据化和在线化，创新服务资源融合共享机制，借助益农信息社平台优势，吸纳整合各大农业服务商的线上服务，辅以改变农村生产消费习惯、促进数据线上留存度、收集整合数据资源，推动重庆市农业大数据积累新模式；二是创新益农信息社运作管理机制，授权市级政策性农业信贷担保机构运营，将与新型农业经营主体的借贷关系作为主要动力，打通供应链和产业链，进而通过信息平台提供品种、技术、市场拓展等服务，提高经营主体治理能力及水平，促进实现目标市场外地化，实现“互联网＋农产品”出村工程；三是借助行政资源，紧密打造以村、镇、区、市为一体的纵向推广体系，扩大宣传推广力度，为增加广大农户使用量奠定基础。

（二）扶持应用系统开发

牢牢把握重庆市政策性农业信贷担保机构信息系统在全国的领先地位优势，一是继续加大对市级政策性农业信贷担保机构系统迭代更新的支持，重点围绕以大数据为基础、智能化为手段、农业信贷担保特色征信体系为核心的大数据应用平台的建设，探索出一套可复制、可推广的运用系统，为全国做好示范作用；二是支持重庆农担申请获得征信评级牌照，使其能够对外输出农业信用评价体系及模型，帮助更多银行等金融机构及全国农业信贷担保体系对农业经营主体作出正确的经营状况判断，更加高效、快速地解决农业“融资难、融资贵、融资慢”问题。

（三）激发创新农业信贷产品研发

产品服务是大数据应用的落脚点，更是农业信贷担保特色征信体系大数据应用的具体体现。开发一款符合实际情况，适合农业特色的大数据产品，需要政府、企业等多方协作。一是成立专门部门建立数据库，定期导入林业、农业、民政、扶贫等政府相关部门的信息，从而建立完善的农户信用信息数据库和农户信用档案，为了促进对评估农户信用状况、资金真实需求情况提供重要依据；二是政府开放现有数据，或设立专项补助资金用于支持市级政策性农业信贷担保机构对接工商、银行、公安、社保、医疗等数据用于构建信用评价模型，进而开发出合适的信贷产品；三是设立专项风险金，用于支持市级政策性信贷担保机构开发的大数据风险评价信贷产品作为风险分摊，以支持鼓励政策性金融机构积极创新，更好地服务农村经济发展。

（四）加强信贷、征信意识管理

积极发挥村级自治组织在农村信用建设的作用。农业信贷担保特色征信体系大数据应用，最终是将系统和产品用于服务新型农村经营主体，帮助金融机构精准定位经营主体，便于经营主体顺利融资。所以，农业经营主体对于农业数据和信用意识本身应该具备正确的概念理解和基本的认知，这就需要一线工作人员帮助主体规范和培养其行为方式。

一是重庆市涉农区县众多，村级自治组织完备，可以大力发展村级自治组织的引领作用，强化村级自治组织对新型农村经营主体的数据理解和信用认知培养作用。

二是整合相关政策、项目资源，让村级自治组织以每家每户为单位，以信用评价、履约情况、农业生产规范化为标准，制定村规民约，违反者需要接受一段时间的考察，考察期间不享受国家优惠政策和村两委提供的优惠服务，直至考察合格。

三是农业信贷担保工作指导委员会相关主管部门可以牵头整合全市资源，在全市涉农区县中集中打造建立 10 个“农业征信大数据村”，并给予适当补助资金用于建设，充分发挥村支两委管理作用，培养农业征信大数据村为农业信贷担保特色征信体系大数据运用典型。

四是可以发挥农业生产经营特性，利用农村社会集中、管理统一、群体熟悉等特点，自下而上设立金融协理员，搭建金融大数据宣传服务网络，由村两委主要负责人管理和任命，开展信息宣传、信息调查、教育培训、基本情况变更等业务，实时变更和上传一手数据，解决小额信贷发放中因信息不对称导致的隐性成本增加及道德风险等问题。

成渝地区双城经济圈县域农户和涉农中小企业信用等级评价体系建设

一、引言

近年来，普惠金融发展取得了一定成效，但农村地区、薄弱环节等金融服务问题始终难以得到解决，为了进一步加大对农业农村领域金融服务的支持，促进普惠金融全面、均衡发展，实现社会效益与经济效益的有机统一，亟待探索普惠金融背景下农村信用评价体系建设的创新路径，建立县域农户及新型农业经营主体信用评价体系，提高“三农”项目信用评价效率，形成普惠金融发展的促进机制，助推多层次、广覆盖、可持续的普惠金融体系发展。

在国家层面，党的十八届三中全会明确提出发展普惠金融；2015 年《政府工作报告》提出“要大力发展普惠金融，让所有市场主体都能分享金融服务的雨露甘霖”；2015 年 12 月，国务院印发《推进普惠金融发展规划（2016—2020 年）》（国发〔2015〕74 号），提出“进一步加大对薄弱环节金融服务的政策支持，提高精准性与有效性，调节市场失灵，确保普惠金融业务持续发展和服务持续改善”；2017 年 5 月，习近平总书记在“一带一路”高峰论坛中提出要“发展普惠金融、完善‘一带一路’的金融服务网络”；2020 年 2 月，中共中央、国务院印发《关于抓好“三农”领域重点工作确保如期实现全面小康的意见》（中央一号文件）在“强化农村补短板保障措施”中提到“稳妥扩大农村普惠金融改革试点，鼓励地方政府开展县域农户、中小企业信用等级评价，加快构建线上线下相结合、‘银保担’风险共担的普惠金融服务体系”，再次从国家发展战略层面指出普惠金融发展的重要意义；普惠金融旨在让社会所有阶层、群体享受平等的金融服务权利，尤其强调对农村地区和弱势群体的金融服务为推进普惠金融发展奠定基础。

在地方层面，2016年，国务院印发《关于成渝城市群发展规划的批复》（国函〔2016〕68号），同意《成渝城市群发展规划》（以下简称《规划》），按照“国家中心城市”建设规划，提出了成都、重庆“双中心”设想，《规划》指出，要“分工协作，以大带小”“坚持推进城乡发展一体化，积极发展小城镇和现代农业，走新型城镇化和农业现代化互促共进的道路”，而推进农业现代化互促共进的一大重要抓手，是促进普惠金融全面、均衡发展，引入更多资源、资本进入成渝两地农业农村市场；2018年3月，重庆市人民政府印发《重庆市推进普惠金融发展工作方案》（渝府发〔2018〕5号），提出要完善普惠金融基础设施体系，推动公共信用信息与金融机构、征信机构等信用信息互动融合。重庆丘陵较多，山区土地零碎、耕作条件较差，成为直辖市以来，县域农户和新型农业经营主体就成为了本地农业发展主力军，农业项目“弱、小、散”是由来已久的实际问题；四川盆地与盆周山区两地资源禀赋差异较大，农业产业布局分散，导致产业集约、规模程度较小，区域间需充分利用当地资源优势布局产业发展；成渝两地要实现普惠金融基础设施体系的完善，必须针对两地区农业生产主体的项目经营、生活行为等特点建立信用评价体系，提高两地普惠金融覆盖率、可得性及满意度，增强农业农村市场主体和广大人民群众对金融服务的获得感，为优化普惠金融发展环境奠定良好基础。

二、现状及趋势

当前，成渝两地农村信用体系建设的滞后，是制约普惠金融发展水平提升的一个重要因素。普惠金融发展水平经过多年探索与实践，有所提升但并不均衡，借贷双方间信息不对称是影响、制约农业项目经营主体获取贷款及银行等金融机构风险的重要因素。一方面，农业产业发展项目资金缺口较大，成渝两地农业水平及农村经济发展整体上还处于初级阶段，促进两地农业项目转型，推动农业现代化、信息化、智能化发展需要引入更多社会资本及资源进入农业农村领域；另一方面，农村地区面临着较为严重的金融排斥，农业农村领域正规信贷获得率依然不足，县域金融机构存贷比一直维持在较低水平，资金外流严重。

县域农户及涉农中小企业信用评价体系的构建及完善，亟须作为农村金融基础设施建设及我国社会信用体系建设的重要构成部分，从而切实缓解农村金融市场信息不对称问题，帮助信用良好的农户及乡镇中小企业，通过正规、便捷的渠道获取贷款，减轻农村金融市场交易成本，预防信用风险，促进普惠金融在农村偏远地区的渗透，并能为普惠金融发展相关部门的宏观决策及微观管理提供多元、有效的信息及数据支撑，打破农业区域布局与资源禀赋条件不匹配、科技支撑不足等长期发展困境，有效促进现代农业发展。

三、实际应用价值

通过对成渝两地县域农户及涉农中小企业进行信用等级体系进行研究，探索形成一套完整的农户和涉农中小企业信用数据采集、汇总、清洗、输出等智能化应用体系，有助于解决因信息不对称导致的普惠金融发展不均衡问题，加速农业农村发展动力升级、发展方式转变、发展结构优化，以技术创新为拓展农业农村发展空间增添巨大动力，促使新主体、新技术、新产品、新业态不断涌现，助推成渝两地现代农业转型升级及乡村产业振兴，拟在五年内实现100万户新型农业经营主体（总产值约1万亿元）上线，信贷规模达到5000亿元，年预期新增产值1000亿元。同时，以西部为中心在行业内进行复制、推广，提升成渝农业农村金融领域创新能力与核心竞争力。

四、研究内容

搭建成渝地区双城经济圈县域农户和涉农中小企业信用等级评价体系。本文拟充分结合成渝两地县域农户及涉农中小企业行业经营特性，依托重庆农担总结14年农业信贷担保综合服务实践成果，即4.0农担信用风险管理信息系统和“1+6”农担综合服务体系，开展面向西部县域农户和涉农中小企业信用等级评价研究与服务。

一是基于重庆农担农业信贷担保综合服务正向积累，根据成渝地区农业产业特征，利用数据库技术，通过科学分类，归纳农业特色征信知识体系，建立系统化专业农业特色征信统计数据库，并基于大量实证样本，不断获取高质、完整的研究资源，研究提取符合农业特性的关键指标，得到科学化评价体系指标，为搭建成渝地区双城经济圈县域农户和涉农中小企业信用评价体系所需的风险评估模型奠定数据分析基础，进而实现农业信用评价的合理性、有效性。

二是以智能化信用评价为目标，整合成渝地区以政策性农业信贷担保体系为主的优势资源，以大数据平台为支撑，搭建移动应用平台，优化智能终端，借助电子签章、OCR证照识别、调用三方接口验证证照真实性、其他信息等技术手段，建立以产品服务及风控模型为核心的综合业务平台，并通过与农业、商业相关的各级政府、部门、自治组织形成协同机制，丰富数据采集手段，多元化采集、留存相关数据，借助交叉验证等手段，提高数据分析准确性及可行性，形成一套完整的县域农户和涉农中小企业信用数据采集、汇总、清洗、输出等智能化应用体系。

三是通过大数据、物联网等新技术与农业信贷担保综合服务有机融合，实现在线申报、推送审批、产品匹配、银担对接等多功能的简便化、智能化、协同化业务受理方式，将需求、产品、数据与农业适度规模经营主体点对点实时对接，实现一站式“信贷工厂”推动“三农”项目各环节结构化数据上链，形成实时、高效、可追溯的资金流、数据流及信息流，推进农业在线化和数据化，达到智能、数据与农业的深度融合；并以西部为中心（成渝地区）在行业内进行复制、推广，提升成渝农业农村金融领域创新能力与核心竞争力。

五、研究思路

基于重庆农担已有的农业信贷担保综合服务实践成果，根据成渝地区农业产业特征，归纳农业特色征信知识体系，建立系统化专业农业特色征信统计数据库，整合成渝地区以政策性农业信贷担保体系为主的优势资源，搭建县域农户和涉农中小企业信用等级评价体系，并以大数据平台为支撑，搭建移动应用平台，优化智能终端，建立以产品服务及风控模型为核心的综合业务平台，形成一套完整的农户和涉农中小企业信用数据采集、汇总、清洗、输出等智能化应用体系。

六、研究方法

通过以非参数模型——神经网络模型、决策树、随机森林算法等方法，建立相对应的数学模型，评定各因素的权重，探讨构建农业适度规模经营主体信用评价体系的可行性，最终建立以大数据为基础、智能化为手段、风险评价体系为核心的，多方协同、可拆卸、可推广、可复制、高效率、专注县域农户和涉农中小企业自动化匹配的农业信贷担保综合服务平台。

（一）收集县域农户和涉农中小企业信用指标建立信用数据库

基于大量实地调查研究，不断收集提炼符合农业特性的关键指标，建立系统化专业农业特色征信统计数据库。基于实证研究方法，采用业务经验归纳法和算法提取农业主要特征，通过对县域农户和涉农中小企业经营项目所属行业、区域、产品属性、生产经营能力、产品供销情况、融资情况、资产状况等数据采集，利用数据库技术，通过科学分类，对个人指标、企业指标、行业指标、经营指标、财务指标等多方位统筹、比对，搭建成渝地区双城经济圈县域农户和涉农中小企业信用等级评价体系基本架构。

（二）建设完善专注成渝地区双城经济圈县域农户和涉农中小企业智能化农业信贷担保综合服务平台

基于已有的信用数据库、重庆农担4.0信息系统的前期基础条件，建立专注成渝地区双城经济圈县域农户和涉农中小企业智能化农业信贷担保综合服务平台（见图1）。平台支撑架构为开放式的技术库，以多套先进的平台系统、自身技术积累、架构经验等整合出适用于金融行业特点的一系列的技术架构；并具备开放性、可扩展性、安全性、高效、易集成、易管理、可持续集成及部署等特点。

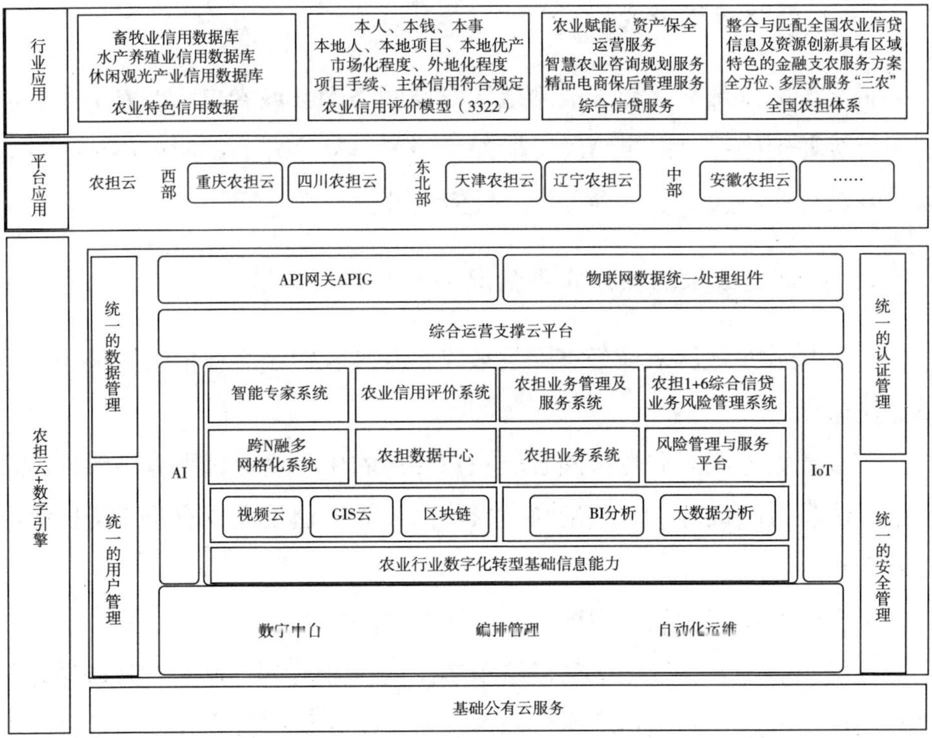

图1 平台架构

如图 1 所示，形成“农担云 + 数字引擎”“平台应用”“行业应用”三个层级的系统体系架构，提供系统运行的底层资源及设备支持，包括视频云、区块链、大数据分析，并以平台支撑架构为基础，提供覆盖应用产品的设计、开发、调试和部署，到运行、维护、管控和治理等各个环节的功能；并且通过农担云平台，可连接外部运营系统（如互联网金融机构、电商等）、第三方合作机构等，实现前端、中端、后端一体化，通过跨主体之间的数据安全交易与协作，实现全面信息共享。由此，基于对大量数据的共性分析，可协同制定具有区域特色的金融支农服务方案，从而建设形成可复制、可推广的县域农户和涉农中小企业信用评价体系。

七、成果形式及应用

（一）最终成果形式

最终成果是形成 1 篇《成渝地区双城经济圈县域农户和涉农中小企业信用等级评价体系建设》的研究报告、1 篇 2000 字左右的制度创新决策建议，并被行业协会、学会等第三方机构认可。

（二）研究成果的预期应用情况

1. 完成成渝地区双城经济圈县域农户和涉农中小企业信用等级评价体系建设试点

完成成渝地区双城经济圈县域农户和涉农中小企业信用等级评价体系的平台建设机制设计、实施细则、操作流程等，建设完成农业信贷担保综合服务平台。

2. 探索实现智能化信用评价与一站式“信贷工厂”

依托“农担云 +”建立项目组织实施的作业流程，通过“基础数据 + 动态数据”采集，实现县域农户和涉农中小企业信用数据共享与融合，将需求、产品、数据与县域农户和涉农中小企业点对点实时对接，解决农业信贷平台的数据来源、数据采集、数据内容、数据分析应用、数据流转等问题，并逐步在成渝地区形成“一站式信贷工厂”试点，通过农业信贷担保综合服务线上化和数据化，促进县域农户和涉农中小企业信用等级评价体系的完善，打破农业区域布局与资源禀赋条件不匹配、科技支撑不足等长期发展困境，解决其贷款融资难题，助力推动成渝地区双城经济圈建设，充分发挥两地沟通的独特区位优势，促进产业、人口及各类生产要素合理流动、高效集聚，强化重庆、成都中心城市带动作用，使成渝地区成为具有全国影响力的重要经济中心、科技创新中心、改革开放新高地、高品质生活宜居地，助推高质量发展。

新型农业经营主体后援大数据服务建设方案

一、基本情况

重庆市农村合作经济经营管理站统计数据显示，截至2014年底，重庆市有各级农业产业化龙头企业近6000家、农民合作社2万多家、家庭农场1万多家。经过多年发展，涌现出一大批有产品、有市场、有效益的新型生产经营主体。但是目前对重庆市的新型生产经营主体的生产经营各项数据，并未有相关的数据库进行统一管理和分析，因此，其在发展过程中，由于相互信息的不对称，往往出现行业发展蜂拥而至，产品供需不平衡，需求的产品无法供应，而某些产品过剩的情况。由此导致新型经营主体的经济效益较低，生产经营困难，难以获得金融服务机构的支持，无法融资解决其发展的问题，直接影响其进一步发展，进而影响全市农业产业的发展。

为此，重庆市农业资产经营管理有限公司（以下简称农资公司）拟向市发改委申请新型农业经营主体后援大数据服务项目（以下简称大数据项目）。本项目主要通过对全市新型经营主体大数据的采集，收集全市各项生产经营基本信息，运用数据分析，提升新型经营主体的管理能力和发展水平，加强产业竞争力，提升产品的附加值，延伸产业链条。同时，通过对大数据的运用，帮助农业金融服务机构在对新型金融主体的财务管理、技术服务、行业数据、融资情况等上有更多的了解，增加其获得金融服务的可能性，保证其可持续发展。

二、必要性和可行性

（一）必要性

1. 通过大数据分析和预测产业发展趋势

目前，重庆市农业信息化建设的政策性指导及规范化、标准化程度低，缺乏统一的标准化体系和规划以及管理，相互之间很难实现有效的协调和资源共享。同时由于大数据管理的缺失，行业主管部门无法实时掌握产业发展的态势，可能导致产业发展过剩，产品销售滞后，严重影响农业农村的发展水平。

通过大数据项目的实施，对其行业、区域、产品供销情况、生产经营、技术能力、产品价格等各个方面进行收集，依靠数量庞大、类型繁多、处理速度快、价值挖掘四个方面来集成新型农业经营主体的数据库。通过对数据的采集，对某个行业的发展态势进行分析，可以实现对产业规划、产业资源的共享，对产业未来的发展趋势作出预测和分析，提升农业生产力和附加值。

2. 通过大数据为新型经营主体合理配置资源，促进新型经营主体的信息共享，助推新型经营主体稳定发展

当前，在重庆市新型经营主体的发展中，面临的主要问题是信息资源不对称导致的经营风险。通过对重庆市新型经营主体的发展情况调查发现，目前其整体经营态势良好，但是也存在一些问题影响其进一步发展。

（1）新型经营主体的农业技术资源相对较为匮乏。目前型新型经营主体主要依靠在生产经营过程中的经验探索用于生产经营，技术相对落后，未能及时掌握各种新的农业生产技术，改善其生产能力。

（2）新型农业经营主体产销信息不畅通，供求信息失衡。目前新型经营主体在产销上，主要依靠传统的销售模式，通过中间商等销售产品，具有一定的局限性。通过大数据项目的实施，可以帮助新型经营主体对整个

行业规模了解，调整经营思路，提早或延缓产品上市周期，避免产品集中上市导致的产过于求。

（3）新型经营主体获取金融服务能力较差。农业属于弱势产业，由于对行业不熟悉，金融机构对农业融资需求较为审慎。行业不熟悉的原因在于金融机构无法掌握到新型经营主体的大数据，不了解其真实经营情况，对农业产品的价格趋势、盈利能力不能作出有效的判断。通过大数据项目，金融机构能够更多掌握农业的行业数据、农产品产供销数据、盈利数据等，帮助其作出更为准确的判断。

（4）新型经营主体抵御风险能力较弱。新型经营主体的经营风险，来自对市场风险缺乏预判。通过对产品过往的价格走势、产品现有产能等进行分析，预测其未来的价格走势，帮助新型经营主体规避产品的价格风险，增强新型经营主体的生产经营能力和抵御风险的能力。

大数据项目的建设，可以帮助新型经营主体掌握更多的农业技术服务、产供销信息，增强价格预判能力，从而使其更加容易获得金融服务，合理配置各项资源，助推其稳定经营发展。

3. 完善新型经营主体金融信用体系

目前，我国现行的征信体系主要依靠中国人民银行企业信用信息基础数据库和个人信用信息基础数据库。企业信用信息基础数据库始建于1997年，于2006年7月实现全国联网查询，收录的信息包括企业和个人的基本信息，在金融机构的借款、担保等信贷信息，以及企业主要财务指标，信息来源主要也是商业银行等金融机构。但目前征信系统涵盖的内容相对较少，对于企业所申报的相关财务信息、经营信息等数据采集的准确性存在一定的误差，且主要对商业银行、小额贷款公司等金融机构开放。

农资公司建设的大数据项目通过对全市的农业生产经营主体的各项基础信息，对象为全市农业生产经营主体，涵盖全市所有农民专业合作社、家庭农场及农业龙头企业。采集的内容包含但不限于：其从事的行业、区域、产品属性、生产经营能力、产品供销情况、融资情况、资产状况等，更为全面有效的数据可以增强其获得金融服务的可能性，改善金融机构对农业金融服务的决策能力。

4. 探索农业结合互联网发展的新思路

农业作为第一产业，与其他产业相比，与互联网结合的程度相对较低。结合互联网快速发展的趋势，阿里巴巴、腾讯、移动、联通、电信等均在探索“农业 + 互联网”，但其切入点主要在农产品电商方面，对于探索农业信息化，只是解决终端销售的问题。而大数据项目的建设，不仅仅是作为电商，建设的主要目的是类似于百度搜索，在网络上键入重庆市某个新型经营主体或者是某项产品的关键字，能够获得的信息除了产品供求信息，还有基本情况、农业技术、产销渠道等各项数据。

因此，在重庆市建立以“农业 + 互联网”的新型农业生产经营主体后援大数据服务项目较为迫切。本项目的建设可以获得更多的农业生产数据，作为行业主管部门、金融服务机构的决策依据，同时也能加强新型经营主体的生产经营能力，增加产供销渠道，改善基本面貌和抵御风险的能力。

（二）可行性

1. 各级政府鼓励推动农业信息化，推动农村发展

党的十八大明确提出，要促进工业化、信息化、城镇化、农业现代化同步发展，突出强调了信息化在经济发展中的战略地位。李克强总理近期主持召开的国务院常务会议中一再强调，要顺应“互联网 +”的发展趋势。重庆市委、市政府《2015 年农业农村工作意见》中明确提出：互联网经济对经济社会发展的影响是深刻而全面的，为缩小区域和城乡差距、加快边远落后地区发展提供了新机遇。要深入研究，积极探索，将其作为改革的重要事项认真谋划、扎实推进。加快农村信息化基础设施和网络建设，加快农村信息化应用，推动农村信息化与特色产业、特色效益农业、生态旅游业等深度融合，大力发展农村电子商务，促进生产模式、组织模式、管

理模式、商业模式创新，进一步提升农业组织化、标准化、规模化、市场化水平，推动农业农村加快发展、农民增收致富。

要加快农业农村的发展，信息化是必要的手段，可有效解决农业农村信息不对称的问题，提升产供销的信息供给，增强新型生产经营主体的融资能力和持续发展能力。

2. 信息基础设施不断完善

从信息基础设施的情况来看，在国家层面不断推动网络建设，将信息基站的建设从三大运营商独立出来，成立专门的铁塔公司负责全国的基础设施建设，避免运营商之间由于竞争带来的资源闲置和浪费，同时与欧盟联合开始 5G 的实验和标准的制定工作，说明政府层面越来越重视信息化。就重庆市的基础设施条件来看，三大电信运营商网络建设力度进一步加大，全市绝大部分乡镇已经具备互联网接入的条件，3G 网络也基本覆盖至每个区县，部分城市地区已经开始运营 4G 网络，数据采集和传输的基础设施已经具备，电脑等基础的数据采集终端也基本实现了全覆盖。

3. 农资公司及关联公司具备数据采集的基础

农村信息化的核心在于农业信息化。农资公司在探索农业信息化的过程中具备了建立大数据项目的基础。

（1）可以依托的行政资源和行业资源。作为重庆市农业委员会控股的重庆市农业担保有限公司下设全资子公司，依托母公司控股股东重庆市农业委员会的行政资源，与西南大学、各农业科研机构等建立了良好的沟通合作关系，并聘用了大量的涉及农业发展各领域的农业技术专家，可以整合行政部门、技术支撑部门的信息资源，作为大数据项目的数据来源之一。

（2）共享农担公司的数据资源。重庆农担从 2006 年起开始探索农业金融，解决涉农企业融资难等问题已经近十年，对全市的农业产业发展情况较为熟悉，参与调查过的农业经营主体超过 2000 家，并且从 2009 年起已经开始建设公司信息化系统，已经有了部分农业经营主体的基础数据。同时与各市级农业担保机构、银行、小贷公司等多家涉农金融机构建立了合作关系，能及时了解大量涉农融资项目情况。作为农业担保公司的子公司，可以充分使用这些资源，作为公司大数据项目的基础。

（3）新型经营主体通过该项目可以获得持续发展的各项资源。农担公司及其子公司农资公司、农鑫公司、农本公司在农业金融的探索过程中，已经形成了涵盖融资担保、创投基金、财务咨询、技术服务咨询、互联网金融、农产品电商等金融服务体系，农资公司承接了农业社会化服务、产业链建设（保后视频监控系统）等项目，整体实施效果较好。新型经营主体在参与大数据项目的过程中，不仅可以通过数据库获得需要的技术服务、行业数据、产供销信息，更重要的是可以通过项目，获得更多的金融服务，解决其在发展过程中的融资难、融资贵的问题，增强其抵御风险的能力，实现可持续发展。

三、项目任务计划

（一）年度目标

重庆市新型农业生产经营主体后援大数据服务项目的建设目标是利用互联网提高新型农业生产经营主体持续经营能力和农业生产的附加值，增强其获得金融服务的能力。项目计划建成全市新型经营主体的大数据库，以搜索的方式，键入关键字符，就能查询到各种信息，可以是行业情况、产供销需求信息、农业技术、融资服务等内容。根据重庆市新型经营主体发展现状及实际情况，本着经济、高效、务实的原则，具体实现以下三大目标。

一是充分利用全市信息基础条件，整合行业主管部门、农技专家库、金融机构关于新型经营主体的数据，建立基础数据库。

二是建立起覆盖全市新型经营主体的大数据采集系统，通过数据采集终端的建立，获得新型经营主体生产经营的实时数据，包含其产供销需求、农技服务需求、金融需求等各方面。

三是方便、快捷、准确的查询和信息发布功能。大数据项目建设要重点实现以下目标：（1）新型经营主体使用的主动性和准确性。通过该数据库可以帮助其发布和获取信息，获得新型技术、金融服务的同时，增加其产供销的能力，让其在参与项目的同时可以获得收益，更为主动和准确提供数据。（2）行业主管部门、金融机构获得的数据整合。项目建设不但要整合各方数据资源，更需要具备方便快捷的查询功能，通过关键字符的搜索，能获得相关的数据，了解行业发展情况、新型经营主体的经营状况，便于决策管理。

（二）建设地点

建设地点：重庆市农业资产经营管理有限公司、农业担保与各区县农业主管部门建立的金融联络站、全市各级农业龙头企业、新型生产经营主体。

（三）项目建设内容

本项目的建设内容主要包括两个方面的工作：其一，对于项目涉及各方需求调研；其二，对于各方需求功能的设计与实现。

1. 系统涉及各方的需求调研

（1）行业主管部门。主要考虑行业主管部门在对行业发展政策制定、行业引导、行业周期分析所需要的各项数据。

（2）新型生产经营主体。包含新型生产经营主体的行业、生产规模、产品数据、金融服务需求等数据，特别是对在信息接入、信息发布上的需求。

（3）金融服务机构。包含金融服务机构对行业情况、新型经营主体经营情况、融资情况等需求。

2. 项目功能设计与实现

（1）数据库建设。数据库建设的目的是把大量无序的有用资料，以数据库的形式来存放，便于管理、查找和使用，实现数据的共享和集中管理，便于数据的累积，防止丢失。

① 重庆市农业品种（名、优、特产）资源数据库：收录全市农业产品，包括名牌产品、优质产品和地方特色产品。

② 农业专家、人才市场数据库：收录全市农业科技人才信息，农业技术人员是农业信息化的主要力量，数据库应主要收录科技人才的个人基本情况、专业特长、工作单位情况等，至少可以按照行政区域和专业特长进行分类，便于浏览查找。

③ 新型经营主体数据库：主要收录市内新型经营主体的名称、联系方法、企业规模、主要业务范围等各项信息。该数据对于招商引资、农产品的销售、农副产品的加工、农资的购买具有指导意义。重点收录龙头企业、新型生产经营主体融资需求情况、资金季节性使用情况等，了解其对农业金融服务的需求程度。

④ 批发市场数据库：收录重庆市各批发市场供求信息、产品价格、需求量等各项数据，强调数据的时效性，解决销售中信息不对称的问题。

上述数据库的管理和维护界面力求统一，这样便于用户的使用，用户只要学会一种数据库的查询和使用方法，就可以同时学会其他数据库的使用方法，同时也便于系统管理员对数据库的维护，就数据库的功能来说，提供给用户应该有按照分类逐条浏览数据库中的信息和全文检索、条件检索等几种方式；提供给系统管理员的还要包括数据的添加、删除、修改、备份等功能，部分数据库可以根据数据格式提供数据采集功能。

（2）大数据采集终端。

① 数据录入终端。数据录入终端的设计主要包含电脑录入客户端和手机 App 软件两部分。建立这两部分录入系统，主要依靠人工的方式录入农业生产的相关数据，包含产品的生产规模、销售时间、销售量、价格等各种数据。以人工方式录入的各项生产数据，作为整个信息化的基础数据来源，提供农业生产的基本信息。

数据人工采集系统依靠两个来源：一是依托母公司农担公司与全市各个区县农业主管部门联建的农业金融联络站，收集各个区县农业产业的行业发展数据，包括政府的发展规划、产业发展的现状、产业发展存在的问题等；二是全市新型经营主体录入基本生产数据，包括产品信息、生产环境、产品产量、销售价格、物流方式、融资方式、融资金额等，形成全方位的农业信息数据库。

② 数据采集终端。该部分终端的建设主要包含视频监控系统、智能传感器、射频识别标识技术、全球卫星定位系统等。该部分的建设目的，主要是通过智能化系统监控农业生产环境中的各项指标，包含但不限于雨量、温度、农药化肥的用量和残留量、畜禽的体重、健康状况等。主要通过这些数据的采集，可监控农业生产环境是否符合绿色、有机的生产条件，包括其使用的肥料、饲料等是否符合绿色有机的要求，甄别出真实的有机绿色产品。同时通过该技术，可以追溯产品的生产过程和来源，保障食品安全。这一系统的建立，可以有效弥补人工数据录入中存在的信息不准确和人为干扰因素，增强信息采集的准确性和有效性。

通过安放至每个产品生产现场的智能化数据采集终端，可以提高产品信息的准确性，修正人工数据录入中存在的人为因素，对产品的来源、生产状况、农药残留等各项数据进行统计，分析出生产的产品是否符合绿色、有机食品的各项标准。

③数据传输体系。目前，移动、电信、联通三大运营商 3G 网络已经覆盖了大多数的地区，部分城市也已经开始运营 4G 网络，基础设施的建设已经较过去有了较大的提升，数据网络相对较为完善。通过运营商网络实现数据传输，解决信息采集中最大的问题。

（3）功能完备的信息发布查询平台

① 大数据信息平台 Internet 网站。网站的设计侧重于网站以后的运营管理，使网站的信息管理尽量的简单，对于有些信息的获取应该能达到自动化。尽量减少人对网站运营的影响。

② 基于 Web 的涉农软件及各种咨询系统。这些软件和系统主要是运行在 Web 上，开发完成以后挂接到农业信息平台 Internet 网站上，对外提

供服务，主要包括如下系统：

•农业信息咨询服务系统。建立关于生产资料的交易服务系统和农业金融的咨询服务系统。

•农产品供求信息发布系统。农产品供求信息发布系统主要给网站的使用者提供一个在网上发布供应和需求信息的平台。

•农产品价格行情收集、发布、预测系统。农产品价格行情收集、发布、预测系统，跟踪当地和全国主要农产品市场每日的农产品价格，然后根据数据库中的历史数据，自动描绘出指定时间段中的某一种农产品的价格曲线，并预测未来的走势。

•农业龙头企业融资需求分析系统。根据龙头企业融资情况、融资特点、资金需求季节性等进行统计分析，为其提供针对性的农业金融服务。

四、效益分析

该项目实施是作为公益性质。一是模式探索，结合当前“互联网+”的趋势，探索如何将农业结合互联网快速发展，解决当前农业信息不对称的问题。二是管理职能，本项目的实施，有助于行业主管部门对重庆市农业的基本面貌有更加真实、准确的了解，在行业政策制定、行业导向等更为符合农业实际情况。三是服务功能。对于新型经营主体，可以通过该项目，查询到关于产、供、销产业链各方面信息，提高其生产水平，扩大销售渠道，为新型经营主体带来更多的效益，增强其持续发展的能力。四是信息共享。通过该项目，金融机构能够真实了解新型经营主体的经营情况，作为其是否提供金融服务的决策依据，增强其对农业的信心，解决融资难的问题。

五、项目实施单位情况及参与事项

重资公司负责对本项目总体实施方案、信息系统技术的支撑及农委各级管理部门的协调工作。

农村普惠金融发展创新探索

农村普惠金融
实践与探索
——重庆农担方案

重庆市农村资产经营管理机构建设问题研究

近年来，重庆市通过成立农村资产经营管理有限公司、农村资金互助社等金融机构，各类机构各自履行职能，发挥优势，协同发展，为农村金融服务业发展构建了有力的组织保障。其中，重庆市农村资产经营管理有限公司通过创新业务模式、拓展业务领域、建立保障体系等措施，对于优化农村金融资源配置、防范农村金融风险、促进农村金融服务业可持续发展，起到了积极的推动作用，具有广阔的发展前景。

一、重庆市农村资产经营管理有限公司建设概况

（一）建设背景

为加快重庆市农村金融服务改革创新，建立重庆市农村金融风险分担机制，为农村经济社会发展提供全方位的金融支持，参照国资委下属的资产管理公司，成立了由重庆市农业委员会（以下简称市农委）控股、市财政和市农委共同注册的国有独资企业——重庆市农村资产经营管理有限公司（或称公司）。公司以“创新农村金融服务，促进农业农村发展和农民增收”为经营理念，以“金融机构因开展农村土地承包经营权、居民房屋和林权抵押贷款而产生的不良资产”为基本对象，实现“资产保值增值和防范农村金融风险”的发展目标，起到有效规范三权补偿金及抵押贷款、利用财政资金、改善经营环境、创新金融服务、防范金融风险、配置金融

资源、统筹城乡发展等作用。

（二）股权性质

重庆市农村资产经营管理有限公司负责妥善处置金融机构因开展农村“三权”抵押贷款产生的不良资产，具有很强的政策性和特殊性，兼具社会效益和经济效益的双重要求，因此公司的股权性质定为国有独资，其控股股东为重庆市农业委员会。

（三）公司的行业属性

公司的行业属性定为资产管理公司，参照国资委下属的资产管理公司。其经营范围包括四个部分：（1）“三权”不良资产的收购处置；（2）“三权”不良资产的储备、整治和经营；（3）“三农”投融资平台的构建；（4）与“三农”相关的混业业务经营。

（四）公司属性

公司属性定为有限责任公司，因为有限责任公司能对无限公司和股份有限公司两者的优点兼收并蓄。一方面，它的股东以出资为限，享受权利、承担责任，与无限公司不同；另一方面，因其不公开招股，股东之间关系较密切，因而与股份有限公司又有区别。因此，公司属性定为有限责任公司最为理想。

（五）公司的职能定位

农村“三权”抵押融资风险补偿资金的管理职能。根据《重庆市农村“三权”抵押融资风险补偿资金管理办法》的规定，协助政府对该项资金管理，加强使用监管，提高资金使用效率，保障资金安全。

“三权”不良资产收购处置。对“三权”抵押贷款形成的不良债务进行收购打包处置，协助政府对农商行和担保公司的不良债务实施折扣收购，整合后通过市国资委、市林业局、市国土局、市级国有企业集团回购处置，实现不良债务的盘活并形成适当收益。

“三权”储备整治与经营管理职能。对划转型国有资产实施经营管理，实现资产的保值增值，用资产经营收益弥补农村“三权”抵押融资风险补偿资金的不足。尤其是“三权”土地资产的整治、储备与经营。

投融资职能。充分利用公司国有资产搭建投融资平台，为“三权”抵押贷款形成的不良债务打包处置融资；重组整合市级农口国有资产，对市级政策扶持型国有农业项目以股权、债权的方式投资，以增强公司的造血机能。

二、业务范围

（一）“三权”抵押融资风险补偿资金业务

重庆市农村资产经营管理有限公司负责重庆市财政局对银行因“三权”抵押贷款损失 20% 的补偿发放，并履行相应的监督职能。补偿金发放是否收取手续费由农委会同相关职能部门协商决定。如果允许收取手续费，重庆市农村资产经营管理有限公司根据现有中介机构的 1% 手续费标准，假定“三权”抵押贷款规模为 300 亿元，按银行不良贷款率 1% 计算，预计不良债务将达到 3 亿元，补偿金发放总额为 0.6 亿元，相应手续费收入为 60 万元。重庆市农村资产经营管理有限公司补偿金发放过程中要对不良资产进行审核和价值估算，防范补偿金发放可能产生的道德风险，必须保证贷款的真实性，做到对农村“三权”抵押贷款的全程监管。

（二）“三权”不良资产处置业务

1. “三权”不良资产的界定、特征及处置

（1）“三权”不良资产的界定。根据《重庆市人民政府办公厅关于开展农村土地承包经营权居民房屋和林权抵押贷款及农户小额信用贷款工作

的实施意见（试行）》（渝办发〔2011〕11号），农村“三权”抵押贷款及农户小额信用贷款对象主要是重庆市范围内的农户、农村中小企业及农民专业合作社。贷款主要用于发展种植业、养殖业、林业、渔业、农副产品加工、流通等农业产业化项目及满足农业产前、产中、产后服务支农资金需求。因此，重庆市农村资产经营管理有限公司的经营对象是银行因开展农村“三权”抵押贷款及农户小额信用贷款业务而产生的不良资产，主要是指不良贷款，包括逾期贷款（贷款到期限未还的贷款）、呆滞贷款（逾期两年以上的贷款）和呆账贷款（需要核销的收不回的贷款）三种情况。

（2）“三权”不良资产的特征。农村“三权”抵押产生的不良资产不一定是“不良”的，可能是由贷款周期过短与生产周期过长矛盾所产生的，因此农业资产管理有限公司可以对其进行市场化操作，从而盘活不良资产，实现保值增值。

对于土地承包经营权而言，一般农户平均3~5亩承包地，可以按照市价600元/亩取得贷款，从而获得3000元左右的抵押贷款，它完全可以由农村小额信贷业务解决。因此，农村土地承包经营权不良抵押贷款的主要对象是合作社经济组织、龙头企业的生产基地和养殖大户。

对于农村居民房屋抵押权贷款而言，由于承载着农村居民的住房功能，农民不会轻易将其抵押贷款。因此农村居民抵押贷款形成呆账、坏账的比例很少，主要集中在农村经济发展前沿的小城镇周边的农村居民房屋权抵押贷款。

对于农村林权抵押贷款而言，其面临的主要问题包括：林权属性的确定，即是否可将其进行市场化运作；如果可以市场化运作，林权的价值是多少；即使确定了林权的市场价值，是否具备龙头企业加工的条件。以上问题导致了林权抵押贷款存在一定的难度，一旦能够形成抵押，必定有一定的市场价值和龙头加工条件。其不良贷款的形成主要来自管理中存在的漏洞（如看护、消防、病虫害）和回收周期过长导致的现金流缺口问题。

（3）“三权”不良资产的处置方式。重庆市农村资产经营管理有限公司的定位决定其要运用市场化原则，经营、管理和运作特殊的对象——农村“三权”抵押权。因此，重庆市农村资产经营管理有限公司首先要通过购买方式来获取农村“三权”抵押权。

第一，按合理的市场价格收购。农村资产经营管理有限公司借助中介评估机构对不良资产进行评估，然后按照评估价格进行收购。这种方法能够充分体现市场定价原则，其不足之处在于逐笔评估工作量大，评估费用高，程序烦琐。

第二，按抵押物贷款金额扣除抵押融资风险补偿金额收购。农村资产经营管理有限公司直接按“三权”抵押物的银行贷款金额扣除抵押融资风险补偿金额后的余额来进行收购。这种方法可以迅速补充银行资金，使银行解困，但其风险直接转嫁到农村资产经营管理有限公司。

第三，按固定折扣率收购。先对“三权”抵押权的风险等级进行适当分级，例如分为一般风险、中间风险和严重风险三个级别，评估其损失的概率范围，据此对三类“三权”抵押权来确定对应的折扣率，然后以折扣后的价格收购。

第四，按谈判价格收购。农村资产经营管理有限公司与农村“三权”抵押贷款的银行进行谈判来确定收购价格。由于农村“三权”抵押物的政策性、特殊性和垄断性，银行是愿意与农村资产经营管理有限公司进行谈判的。因为经办银行一方面获得了35%的农村产权抵押融资风险补偿，还可以通过谈判收购带来收益，降低了贷款损失；另一方面，农村资产经营管理有限公司在处置农村“三权”抵押贷款产生的不良资产中居于特殊地位及具有经营管理优势，通过谈判收购的农村资产经营管理有限公司也获得了经营获利的物质基础；与此同时，谈判收购方法简单易行，避免或降低了协调或评估等交易成本，操作性也较强。

通过以上四种方法的综合对比，第四种方法既科学又易行，并且适合我国的现实情况，所以是首选方法。

（4）“三权”不良资产的处置支出。设定农村“三权”抵押贷款规模达到300亿元，如果按银行不良贷款率1%计算，预计3年后不良债务将达到3亿元，平均每年为1亿元，市级和区县财政补偿金发放总额为1.05亿元，平均每年为3500万元。谈判价格收购为主的方法通常是按照资产60%~70%折价收购，除去每年3500万元的补偿，1亿元“三权”不良资产的谈判收购支出为3900万~4550万元。参照永续年金的计算方式，其每年产生的平均成本大致为总支出的4%，即156万~182万元。

（5）“三权”不良资产的处置收益。1亿元农村“三权”不良资产的谈判收购支出为3900万~4550万元。如果按照永续年金的思路，每年支付一定费用给银行，待“三权”不良资产变现收益后一次性补偿本金，因此可以节约每年产生的“三权”不良资产收购占款过大问题，参照永续年金的计算方式，其每年平均成本大致为总支出的4%，即156万~182万元。

2.“三权”不良资产处置后的盘活

重庆市农村资产经营管理有限公司从银行获取了农村“三权”抵押权的不良资产后，如何运作这些不良资产，实现资产保值增值是关键，主要做法有以下几个。

（1）权转股。农村“三权”登记并未涉足租赁收益与股权收益。由于农村土地经营权产生的租赁和股权收益可以看成“三权”的派生权益，农村资产经营管理公司完全可以通过权转股的形式获取合作社经济组织、龙头企业的生产基地和养殖大户的股权收益。

（2）权转股收益的估算。农村资产经营管理有限公司每年1亿元的“三权”不良贷款资产中，林权、农村居民房屋抵押权、土地承包经营权三者的比重大致为4∶3∶3。权转股主要是针对可流转的土地承包经营权，其规模大致为3000万元，权转股类似于融资租赁中的生产资料入股，其收益分成比例大致为4成，根据农业龙头企业的税后平均4%的净利润率，剔除权益溢价和增值，权转股每年收益为48万元，3年的收益为136万元。对于生存较为稳定的农业龙头企业，每年公司溢价收益大概为8%，对于以土地入股的形式持有公司40%份额股份的农村资产经营管理公司，每年的权益溢价收益为96万元，3年的权益溢价收益为288万元。农村小城镇和城市工业园区的发展有可能占有部分农业龙头企业的土地承包地，此部分溢价收益需龙头企业、农村资产管理公司和土地承包经营权益持有人协商分成。

（3）农村“三权”抵押权的出租经营。农村资产经营管理有限公司收购的不良资产直接出租给龙头企业、专合组织或其他社会业主经营。由农村资产经营管理有限公司和业主双方约定出租时间和价格，签订“三权”抵押权的出租合同。对于零星、分散的农村“三权”，可以出租给城镇居民个人。

（4）农村“三权”抵押权的出租收益的估算。“三权”抵押权的出租收益主要是针对3000万元可流转的土地承包经营权，大致规模为500亩，根据土地流转市场出租均价为600元/亩，每年农村资产经营管理有限公司的出租收益为30万元。假设土地承包经营权的权转股和出租经营的比例为1∶1，则产生的收益分别为72万元和15万元。

（5）农村“三权”土地的整治、储备与经营。农村资产经营管理有限公司将其所有的一定期限的农村土地使用权的抵押权，按照国家土地用途管制和规划，在土地市场通过平等协商，以市场价格收购土地或出让给城市土地储备机构（地产集团），对土地进行储备、整理后出让给土地申请使用者，以满足城市土地规模扩大或农村城镇化对土地的需求。农村土地使用权期限届满后（如50年），由农村资产经营管理有限公司或城市土地储备机构从土地使用者手中收回土地使用权，向农民交回土地。

（6）农村“三权”土地的整治、储备与经营的收益估算。农村“三权”土地的整治、储备与经营主要来源集中在农村经济发展前沿的小城镇周边的农村居民房屋权抵押贷款，大致为3000万元。按照每户平均抵押5万元，地上建筑面积100平方米计算，对于600户人家，地上建筑面积90亩，平均每年有20%的土地经过整治后挂牌出让，每年整治储备的成本为36万元（平均整治成本为2万元/亩），其摘牌收入为360万元（平均摘牌价为 20 万元 / 亩），相应收益为 324 万元。

（7）农村“三权”抵押权的招商引资。农村资产经营管理有限公司对农村“三权”抵押物进行统一规划，配套完善相关的基础设施，通过招商引资建立现代农业产业园区（农业示范园、农业生态园、农家乐等），在贷款的前期进入相关资产的管理，引导龙头企业、专合组织或种植大户进入园区开展规模经营。对于具备龙头企业加工潜力的林权不良资产，可以通过入股或前期道路平整等基础设施租赁或 BOT 的模式引导龙头企业参与开采加工，盘活不良林权资产。

（8）农村“三权”抵押权的招商引资收益估算。“三权”抵押中土地承包经营权的招商引资可能产生的股权和租金收益在上述论证过程中已做了相应的估算。对于 4000 万元的林权抵押不良资产，假设具备龙头企业加工潜力的林权不良资产有 20%，类似于土地承包经营权中的估算方式，其产生的股权收益为 56 万元。林权属性改变和溢价也有可能为农村资产管理有限公司产生收益，需经过相应部门的批准和相关评估机构的详细核算。

（9）对于银行处置过的，不具备经营开发潜质的“三权”不良资产，应采取尽可能变现保本的原则进行处理，可以采取以下三种方式：① 构建资产池；② 打包出售；③ 拍卖。

（三）投融资业务

1. 农村资产经营管理的特征

通过上述“三权”不良资产的处置方法，可以将农村资产经营管理公司取得的不良资产处置盘活，但农村资产经营管理具有如下特征：

（1）公益性特征明显。

（2）农业生产周期的长期性决定了农业资产经营管理收益具有较长的周期。

（3）农业资产管理业务受政策制约性较强，尤其是“三权”土地的整治、储备和经营，受到政府政策、规划调整和城市布局等相关政策的影响。

（4）农业相对于二三产业较低的平均利润使农业资产经营管理有限公司的发展虽有一定稳定空间，但不可能获得超额的利润。

以上特征使重庆市农村资产经营管理有限公司必须在主营业务的基础上拓展其他业务，尤其是开展其他投融资业务，从而确保稳定的现金流。

2. 投融资业务发展模式

（1）构建投融资平台。重庆市农村资产经营管理有限公司可以在核心业务“三权”不良资产经营外，依托农委平台，针对实际的大型项目（尤其是政策扶持的农业项目），开展融资平台服务。

对于农委注入的优质资产 4000 万元，每年以服务行业 7% 的投资回报率，可产生 280 万元的收益。对于投融资业务收益，假设公司每年有 2000 万元的资金可用作构建投融资平台投融资，其对应的收益约为 140 万元。

（2）农村“三权”抵押权的证券化。通过资产证券化，资产公司与中介机构凭借各自专业能力，以系统化、规范化、标准化的方式将复杂的不良资产转化成标准化证券产品，丰富了金融市场产品种类，增加了市场对不良资产的投资需求，有利于扩大不良资产的投资者基础，促进不良资产大规模处置市场的形成和发展。

（3）深推保险业务。涉农保险投保情况作为银行授信必备要素，农村资产经营管理有限公司可以加强涉农信贷和保险合作，鼓励借款人对贷款抵押物进行投保，不断提升农业保险的渗透度。

农村“三权”抵押权的证券化和保险业务的收益应根据具体的可操作性和相应的操作流程计算其收益。

3. 投融资业务的介入模式

重庆市财政局出台的农村“三权”不良资产的政策性补贴方法，从深层次解决了财政资金的最大效益和激励银行放贷积极性的问题，但也可能产生道德风险——专为 35% 的补贴伪造贷款违约记录。要解决该问题，必须保证贷款的真实性，因此农村资产经营管理有限公司必须对农村“三权”贷款进行全程监管，尤其是事前的介入，农村“三权”不良资产管理的主要形式有以下三种。

第一，全面直接管理。即农村资产经营管理有限公司对所收购的不良资产由自己派员管理。此种形式可以减少管理环节，提高管理效率，便于对资产实施控制，但是此形式开支大，存在“大而全，小而全”的重复建设倾向。由于不良资产分布广及对管理人员要求高的现实，此种形式难以实施。

第二，全面委托管理。即农村资产经营管理有限公司将所收购的不良资产全部委托给外部机构管理，尤其是资产所在地的金融机构。经过农村资产经营管理有限公司授权的机构可以采用更多的手段追偿贷款，以提高不良资产的回收率。此种形式管理可能存在代管机构只代不管或代管机构与债务人（企业）串通一气的情况，增加了资产的道德风险。

第三，混合管理。即将上述两种管理形式综合运用。农村资产经营管理有限公司根据公司的资产状况和管理能力，以公司管理为主、外部管理为辅。此种形式可以按资产数额大小分类，对数额大而集中的资产由公司派员进行管理，建立责任制，由具体人员负责某一个地区或项目的管理。混合管理的形式较适合我国的实际情况，具有较强的可行性和可操作性。

4. 其他业务

（1）价值评估服务。根据《重庆市人民政府办公厅关于开展农村土地承包经营权居民房屋和林权抵押贷款及农户小额信用贷款工作的实施意见（试行）》（渝办发〔2011〕11 号），为了简化贷款流程和降低农户融资成本，规定贷款金额在 100 万元以内的，其抵押物价值认定原则上不需要专业评估机构评估，可由借贷双方协商确定。贷款金额高于 100 万元的，可委托有资质的专业评估机构评估，农村资产经营管理有限公司可依托其专业评估人员，对“三权”抵押物进行价值评估，收取国家法规允许的评估费，确保稳定的现金流。

（2）开展金融中介服务。充分发挥农村资产经营管理有限公司的农业信息化和专业化的优势，可以与银行一道开展专门针对农民的理财和消费信贷类的金融服务，有效开展风险控制，尤其做好理财产品的后续服务，可以针对县域和农村区域客户分别开发合适的理财产品。

（3）创新贷款抵押方式。农村资产管理有限公司在风险可控的基础上盘活农民手里的“三权”金融资源，增强农村经济金融活力。限于现有担保公司的业务法规限制，可以引导开展以下几个方面的抵押创新：动产抵押创新、应收账款融资创新、股权质押融资创新、保证方式创新。

三、业务前景分析及发展规划

（一）前景分析

根据《重庆市人民政府关于加快推进农村金融服务改革创新的意见》和《重庆市人民政府办公厅关于开展农村土地承包经营权居民房屋和林权抵押贷款及农户小额信用贷款工作的实施意见（试行）》的要求，建立全市农村产权抵押融资风险补偿专项资金，首期规模为5亿元，对银行因开展农村“三权”抵押所产生的贷款损失按35%的比例进行补偿，其中市级承担20%、区（县）承担15%。由此可知，首期5亿元的风险补偿专项资金可刺激25亿元的农村“三权”抵押贷款，平均分配到每个区（县）可达6250万元，有效地发挥了政府财政资金的杠杆撬动作用，有力促进了金融机构对“三农”领域贷款的金融支持，显现了重庆市农村资产经营管理有限公司的巨大社会效益。

根据预计，农村“三权”抵押贷款3年的规模将达到300亿元，设定银行因农村“三权”抵押贷款产生1%的不良贷款，则其不良贷款的规模为3亿元（300亿元 ×0.01），因此银行可获得1.5亿元（3亿元 ×0.5）的贷款损失补偿（其中市级补偿专项资金占0.6亿元），由此银行因农村

“三权”抵押贷款可能形成的贷款损失为1.5亿元（3亿元-1.5亿元）。在此基础上，银行把可能形成的贷款损失（不良资产）按0.6~0.7的系数折价卖给重庆市农村资产经营管理有限公司，银行因出售不良资产的收入为0.9亿~1.05亿元，因此银行的最终损失为0.45亿~0.6亿元，损失率为0.15%~0.2%。由于农村“三权”抵押贷款的其他99%（除不良资产以外）的银行贷款利率远远高于其损失率，所以银行还是具有较高的贷款收益。

与此同时，重庆市农村资产经营管理有限公司按估值0.9亿~1.05亿元收购了不良资产，减去银行因开展农村“三权”抵押贷款损失而补偿的市级补偿专项资金0.6亿元，最终形成增量资产0.3亿~0.45亿元。如果再加上原有存量资产构成经营资产，通过经营资产的经营、管理和运作，进一步形成资产的投资收益，重庆市农村资产经营管理有限公司资产保值增值的前景十分广阔。

综合以上，一方面，银行因开展农村“三权”抵押贷款业务获取了一定的收益；另一方面，重庆市农村资产经营管理有限公司也达到了资产保值和增值的经营目标，实现了双赢的良好结局。因此，重庆市农村资产经营管理有限公司通过开展农村产权业务，可以形成金融机构对农村“三权”抵押贷款的经济利益驱动，也实现了资产保值和增值，故业务具有良好的发展空间。

（二）同业做法借鉴

目前，还没有与重庆市农村资产经营管理有限公司主营业务十分接近的公司。但从经营对象看，重庆市农村资产经营管理有限公司的业务开展与重庆渝富资产经营管理有限公司具有一定的相似性，只不过前者针对农村产权形成的不良资产，后者是针对国有企业形成的不良资产。

渝富公司自2004年2月成立以来，在市政府的大力支持下，已逐步形成以打包处置国有企业不良债务和资产重组，承担国有企业破产、环保搬迁和“退二进三”的资产托底周转，地方金融和国企进行战略投资、控股的三大工作职能，取得了良好的经济效益和社会效益。

因此，重庆市农村资产经营管理有限公司通过收购银行因开展农村“三权”抵押贷款及农户小额信用贷款业务而产生的不良资产，并对其经营、管理和运作，同时不断拓展“三农”领域的相关业务，预期也会取得良好的社会效益和经济效益。

（三）公司发展规划

农村资产经营管理有限公司，通过对“三权”不良资产权转股、出租和招商引资业务，保证公司短期的运用费用和稳定的现金流。通过“三权”土地的储备、整治和经营以及投融资业务保证公司长期的收益，解决财政负担，发挥最大的社会效益。

四、配套政策及其支持

（一）建立风险补贴的配套政策

根据《重庆市人民政府关于加快推进农村金融服务改革创新的意见》和《重庆市人民政府办公厅关于开展农村土地承包经营权居民房屋和林权抵押贷款及农户小额信用贷款工作的实施意见（试行）》的要求，建立全市农村产权抵押融资风险补偿专项资金，首期规模为 5 亿元。它是激发金融机构对农村“三权”抵押贷款的内在动力，是发挥政府财政资金杠杆作用的基础。为了提高风险补偿专项资金的利用效率，必须建立和健全有效的配套政策对其进行规范和监管，如《重庆市农村“三权”抵押融资风险补偿专项资金的管理办法》《重庆市农村“三权”抵押贷款的申请、使用和偿还的实施细则》《重庆市农村“三权”抵押贷款形成不良资产的评估及处置办法》等。

（二）给予减税免税的政策支持

重庆市农村资产经营管理有限公司负责妥善处置金融机构因开展农村“三权”抵押贷款产生的不良资产，具有很强的政策性和特殊性，体现了很强的社会责任。同时，它是一个破解“三农”难题的新生事物，具有很强的政策导向和探索风险。因此，可以对重庆市农村资产经营管理有限公司的相关经营活动实行减税（或免税）的政策优惠（或扶持）。对重庆市农村资产经营管理有限公司的减免税收或者用于充实公司资本金，或者用于充实农村“三权”抵押融资风险的补偿专项资金，或者用于建立人才激励基金……从而促使重庆市农村资产经营管理有限公司的经营、管理和运作逐步步入良性的发展轨道。

（三） 给予先行先试的政策支持

农村“三权”抵押贷款工作是重庆市委、市政府促进农业农村发展和农民增收的重要手段，是统筹城乡发展的金融创新，是破解“三农”难题的重要突破。作为妥善处置农村“三权”抵押贷款产生不良资产的重庆市农村资产经营管理有限公司，对于农村“三权”抵押贷款工作发挥着重要的促进作用。因此，对于农村“三权”抵押贷款工作过程中出现的新情况和新问题，在国家政策允许的前提下，赋予重庆市农村资产经营管理有限公司先行先试的政策支持，甚至可以先做后批。比如，对“三权”不良资产的打包处置，“三权”储备整治与经营管理及投融资业务给予更大、更优和更广的政策支持，保证重庆市农村资产经营管理有限公司持续发展、快速成长、做大做强。

农村资产经营管理有限公司的成立既符合国家金融开放的政策、法规，又顺应重庆市金融业跨越式发展的历史机遇，展示出巨大的市场成长空间。同时，公司发起人股东——市农委，具有了解重庆市农村经济和“三权”抵押实际情况的优势，公司有优质资产注入的保障，营利模式设计合理。依托市农委的高平台，公司储备了大量的客户资源、资金资源、银行资源、人脉资源，拥有一支优秀、实践经验丰富的管理团队和充满活力的人力资源队伍，建立了一整套、可操作的财务管理、业务拓展、风险管理、内部控制制度，具有良好的发展前景。

互联网金融（网络借贷）对农村普惠金融创新试点探讨

近年来，立足于机会平等和商业可持续要求的普惠金融发展迅速，但城乡二元制结构使广大农村地区的金融配套设施及综合金融服务等远落后于城市，传统的金融机构发展普惠金融面临着成本过高、风险过大、收益率较低的缺陷，在这样的背景下，通过互联网金融助推普惠金融持续、均衡发展，在促进传统金融提高效率的同时，也通过互联网技术与传统金融相互结合，形成互联网金融（网络借贷），使农村地区、贫困地区的金融需求也得到满足，提高了普惠金融覆盖率、服务质量及服务效率，为普惠金融带来了新的发展动力。

重庆农担为充分发挥政策性功能，结合农业生产经营主体“小、快、灵”的融资需求特点，于 2014 年 10 月在国家农业农村部农业农村金融创新试点工作支持下，适应性开发出“农哈哈”助农贷撮合平台，以互联网金融（网络借贷）创新支农模式，解决“弱、小、穷”农业适度规模经营主体“融资难、融资贵、融资慢”问题，有效满足各类农业适度规模经营主体应急资金需求，在推进乡村振兴战略行动计划、脱贫攻坚中发挥了不可或缺的积极作用，也成为完善农业信贷担保体系的重要支撑力量。

一、网络借贷对农村普惠金融创新试点项目实施背景

互联网推动了传统行业创新突破。2015 年 2 月，中共中央、国务院印发《关于加大改革创新力度加快农业现代化建设的若干意见》（中央一

号文件）；2015 年 7 月 4 日，国务院发布《关于积极推进“互联网 +”行动的指导意见》（国发〔2015〕40 号），明确提出了发展目标：到 2018 年，互联网与经济社会各领域的融合发展进一步深化，基于互联网的新业态成为新的经济增长动力，互联网支撑大众创业、万众创新的作用进一步增强，互联网成为提供公共服务的重要手段，网络经济与实体经济协同互动的发展格局基本形成。

“双创”热潮促进了高质量发展。中共中央、国务院印发的《国家创新驱动发展战略纲要》《关于加快构建大众创业万众创新支撑平台的指导意见》（国发〔2015〕53 号）等一系列规划、文件都特别要求推进创业创新平台打造建设，推行众创、众包、众扶、众筹的“四众”新模式，从而加快新技术、新模式、新业态发展。

为了积极响应国家号召，创新财政金融协同支农机制和有效做法，探索开展互联网金融（网络借贷）支农模式创新。重庆农担下属全资子公司——重庆农本电子商务有限公司（以下简称农本公司）成立了“农哈哈”互联网金融助农贷平台（以下简称“农哈哈”平台）。“农哈哈”平台成立之初，自设“三大底线”：只做线上撮合业务，不设资金池、不拆标，严格实行第三方资金托管；明确两大“准则”：专注农业、关注小微；提出两大“要求”：不碰“底线”、规范操作。“农哈哈”平台所有借款人均为农业企业、农民合作社、家庭农场、种养殖大户等生产经营主体或其实际控制人；在法律法规允许范围内，建立并完善了相关规范化运营的规章制度，做到约束自律。

二、财政资金助力平台探索创新

在探索互联网金融（网络借贷）支农模式创新上，根据《农业部关于下达 2015 年农业技术服务创新项目资金的通知》（农财发〔2015〕44 号）和《重庆市农业委员会关于拨付 2015 年农业技术服务创新（P2P+ 担保互联网金融支农模式创新项目资金的通知）》（渝农发〔2015〕194 号）等文件的规定，农本公司于 2015 年 8 月 21 日收到农业技术试验示范专项经费 600 万元，专项用于探索开展“P2P+ 担保”互联网金融支农模式创新。资金使用分为两个部分：一是作为农本公司名下的实交资本金 500 万元，壮大了农本公司的资本金实力（总计 1000 万元）；二是作为“农哈哈”平台的技术升级改造费 100 万元，用于软件系统、硬件等设施设备。

三、创新试点项目取得的主要成效

（一）明显增加了农业项目融资可得性

项目的实施，是在互联网农业金融领域作出的创新性探索，一定程度上填补了新型农业经营主体（尤其是家庭农场、农民合作社）融资链条的缺失，增加了农业农村金融供给，活跃了农村金融市场。截至 2018 年 7 月 10 日，该创新项目累计发生融资 1801 笔，累计金额 11.5 亿元，其中贫困区县（乡镇）1151 笔，累计金额 5.1 亿元，平均每个项目直接带动 5 ~ 10 名农户增收致富，累计直接带动了万余户农户经营增收。

（二）初步搭建了城市（工商）资本下乡的便捷通道

当前乡村产业发展资金来源一般分为三个部分：一是各级政府财政性资金投入；二是金融社会资本投入；三是生产经营者自有资金投入。长期以来各级政府对农村“输血式”的直接投入规模及投入方式效果有限，农户等生产经营主体自有资金投入能力严重不足，而金融社会资本本身具有逐利性，且按照收益覆盖风险的经营原则，融资成本一般高于风险，使其变成高投资收益低的新型农业经营主体。为此，随着乡村振兴重庆现代山地特色高效农业发展资金需求日益高涨，发挥渠道（“农哈哈”平台）金融杠杆作用，撬动社会资本投入，显得尤为重要而紧迫。经初步统计，通过“农哈哈”平台投入到重庆市现代山地特色高效农业项目的资金，全部投向新型农业经营主体，其中 90% 以上为城市（工商）资本。

（三）为破解农业“融资难、融资贵、融资慢”提供了选择方案

互联网金融融资模式弱化了传统金融业的分工和专业化，减少了由于市场信息不对称造成的资源浪费，也降低了融资过程中的交易成本，减轻了借款人的融资负担，实现了新型农业经营主体的快速融资。在互联网金融中介信息监督和运营模式下，大大降低了出借人和借款人之间的信息不对称性，增强了借贷及时性，解决了贷款期限与农业生产错配问题，对满足借款人短期、小额融资需求发挥了直接协调作用。经“农哈哈”平台运营分析，借款人从提出融资需求起，融资可得时间一般在 3 ～ 12 天（含尽职调查、风险评审等），融资综合成本在年化 8% 以内，期限由借款人根据农业生产经营所需决定，是对农业金融脱媒实现方式的有益探索。

（四）开辟了农业农村金融产品正配的新出路

农业属于弱质产业，因其具有较高的自然和市场双重风险，具有投资周期长、收益低等特征，受金融信贷资本青睐度不高，且农业属于季节性很强的产业，资金需求和农产品销售属于“小、快、灵”的业务范畴，时间一般在 1 年以内。然而，传统银行类融资并不具有匹配农业生产特性的相关融资产品，其融资期限一般在 1 年以上。为此，贷款期限时间错配造成的不对称是新型农业经营主体“融资难、融资贵”的主要原因，农业项目融资产品错配也是导致农业生产经营主体产生终极风险的重要因素之一。

（五）大大降低了农业融资项目转贷（过桥）成本并提高了转贷效率

“农哈哈”平台过桥资金速度快、利率低，在农业融资项目“过桥”冲贷实际操作中很受借款人青睐。为了避免资金链断裂，借款人一般会在原融资时间快到期时寻求此类机会，而不用抽取借款人自身流动资金来还款，以免影响正常生产经营。

（六）发挥“鲇鱼效应”有效激励普惠金融服务乡村振兴

“农哈哈”平台的规范运营，一定程度上发挥了“鲇鱼效应”，刺激银行等各类金融机构积极参与乡村振兴，促进此类机构改革内控制度、简化手续、提高服务质量，变被动为主动。目前与重庆农担密切合作达到此类效果的银行有重庆银行、重庆农村商业银行等。

四、项目实施遇到主要问题

互联网金融风暴，平台真假难辨。互联网金融在传统金融支农、扶微扶小方面有重要的补充作用，但社会各网贷机构优劣参差不齐、真假难辨，违法平台俯拾皆是，且网贷备案监管技术手段落后，无法识别正规平台，正规平台又面临容易被监管层政策性的“一刀切”，取缔运营资格的风险。本研究认为，合格有良知的运营平台有以下几个重要点可以识别。

（一）平台的资本属性

自 2015 年起，各网络借贷平台设立风起云涌，民间资本、国有资本或有上市公司背景的平台雨后春笋般地进入此行业。由于监管政策滞后，大量平台“爆雷”，民营平台“爆雷”的各类诱因均是由其资本属性造成的，诸如主要负责人携款跑路、资金链断裂、高息引诱等现象。这些平台的股权架构可分为以下三类。

一是民营平台。此次“爆雷潮”，大量的平台是民营平台，究其原因，除了监管机制无法适应互联网金融，最根本的还是由民营资本属性决定的。一类民营平台正规经营，按照已有的规章制度进行运作，自律业务，合规运营，资本追逐适当利润；另一类民营平台初心不良，平台设立毫无门槛，设立初衷就是圈钱跑路。

二是国有或上市公司背景的平台。这类平台多数是其主体企业无金融牌照进入互金行业，其意在能解决其主体行业的金融短板，增加金融供给，为将来企业发展多一条腿做准备。这里也可进行分类：一类是有金融经验的，如担保公司、小额贷款公司等。这里的风险主要是关注其主体公司的经营风险，信息披露显得尤为重要。另一类是无金融经验的，这类平台公司主要是一些有国有或上市公司背景的实体企业，缺乏金融经验，很容易出现金融坏账，现金流极容易断裂。

三是混合所有制平台。这类平台既有国有资本，又有民营资本（一般国有股份占比较大，民营股份占比较小），此类平台看重的是传闻中的金融牌照，以待此后溢价、股权升值。

（二）平台的成本

众所周知，民营平台募资的成本一般均高于 10%，加上各类运营成本（包括推广成本），最终借款人成本在 15% 以上，此成本放在任何实体经营者身上都不能长久持续，极易“爆雷”。而“农哈哈”平台的借款人成本控制在年化 8% 以内，在国内网贷平台中属于低水平之列，多年运营中，有 2 年基本属于亏损状况，主要是因为“支持农业新型经营主体”的政策，提高了其融资的可得性，特别是首贷率项目占总额个数近 50%。

（三）资金用途

互联网金融行业的借贷资金用途一般分为经营类和消费类，现在市面中还留存的互联网金融平台大多为消费类。而借贷资金大多流向的是房地产，这也是 2015 年房价过快上涨的重要原因之一，在众所周知的房价不让涨、地不好卖的情况下，可以想象很多 P2P 借贷的还款能力。因此，互联网金融行业“爆雷”也不足为奇了。

五、合规运营、强化监管措施建议

投资人如何辨别正规、良心平台呢？或者说，我们的监管层如何能做到有效监管呢？本研究认为，应在《网络借贷信息中介机构业务活动管理暂行办法》基础上，增加或强化以下几个方面。

一是穿透式监管、严控风险。监管层可成立互联网金融数据运营中心，各互联网金融平台的借款人数据、投资人数据等应该实时地传输数据至监管层，有利于发现数据真假，做好预警机制、防范风险，其在互联网金融行业还在萌芽起步阶段，在加强过程监管、运行保证金制度的基础上，试运几年后，发现规律，总结经验，适时进行备案制。

二是提高平台设立门槛。单一纯粹的互金平台无法立足，这类平台主要是中介放贷的工具，极易“爆雷”甚至有股东圈钱跑路的风险，因此平台设立应该有严格的业务场景或者数字化、智能化的有效数据支撑。

三是监管层制定统一成本。目前互联网金融行业各平台定价差异太大，不利于支持实体经济发展，也不利于平台的可持续性发展和良性发展，监管层应统一基准利率以及上下浮动成本等，对涉农的互联网金融平台可以有一定的利率优惠或风险适度包容性。

金融支持农村集体经济组织发展模式创新试点实施方案

为了认真落实党的十九大精神，以及《中共中央　国务院关于实施乡村振兴战略的意见》（2018年中央1号文件）、中央农村工作会议、全国农业工作会议等有关部署，根据《农业农村部办公厅关于开展2018年度金融支农服务创新试点的通知》（农办财〔2018〕48号）的要求，紧紧围绕中央关于实施乡村振兴战略的重大部署，聚焦打通金融和社会资本投入农业农村的渠道，激发广大农民内生活力，形成调动多元化投入的模式和机制，为此重庆农担特拟订本方案，结合农村产权制度改革及重庆市农村集体经济发展实际，探索金融精准支持农村集体经济组织发展模式的创新，拟通过加强财政、金融、产业政策等支持与市场机制建设的有效结合，进行先导性、创新性试验，总结可复制、易推广、贴近农民需求的金融支农模式，储备具有区域性、全国性的重大财政支农政策。具体实施方案如下。

一、试点项目背景及必要性

（一）农村集体经济自改革开放以来发展逐步放缓

中华人民共和国成立以来，我国农村集体经济发展经历了人民公社时期的农村合作化和改革开放后的经济要素合作两个历史阶段，其中，20世纪80年代，随着改革开放的不断深入，一些新型农村集体经济组织形式不断涌现，无论在形式上还是在规模上都呈现出前所未有的发展势头。然而，改革动能释放到一定程度之后，农村发展开始面临瓶颈，村级集体经济发展出现组织缺位、人才缺失、产业空虚、治理不善、政策乏力等问题，空壳村现象凸显。

（二）发展壮大集体经济是推进乡村振兴的一项重要任务

习近平总书记指出，壮大农村集体经济，是引领农民实现共同富裕的重要途径，同时，党的十九大报告明确提出“深化农村集体产权制度改革，保障农民财产权益，壮大集体经济”是实现乡村振兴的必然要求，亟须在做实村级集体经济组织、培育壮大人才、探索发展模式、创新经营方式、健全管理制度、完善扶持政策、营造发展环境等方面精准发力，逐步健全村级集体经济组织、建立集体经济股份合作机制、消除空壳村。

（三）重庆市集体经济发展薄弱亟须金融支持

重庆市38个涉农区县（含万盛经开区）中，现有涉农村（居）9217个，截至2017年底，全市累计建立村（居）集体经济组织1891个，仅占现有村（居）总量的21%，大多数地方集体经济组织尚未建立，发展主体缺位，成员权利虚置，“谁来发展”的问题亟待破解；农村集体资源资产开发利用不够充分，路径不够明晰，“怎么发展”的问题亟待破解；单纯依靠财政政策、产业政策支农，无法使农村集体经济组织建立自身“造血”功能，而通过金融支持，提供相关综合配套服务，有利于帮助其找准发展方向，提高市场竞争能力，做优做大做强集体经济。

二、试点项目主要内容

（一）主要思路

通过发挥金融撬动作用，完善要素市场化配置，采取创新标准化信贷担保产品，以“投＋贷”联动模式为主、资产托管、理财、农业资产撮合交易等一揽子金融服务方案为辅，精准分类支持集体经济向服务创收型、资源开发型、产业带动型、租赁经营型、项目拉动型五大方向发展，聚焦统一经营服务、盘活资源资产、发展股份合作三个关键，改变现有集体经济发展模式与现存的市场经济发展不相适应的现状，不断激发村级集体经济发展动力与活力，探索发展符合习近平新时代中国特色社会主义市场经济要求的集体经济运行机制。主要技术路线图详见图 1。

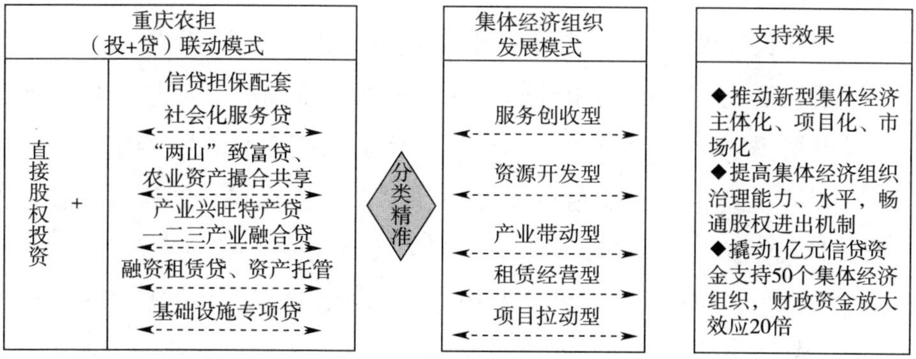

图 1　主要技术路线

（二）金融支持农村集体经济组织发展主要模式

1. 支持农村集体经济组织向服务创收型发展

一是发展模式上，以农村集体股份经济合作社为平台，顺应乡村分工分业大趋势，开展代耕代种、机播机收、统防统治、统购统销等为重点的农业生产性服务；提供公共事务、乡村物业、养生养老等为重点的生活性服务。二是金融支持上，抓住服务业专业化程度较高的特性，通过市场化机制遴选出具有可持续性发展模式的集体经济，同时，开发“社会化服务贷”（“农资贷”“农技贷”“机易贷”“农超对接贷”等），从农业生产性服务、生活性服务角度，分类梳理需求以及风险评判指标，精准提供金融支持。

2. 支持农村集体经济组织向资源开发型发展

一是发展模式上，主要是开发利用乡村生态、文化等资源，以美丽乡村建设为平台，发展各具特色的乡村旅游业，促进产区变景区、田园变公园、农房变客房、产品变商品。二是金融支持上，按照“绿水青山就是金山银山”的理念，开发“两山”致富贷，总结归纳出休闲纳凉五大有效性分析，分规格档次按面积单价适应性匹配民宿等补充改建、提档升级等流动资金支持，促进农文体旅发展；同时提供农业资产共享撮合服务，引入城市工商资本，盘活农村资产。

3. 支持农村集体经济组织向产业带动型发展

一是发展模式上，依托村域农业产业化企业集群、区域特色产业优势，以市场需求为导向，发展具有比较优势的特色种植、养殖业，打造“一村一品”。具备条件的村可发展农产品加工、运输、销售等项目，促进全产业链增值。二是金融支持上，围绕特色农业产业，开发“产业兴旺特产贷”“一二三产业融合贷”“标识贷”等系列产品，根据集体经济组织发展的生猪、肉牛、柑橘、花椒、榨菜、烟草等不同产业类型、业态及经营模式，识别关键指标，配置发展资金，引导发展技术密集型主导产业、产品，建立健全当地优势产业生产体系、产业体系、经营体系，促进农产品加工与涉农服务业等密切协作，实现农村集体经济收入与农民收入“双增长”。

4. 支持农村集体经济组织向租赁经营型发展

一是发展模式上，一些处于城郊或园区内的村，可依托农村集体股份经济合作社，投资建设厂房、门面、市场等物业，因地制宜发展物业经济，获取稳定租金收入。二是金融支持上，开发“融资租赁贷”配置修建成本，或通过资产托管等形式提高资产收益率，实现集体经济发展。

5. 支持农村集体经济组织向项目拉动型发展

一是发展模式上，以农村集体股份经济合作社为主体，承担小微型农田水利建设、便道建设、土地整治、环境治理等基础设施建设、运营和管护，获得财政性补助收入。二是金融支持上，开发“基础设施专项贷”产品为承接财政“先建后补”农业类项目的集体经济组织提供专项过桥资金，验收后专项拨付至指定账户。

（三）实行“投＋贷”联动资金支持模式

1. 创业股权投资引导资金

列支部分试点资金作为新型集体经济组织创业股权投资引导资金，并委托重庆农担全资子公司——重庆市农业资产经营管理有限公司（以下简称资产公司）对单个符合条件的集体经济组织进行股权投资，期限为“3+2”年，并作为劣后资金，投资收益参考重庆市新型农业经营主体（农民合作社）创业股权投资项目：以当前基准利率水平为标准，年“门槛”收益不超过 6%，原则上退出方式为股权回购或其他方式。

2. 信贷担保跟贷资金

由重庆农担为前述被投资主体或实际控制人，提供配套信贷担保跟贷资金，期限为“3+2”年；反担保措施主要拟采取由实际控制人或承包式（含目标管理）经营直接责任人签订连带责任，如实际控制人为外地（主要指市外）人的，原则上需由村党组织、村委会主要负责人签订连带责任保证。

（四）项目实施对象主要选取重点标准

主体选择上，主要支持由村党组织、村委会主要负责人牵头组建的集体经济组织（公司制、合伙制或股份合作社等形式），发展以市场为导向，村党组织、村委会、涉农企业、合作社和农户间相互联合，具有现代企业（经济组织）管理理念的集体经济。区域选择上，一方面，结合市级财政重点支持项目，将支持对象集中在市级农村“三变”改革试点村（居委会）和市级农村综合改革集体经济发展试点村（居委会）中优先选择符合条件的新型集体经济组织（含新组建）；另一方面，把发展新型集体经济作为村党组织、村委会、其他经济组织的主要任务，发展绩效纳入对村（居委会）辖区内的集体经济组织中的村党组织、村委会等村社干部（含扶村驻村干部）工作绩效的重点考核内容。

三、项目创新性及可行性

（一）创新性

1. 强化“造血功能”

改变单纯依靠政策扶持农村集体经济组织发展模式，通过以金融资本投入为主，配套多种综合性服务的方式，引导更多社会、金融资本深入农业农村领域，提高农村集体经济组织经营能力及整体建设水平；同时留住、吸引更多农技人员、大中专毕业生、返乡农民工等农村实用人才，增强集体经济组织经营管理、领富带富和干事创业能力，提升村集体经济组织的内生动力，为发展集体经济提供坚强有力的组织和人力保障，把政策“输血”有效转化为村集体自身的“造血”功能。

2. 创新支持模式手段

一方面，采取“直接股权投资 + 间接融资担保”联合的方式，在股权投资进入后，可提高新型集体经济组织的治理能力及水平，推进集体经济项目化、市场化，同时在投资方给予必要的投后经营管理辅导后，可健全、畅通股权进出机制，对第二轮及后期社会资本有良好的引导作用，为其创造更多的外源融资支持。另一方面，结合五种发展模式的不同金融需求，适应性提供一揽子金融服务，同时，总结风险评价指标及模型，构建信用评价体系，开发标准化集体经济信贷产品，标准化、批量化、专业化、程序化精准提供信贷资金，可为全国农担体系探索出一条可推广、可复制的金融支持集体经济发展之路。

3. 发挥财政资金整合撬动作用

围绕支持新型集体经济发展，重庆农担通过整合自身目前承接实施的各项财政政策、产业政策、金融政策，把各项政策合力向支持的集体经济汇集，同时发挥好平台桥梁作用，畅通资本、智力、技术等要素与集体经济对接的渠道。一是发挥好实收资本11.44亿元担保杠杆撬动作用；二是发挥承接的各级2.85亿元新型农业经营主体（农民合作社）创业股权投资引导作用；三是发挥好在全市各农业乡镇（街道）实施的财政支持担保促进农村一二三产业融合发展项目；四是发挥好承接的市级农业区域公用品牌运营推广效应；五是积极参与市级10个集体经济发展重点区县项目；六是积极协调所在区县部门出台相应的农业产业（含技术、品种、种养、初加工、配送物流、营销等）、市场拓展、外销配套等政策。

（二）可行性

1. 拥有一支扎根基层的专业化队伍

重庆农担作为省级政策性农业信贷担保机构，一直“根植农村、专注农业、服务小微”，农业信贷担保业务体系的建立及放大倍数上得到《财政部　农业部　银监会关于全国农业信贷担保体系建设进展情况的通报》（财农〔2018〕1号）文件的肯定。体系建设上，以乡镇、村社为切入点，建立“3个子公司+10个区域性分公司+5个区县级分公司+33个区县农业部门联络站+N个乡镇代办点”的立体式架构，打通服务“最后一公里”，将金融服务延伸到最基层的农户身边，增强农民的获得感。服务产品上，已归纳出“3321”农业信贷担保标准化调查评价法，并适时成功推出村居干部“带富贷”，绿色有机地理标志农产品“标识贷”，生猪、花椒等“乡村振兴特产贷”，休闲观光（纳凉）农业“两山致富贷”等标准化信贷担保产品，向农业适度规模经营主体提供了看得见、摸得着、用得上的产品和服务。人才队伍上，培养了一批“不怕苦、不怕累、不怕晒、睡地板、两脚泥”“懂农业、爱农村、爱农民”“支农知农”的新农担人。截至2018年，在保余额28.61亿元、项目6838个，单笔金额41亿元；100万元以下的个数占比为92%，金额占比为56%；已累计为

11205 个项目提供担保贷款 140.3 亿元，覆盖全市各农业区县 700 多个乡镇、4000 多个建制村。

2. 具备较为丰富的项目实施经验

一方面，重庆农担作为财政金融支农创新产物，始终坚持以创新驱动智能化为引领，在开展互联网农业金融、创业股权投资、农业适度规模经营主体信用评价体系建设、农村一二三产业融合等方面先后承担并成功实施了农业农村部、财政部、市财政局、市农业农村委、市委组织部、市科委多项创新项目，同时在农业信贷担保业务体系的建立及放大倍数上得到财农〔2018〕1 号文件的肯定。另一方面，旗下资产公司拥有多年的股权投资经验，先后实施了农业农村部、市农业农村委、市财政的新型农业经营主体（农民合作社）创业股权投资，已累计为 127 个主体提供 1.8 亿元股权投资服务，撬动 3.8 亿元信贷资金。

3. 投（贷）后综合管理能力较强

重庆农担以信贷担保为主线，延伸出新型农业经营主体（农民合作社）创业股权投资、“渝哈哈”精品农业电商（www.yhhdz.com.cn）、“农哈哈”互联网农业金融 P2P（www.nhhdz.com）、“找哈哈”农业信贷担保风险资产撮合平台（www.zhhdz.com）、“问哈哈”农业咨询、区域农产品公用品牌运营推广（微信公众号：巴味渝珍；微信订阅号：重庆农品巴味渝珍）六大“闭环”管理服务，在提升集体经济组织经营治理水平和能力等方面形成合力，发挥对融资担保项目的贷后培育及孵化作用，实现降低担保代偿风险和促进现代农业发展的双赢局面。

4. 实施政策环境基础良好

重庆农担为贯彻落实“深化农村集体产权制度改革，保障农民财产权利，壮大集体经济，不断增强农村经济发展活力，提升乡村综合治理水平”的精神，多次参与市农业农村委、市财政局发展壮大集体经济调研，并在早期已形成《重庆市农业担保有限公司关于助推乡村振兴战略行动计划新型集体经济发展试点实施方案（征求意见稿）》，同时，推动奉节县、合川区、铜梁区等区县政府大力支持参与，奉节县出台了《中共奉节县委办公室、奉节县人民政府办公室关于印发〈奉节县发展壮大村级集体经济工作实施方案〉的通知》（奉节委办〔2018〕32号）文件，同意出资1000万元用于与重庆农担共同支持当地集体经济发展。

四、试点项目资金使用

表1　　资金使用情况

<table>
<tr><td colspan="2">经费来源概算</td><td colspan="3">资金使用方向</td><td rowspan="2">资金使用计划</td></tr>
<tr><td>科目</td><td>金额（万元）</td><td>科目</td><td>用途</td><td>金额（万元）</td></tr>
<tr><td rowspan="2">中央财政补助拨款</td><td rowspan="2">455</td><td>集体经济组织创业股权投资引导资金</td><td>完成对单个复核条件的集体经济组织创业股权投资，期限为“3+2”年，投资项目40~50个，共计280万元</td><td>280</td><td rowspan="2">2018—2019年</td></tr>
<tr><td>贴息资金</td><td>对直投＋跟贷资金进行贴息，比例按照年化2.1%进行，降低集体经济组织融资成本</td><td>175</td></tr>
<tr><td colspan="6">备注：根据投资主体实际情况分配上述资金使用比重；其中，股权投资在完成投资期自负盈亏后，将结余资金可滚存使用，继续投向新的集体经济组织，保证可持续性</td></tr>
<tr><td>市级出资</td><td>500</td><td>创业股权投资</td><td>对投资的集体经济组织根据项目情况，追加股权投资</td><td>500</td><td rowspan="2">2018—2019年</td></tr>
<tr><td>重庆农担工作经费（由重庆农担自行筹集）</td><td>45</td><td>项目营运成本</td><td>用于项目营运成本</td><td>45</td></tr>
<tr><td colspan="4">合计</td><td>1000</td><td></td></tr>
</table>

五、项目绩效目标及进度安排

（一）绩效目标

一是完成对单个复核条件的集体经济组织创业股权投资，投资主体

40~50个，共计280万元。

二是由重庆农担向上述单个被投资主体或实际控制人提供信贷担保跟贷资金，共计完成信贷担保约8000万元。

三是形成一套可推广、可复制的财政金融协同支持集体经济发展机制及支持集体经济发展的农业信贷担保标准化产品。

（二）进度安排

进度安排以本项目获批后正式实施开始计算（见表2）。

表2 任务进度情况

时间	事项
1—2月	重庆农担及资产公司开设专户保管项目资金，并做好项目筛查、储备
3—5月	辅导选择五大发展模式的集体经济组织
6—12月	进行项目调查、评审，制定投资方案，完成投资
项目退出	通过有效管理、风险监控进行投后管理，培育出一批可复制、可推广的金融支持集体经济组织发展的成熟模式
后续	根据第一年投资项目的情况决定三年滚动实施
3~5年后	退出

六、保障措施

（一）强化组织领导

本项目由重庆市农业委员会统一领导，负责对项目实施全程进行组织协调、资金监管、绩效评价及项目验收等工作，加强宏观督促指导工作，并细化落实重庆农担执行项目的内容，定期向财务司报送实施进度和资金使用情况。重庆农担成立由公司主要负责人牵头的实施小组，严格“六定”（定人、定责任、定目标、定时间、定任务、定标准）抓实施。

（二）明确政策支撑

一是认真贯彻由市农业农村委制定出台发展农村集体经济的相关政策文件，加快组建（改制）集体经济组织，把发展新时代集体经济列为突出重点工作内容之一；二是建立健全村集体经济发展工作体系，建立“县指导、乡主导、村主体”的责任体系，明确提出发展集体经济试点项目的管理原则、办法，确保每个发展项目实现集体经济的保值增值。

（三）严格项目督导考核

根据实施方案，锁定资金用途，建立并落实对专项资金分配和使用过程的监控，将阶段性目标完成情况、任务清单完成情况、资金使用管理情况等纳入监管范畴，保障项目执行质量，加强对该项目股权投资及贴费资金使用的审核把关，确保资金规范使用，按期开展试点评估验收工作。

创新农村金融支持村集体经济发展研究

本文主要围绕“创新农村金融支持村集体经济发展模式”展开，重庆市农业融资担保集团有限公司（以下简称重庆农担）坚守政策性定位，旨在从市场经济资源配置引导村集体经济健康可持续发展的角度，基于重庆市农业农村特征，着手分析现阶段农村金融支持村集体经济发展中遇到的瓶颈和原因，创新探索实践，探寻解决方法及措施。

为了贯彻落实党的十九大会议报告、《中共中央国务院关于实施乡村振兴战略的意见》（中发〔2018〕1号）、《中共重庆市委重庆市人民政府关于印发〈重庆市实施乡村振兴战略行动计划〉的通知》（渝委发〔2018〕1号）、《中共中央国务院关于坚持农业农村优先发展做好“三农”工作的若干意见》（中发〔2019〕1号）文件精神，在乡村振兴战略背景下，我国村级集体经济的发展对农村经济尤其重要，其发展水平的高低直接关系到农业产业化发展水平，其是实现农村脱贫致富、农民共同富裕的有效途径。

对于重庆市内大部分集体经济薄弱的乡村而言，普遍缺乏产业支撑和产业资本。但从整体看，乡村不缺乏资源，只需要把资源有效地转化为资本，壮大集体经济，促进集体经济薄弱村发展提升，将处于沉睡状态的资源唤醒，转化为能够带来收益的资本，并有效对接各类外来资本，实现多元“供血”，通过创新金融服务模式和提升金融服务质量推动村集体经济发展激发集体经济内生动力，切实增强乡村集体经济的“造血”功能，为实现贫困村稳定脱贫、推动农业农村优先发展，提供坚实支撑。

一、创新金融支持村集体经济发展的意义

（一）村集体经济历史发展背景

农村集体经济的发展不仅能有效解决承包制遗留下来的问题，而且必将成为农村农业发展的新动力。20 世纪 80 年代初，邓小平同志提出要实现“从人民公社向联产承包责任制”和“从农村个体经济向农村集体经济”的“两个飞跃”的重要思想。通过这“两个飞跃”使农村焕发活力，从“旧体制”的僵化教条中摆脱出来，促使农村经营体制不断走上新的高度，实现“统分结合、双层经营”。然而，长期以来，在农村经营体制方面，对“分”的强调比较多，对“统”的强调不够，这种片面的认识也为我国农业农村发展埋下了许多隐患：一方面，这种片面认识导致农地细碎化现象的加剧，阻碍了农业技术进步以及农业现代化、规模化的发展；另一方面，这种片面的认识影响了农村集体自我发展和自我保障能力的发挥，导致现阶段我国农村集体经济的状况与其功能定位不相适应，也与推进农业农村现代化和实现乡村振兴的要求不相适应。

农村集体经济是社会主义公有制经济在农村的重要体现，党和政府历来高度重视农村集体经济发展。党的十八大提出“壮大农村集体经济”指导思想，从顶层设计的高度，大力扶持农村集体经济发展，通过财政支持与市场机制建设有效结合，极大地促进了我国农村集体经济的发展。党的十九大报告明确提出，要实施“深化农村集体产权制度改革，保障农民财产权益，壮大集体经济”的乡村振兴战略。一方面，立足集体优势，整合自身资源优势，争取各方面的支持和力量，聚成发展壮大集体经济的合力；另一方面，创新农村集体经济运行机制，探索混合经营等多种实现形式，确保集体资产保值增值，提高农民收益。

（二）村集体经济发展现状

近年来，国家对农业农村的各项投入大幅增加，但全国绝大部分村级组织仍入不敷出。截至 2017 年底，全国农村集体账面资产总额为 3.44 万亿元，然而，根据农业农村部统计数据显示，全国 58.94 万个村委会中，有 32.04 万个村庄的村级资产为零，占比高达 54.36%；年收入 10 万元以下的村有 18.7 万个，占比为 31.72%。总结得出，超过 86% 的村庄无法实现自我良性运转。特别是中西部地区，存在许多无资产、无资源、无企业、无收入的“四无村”。发展村级集体经济是巩固农村执政基础的重要任务，是促进农民增收致富的重要举措，是全面实现同步小康的重要保证，目前，国家财政“一条腿长”，乡村集体经济“一条腿短”，难以“两条腿”并行的现象十分普遍，因此，发展壮大乡村集体经济能为乡村发展提供内生动力，通过国家财政和农村集体经济“两条腿”走路，实现乡村健康发展、稳定脱贫。

（三）金融支持村集体经济发展的必要性

1. 村级集体经济基础薄弱的现状迫切需要金融机构的倾斜扶持

目前，农村集体经济的发展普遍面临较大的资金短缺问题，金融资本作为农业发展必需的生产要素之一，亟须发挥其金融工具属性的撬动及服务作用，将金融资本精准投入到资金短缺的涉农经营主体者生产经营发展中。农业信贷金融机构熟悉农业农村经济发展实际，能准确地认识农业农村经营性资产价值，对村级集体经济发展项目精准提供信贷融资支持、创新金融支持农村集体经济模式、盘活村集体资产、带动集体经济发展具有重要支撑作用。

2. 需整合财政、产业、金融三方之力发挥市场资源配置引导作用

通过近几年财政、金融政策对村集体经济的支持，显示出各级财政资金投入与村级集体实体对接不够，各类惠农支农项目资金没有优先支持

村级集体经济组织，财政、扶贫、农业、科技等相关涉农下拨资金未能有效整合利用，成为制约村级集体经济发展的瓶颈；加之大部分农村可支配收入较低，村集体本身收入来源有限，农村集体经济常由于缺乏经营性资产，导致发展缺乏增长的活力，且涉及的集体经济发展支出项目繁多、负担较重，导致集体经济收支难以平衡，故而，亟须使财政、产业、金融三方与市场资源配置引导紧密匹配，优化配置金融资源及市场要素，解决农村集体经济发展面临的“双向”困境。

3. 建立健全适应现代农业发展特点的新型农业经营主体信用评级体系

为使农村金融能为现代农业发展提供更加强有力的支持，需要进一步缩小因信息不对称等因素产生的资金供需缺口，构建适合村集体经济中家庭农场、农民专业合作社等特点的农业适度规模经营主体信用评级体系。系统梳理和探析农村金融信用风险的演化机理和提升策略，既是研究涉农融资约束的重中之重，也是建立健全农村信用评价体系、改善农村信用环境、服务农业供给侧结构性改革和践行金融支持乡村振兴的关键，通过借助政策性担保基金、商业担保公司、农业保险公司、信托公司等金融机构，积极运用多元化增信措施，提高地区涉农民营经营主体贷款获得率。

二、金融支持村集体经济发展面临的困难及问题

由于涉农经营主体大多因主体法人资格缺失、农业季节性周期强、抵（质）押资产薄弱、经营项目周期短等原因普遍存在缺乏良好征信记录、缺乏有效抵押品、财务不完善等情况，加之农村集体经济组织主体成员构成、权益归属复杂等情况，加大了贷款给村集体经济组织的不确定性和风险性，单靠市场机制难以支撑对集体经济组织金融需求的有效供给，农村信贷发展长期受阻，主要表现如下。

（一）现行法律法规对农村相关权属问题难以界定

目前，我国的农村土地承包经营权处于改革阶段，相关法律制度数量

众多但内容并不完善，导致权利属性模糊、流转规定混乱、登记制度不全等问题，使农业经营主体投资在流转土地上的圈舍、管理用房等设施在融资抵押处置上存在一定法律关系的瑕疵，影响了农业农村资产价值属性的有效体现和金融支持农村的创新发展。

（二）村集体经济组织没有认可的法人地位

农村集体产权改革后，经由折股量化改造而成的新型集体经济组织没有法人地位，在注册登记等方面存在困难。目前各地采取了三种办法来解决这一问题。一是由县级以上人民政府发放组织证明书。农村集体经济组织凭证明书办理组织机构代码证、开立银行账户、申领票据等。由于缺乏上位法，证明书的管理方式只是一种过渡性的解决办法。二是登记为公司法人，按照有限责任公司或股份责任公司进行登记。但是，农村集体经济组织与公司在性质上有本质不同，且这种做法不符合《公司法》的要求，农村集体经济组织的成员数量通常都高于法律规定的股东或发起人数量。如果把农村集体经济组织登记为公司法人，就不可避免地出现一部分农村集体经济组织成员在名义上不能成为股东或发起人的情况，其权益也就得不到法律的充分保护。三是按照《农民专业合作社法》来登记注册法人。这种做法规避了股东人数的限制，但集体经济组织与农民专业合作社在合作属性、业务范围、成员构成、分配和管理方式等方面存在许多不同，用合作社名义登记并不合适。

（三）涉农经营主体贷款资格认定难

一方面，由于村集体经济组织“特别法人”主体资格的认定现正处于全国范围内的试点摸索阶段，对其贷款资格的认定造成很大难度；加之大部分金融机构没有接触过农民合作社、家庭农场等农业适度规模经营主体，甚至有国有大银行工作人员未曾听过此类经营主体，对其贷款主体法定资格不予认可，将其拒之门外。近几年，在国家政策积极引导及重庆地方政策性金融机构的持续影响下，在一定程度上放宽了抵押物、账目等方面的要求，由最初的条框限制到重点关注贷款用途、经营能力和偿贷能力，目前已得到了重庆市内本土几家银行认可；另一方面，存在认可其贷款资格主体的银行，却按照工业企业贷款模式审查农业贷款，如财务三大报表、银行流水、合规票据、完备合同及证照等，将其作为申请贷款的要件；而实际情况是，涉及经营效益、资产权属、债权债务、贷款用途等信息主要靠合作社理事长或家庭农场责任人口头介绍，提供的财务单据多为“白条账”“包包账”等，不符合审查规范，无法作为项目评审的实力凭据和贷款的依据。

（四）农业信贷融资额度获得少

由于大部分金融机构对产权制度不熟悉，同时农业农村资产作为担保措施存在“权属认定难、作价难、变现难”等问题，加之反担保物存在一定法律关系瑕疵，导致融资获得困难。近几年，通过重庆地方政策性金融机构的支持，解决了其部分融资需求，但还需在平衡风险管控和担保效率下，多层级、多维度满足农业适度规模经营主体融资需求，探索农业农村经营性资产市场化撮合交易路径，打通农村资产流转渠道，增强农业农村信贷金融持续供给能力。

（五）缺乏市场化实施项目且经营能力偏弱

由于当前村集体经济组织在发展形式上较表面化，相关风险管理制度不能跟上现阶段村集体经济组织发展实际情况，涉农经营主体普遍缺乏风险预防意识，发展意识较短浅，“等、靠、要”依赖思想严重，对自身的资产状况、负债水平、偿债能力及经营风险未合理评估，内部管控能力及项目经营能力较弱，股权量化机制、项目经营机制、奖惩机制、收益分配机制、风险化解机制还未完善，多数是争取到政府补贴资金后而未用于实际产业生产，缺乏对市场化项目培育，经营项目生命周期普遍在 2~3 年期，第一还款能力（主营业务定位不清晰）偏弱；另外，部分乡镇管理体制改革步伐滞后，财权与事权不对称，导致乡镇带动能力不强，弱化了村集体经济的组织功能，各方资源渠道未形成良性互动，有效利益联结机制未有效建立，最终导致吸引不来城市工商资本及人才支撑，想要培育一个独立的经济发展主体又无实施基础，难以步入良性发展轨道，导致村集体经济长期无经营性收入甚至负债累累，逐渐沦为“空壳村”。

（六）涉农信贷融资专项产品开发难

根据农业生产经营特征，种养殖业周期普遍为 3~5 年，而作为农业信贷担保资金供给主要来源的银行信贷资金大多仅能提供一年期流动资金，大量中长期农业适度规模经营主体融资需求的农业项目在实际融资过程中，由于银行等商业金融机构无配备产品信息，导致资金需求被错配为一年期信贷项目，使借款人到期均需要“过桥”资金进行冲贷；市内主流银行虽然为农业项目开发了无还本续贷产品，但续贷要求严格，对收入稳定性并不强的农业经营主体，信用容忍度极低，办理过程阻碍重重，同时不能连续每年使用该产品，第三年续贷过桥需求依然无法解决，导致农业项目续贷问题长期存在，加之过桥成本高、资金外借难、资金链断裂等问题，造成借款人或关联人信用瑕疵、非恶意逾期等情况，导致其无法通过正规金融渠道贷款融资，阻碍农村产业发展，且逐步使农村信用环境进入恶性循环，难以修复。

（七）股权化改革处于起步阶段

实践证明，通过财政投入股权化改革这根“针”，串起村集体经济市场经营主体与贫困户利益的联结“线”，织成资产收益扶贫的“网”，对有效破解村集体经济改革发展难题具有深远意义。近几年虽然通过脱贫攻坚政策的扶持，贫困村的集体经济有所发展，35 个重点农业区县也连续 5 年推进农业项目财政补助资金股权化改革，但是集体经济仍面临如下困难：一是作为利益主体的企业不适应。股权化改革改变了以往财政无偿全额投入的状况，导致部分企业参与改革的积极性不高。二是作为实施主体的地方区县不适应。个别区县认为此举将财政支农的方式复杂化，涉及企业、集体经济组织及成员存在畏难情绪，使其利益关系难以调整，导致试点工作进展不平衡。三是农业企业通过申报项目争取到财政补助资金，但由于缺乏对项目成长性的培育经营及内部"造血"功能，使其未产生相应扶贫效益，导致农民特别是贫困户未能分享到产业发展的红利。

（八）政策性农业信贷担保宣传推介有难度

农业政策性担保公司作为深耕农业农村金融、支农支小的非银行金融机构，兼顾"政策性"与"专业性"，是具有"财政 + 金融""政府 + 市场"属性特征的政策性金融工具。通过撬动银行信贷资金和其他社会资本，针对特定的服务对象以低利率来支持其发展，顺应农业生产方式变化，从事专业农业担保。但重庆市内部分区县或乡镇目前仍存在对农业信贷担保体系政策性定位理解不够，不愿开展业务合作，对《财政部　农业部　银监会关于做好全国农业信贷担保工作的通知》（财农〔2017〕40 号）、《国务院办公厅关于有效发挥政府性融资担保基金作用切实支持小微企业和"三农"发展的指导意见》（国办发〔2019〕6 号）等指导文件中政策性农业担保业务开展的认识不够、积极性不高，导致有贷款需求的农户无法获知农业政策性担保业务产品、贷款流程、政策补贴等信息，且未有效收集农民融资需求，引入担保资金进入困难较大。

三、金融支持村集体经济发展措施及路径

经过 20 多年农村金融体制改革探索，我国目前基本形成了一定规模的与农村集体经济组织发展相适应、正规金融与非正规金融互为补充的农村金融体系。当前，金融支持村集体经济发展相关措施已在部分地区获得成功。

（一）贵州六盘水：以“政府＋市场”为导向，通过“三变”措施活化农村资产要素，完善股份合作利益联结机制，激活村集体经济内生动力

项目背景：贵州省六盘水市共有1017个行政村，人口规模为334万人，其中有615个贫困村、39万贫困人口。2013年，全省集体经济“空壳村”占比高达53.8%。自2014年以来，在坚持土地公有制性质不改变、耕地红线不突破、农民利益不受损的前提下，贵州六盘水开展“资源变资产、资金变股金、农民变股东”的农村“三变”改革探索，通过集体资源调动政府资源、政府资源撬动社会资源的“双轮驱动”，从盘活闲置资产、释放资金活力、转变增长方式等方面入手，通过股权纽带把农村各种资源要素整合到产业平台上，形成资源叠加效应，有效活化农村资产要素资源，实现“产业连体、股权连心”。

具体做法：一是将集体经济经营主体合法拥有的自然资源、社会经济资源中可经营性存量或增量部分的使用权，经协商或评估折价量化变为资产，以资本形式入股到企业、合作社及其他经济组织后，农民按股获得股权收益和分红。二是按照股份制要求和“股权平等、利益共享、风险共担、积累共有”的原则，六盘水引导“产权转股权、资金转股金、农民转股民”，推出“全额股份、控股经营、参股经营”三种模式：对村集体资金较多的村，村级党组织独立注册成立公司或专业合作社，村集体全额出资并拥有全额股份；对村集体资金适中的村，村级组织将发展村级集体专项补贴资金或将平整土地、搭栏建圈、承租土地、建盖厂房、购买设备等固定资产折价注入公司或专业合作社，并吸收一定的社会资金入股，实现村集体绝对控股；对资金较少的村，在充分整合财政、扶贫、农业等相关涉农资金和党内下拨资金的情况下，在确保资金性质不变、投入投向不变、监管主体不变的前提下，通过签订协议参股到辖区内具有发展潜力的企业或专业合作社来开展合作。通过“三变”模式的改革，不仅实现当地

村民个体脱贫与增收致富，且壮大农村集体经济，“空壳村”占比从2013年的53.8%下降到2015年的38.4%，六盘水1017个村中有集体经济积累的村626个，高于全省平均水平24个百分点，村级集体经济积累达12013万元，新增村级集体经济收入1.08亿元，累计达到2.7亿元，村集体经济最高的达到1031万元，最低的也有5万元。

（二）袁家村：引入工商资本下乡实现民俗旅游资源资本化，农业闭环产业链逆向助推一二三产业融合发展，打造项目实施主体，培育市场经营能力

项目背景：袁家村位于陕西省咸阳市礼泉县烟霞镇。近二十年来，由于产业结构调整和技术更新换代，村办企业迅速衰落，袁家村的青壮年劳动力流出严重，成为平原地区典型的“空心村”。自2007年以来，袁家村推动民俗旅游，将资源转化为旅游产业发展的资本，这个62户286人的小村庄，迅速积累了超过20亿元的集体资产，年收入超过10亿元，农民人均纯收入远高于城市居民。

具体做法：从2007年起，袁家村利用民俗特色宝贵资源，用原汁原味的民俗体验吸引游客并不断迭代升级，其产业发展经历了三个阶段：关中民俗旅游、乡村度假游、农副产品产业链。通过在民俗资源基础上进行旅游开发，打通了乡村三大产业链条，充分利用村领导干部自筹的资金和村集体有限积累，通过复古式改造关中民居建筑来打造村容村貌。以“农民捍卫食品安全”为旗号，打造“一店一品”模式，带动第三产业快速发展。同时，袁家村以食品安全危机的爆发为契机，采用“前店后厂”形式发展农产品加工业，进而带动优质农副产品的销售，推动了周边村庄的种植、养殖基地和订单农业的规模扩大与品质提升。通过逐步打造闭环产业链，实践出与众不同的“用三产带二产促一产”的逆向三产融合道路；在实践中摸索出“无物不股、无人不股、无事不股”的股份合作利益联结机制——袁家村社区将集体资产进行股份制改造，集体保留38%，其余62%

量化到户，只有社区集体经济组织成员才能持有。对于旅游公司、合作社、商铺、农家乐等经营主体，可以自主选择入股店铺，互相持有股份，本社区居民及袁家村社区的经营户都可参与入股，这种方式激发了村民的经营积极性，实现了农户与村集体利益的均衡发展。

（三）鲁家村：鼓励回乡创业并创新发展乡土特色绿色金融，统一顶层规划，以品牌价值为农产品赋能，丰富产业业态，找准商业运营模式自洽性，多元化提高农民收入

项目背景：鲁家村位于浙江省湖州市安吉县，面积为16.7平方千米，人口有2200人，农户有610户。低丘缓坡地形，山地林木资源丰富，竹林面积达8000多亩。2011年之前，该村的青壮年劳动力流失、劳动力老龄化、村庄空心化、农业副业化问题突出。从2011年起，村带头人发动全村村民以“田园变景区、资源变资产、农民变股民”的土地产权制度改革，盘活了沉睡的集体资产。通过构建“公司＋村＋家庭农场”共建共赢的经营模式，形成了“股金＋租金＋薪金＋养老金”的多元化收入格局，农民流动轨迹经历了从“外出打工创业潮”到“返乡就业创业潮”的巨大转变。过去破旧不堪的小山村，如今变成了中国美丽乡村精品示范村、国家示范性田园综合体项目。村级集体经济收入从2011年的1.8万元提高到2018年的400万元，人均收入从2011年的14719元增加到2018年的38812元，村集体资产从2011年的不足30万元，发展到如今的2亿元。

具体做法：2011年，鲁家村以创建美丽乡村示范村为契机，改善人居环境，发展乡村集体经济。盯准了竹叶（竹林竹海）、茶叶（安吉白茶）“两片叶子”的资源，发展了18个各具特色的家庭农场，将村庄规划、产业规划及乡村旅游规划“三规合一”，以家庭农场为载体，以“公司＋村＋家庭农场”为经营模式，启动了全国首个家庭农场聚集区和示范区建设。以“两片叶子”为名片，通过市场化运作引进外来资本20亿元，支撑涉农经营主体融资发展，不断丰富村庄业态。从2017年起，鲁家村着手打造田园综合体，在“公司＋村＋家庭农场”的经营模式下，村集体统筹土地资源，负责吸引农场入驻，公司投资公共设施负责具体运营，农场自主建设不偏离总规要求。三者在统一规划后由公司统一经营，统一使用“鲁家村”品牌，最终实现了共建共营、共营共享、共享共赢。几年内，鲁家村将一张蓝图绘到底，以“两片叶子”撬动工商资本，实现公司、村、家庭农场三方共营共利，由一个不起眼的小山村，变为商业资本集聚、村民增收富裕、农旅效益明显的明星村。

四、重庆农担集团公司支持村集体经济发展模式

在农业农村集体产权制度改革背景下，将发展农业农村经济和引入社会工商资源形成叠加效应，运用财政政策资金撬动社会工商资本重点支持涉农民营经济主体发展，完善要素市场化配置，分类精准支持集体经济向服务创收型、资源开发型、产业带动型、租赁经营型、项目拉动型五大方向发展，聚焦统一经营服务、盘活资源资产、发展股份合作三个关键点。

通过在全市各区县、镇乡进行探索实践后，筛选出以下作为金融创新支持村集体经济组织发展模式项目，归纳如下。

（一）案例一：支持村集体经济组织向资源开发型发展——拟建设农文旅体深度融合特色示范乡镇，搭建三级（县、乡、村）产业发展经营机制，运用农业信贷担保综合服务，探索实践村集体经济产业生态化、生态产业化发展路径

项目背景：城口县岚天乡山区拥有得天独厚的森林覆盖率优势、地理优势、资源优势，是城口县率先实现整乡脱贫的示范乡，乡村旅游直接从业农户占全乡常住农户的20%，间接从业农户占全乡常住农户的60%，旅游旺季游客人数超过常驻人口10%。岚天乡具备一二三产业融合发展基础，打造出农业休闲观光产业集群，年均在保金额为1400万元，其中46户涉农经营主体对农业信贷资金需求量较大，处于整体基础设施提档升级

阶段。

发展模式：为探索农村金融多元化服务助力乡村产业振兴新路径新方法，结合当地新型农业经营主体融资担保贷款需求及业务发展实际，重庆农担集团公司与城口县岚天乡基于共商共建共享共赢的合作理念签订了战略合作协议，深度支持当地发展山区生态特色产业，建设集“4A级景区+特色民宿+中蜂、干果、中药材等现代山地特色高效农业+区域农产品供应链分拣集散中心”为一体的农文旅一二三产业深度融合特色示范乡镇，整合财政、金融、产业政策，引导社会工商资本广泛参与，双方通过搭建三级（县、乡、村）产业发展经营机制，培育村集体经营资源市场化持有主体（由岚天乡下辖四个建制村所有村民及集体以农村资产入股方式分别成立村集体股份制合作社，将农村集体资产折股量化到各农户手中，明晰产权，实现所有权与经营权分离）、市场化开发运营主体（由旗下全资子公司重庆市农业资产管理有限公司联合城口县国有平台公司、岚天乡四个村集体股份制合作社共同发起成立运营平台公司；由四个村集体申请股权化改革获得的项目资金作为入股本金，三方根据到位资金，按1∶0.9∶0.15配比缴纳资本金）、市场化细分经营单元及主体（按农业行业或产业链为单位，组建基于专业化分工的市场经营主体，形成分工协作、优势互补、链接高效的现代农业产业组织体系），激发新型农业经营主体内生动力，壮大当地集体经济。现这一做法正在有计划、有序地积极推进。

金融支持：践行绿水青山就是金山银山发展理念，通过三产融合和农业产业生态化促进乡村产业升级，提高农业产业生态附加值，因地制宜发展当地山区生态特色产业。通过搭建三级（县、乡、村）产业发展经营机制，运用“1+6”农业信贷担保综合服务体系。一方面，运用“两山”致富贷标准化产品（畜禽粪污生态治理——适用各类型生猪养殖场环保设施、沼液消纳地、圈舍升级改造投入），总结归纳出休闲纳凉5大有效性分析，分规格档次按面积单价适应性匹配民宿等补充改建、提档升级等流动资金支持；另一方面，为岚天乡提供整乡开发顶层规划设计、产业资源导入、区域建设开发、产业运营服务、主体培育孵化等服务，培育符合当地农业特色的市场化项目及其提升衍生的项目运营能力，提高涉农经营主体营商理念以及项目市场竞争力，壮大当地村集体经济发展。

（二）案例二：支持农村集体经济组织向产业带动型发展——创新运用三社融合，延伸市场化农业产业链金融，以市场为导向，多元化助推村集体经济产业化、集约化发展

项目背景：永川区板桥镇属于典型的丘陵山区，下辖 11 个村、1.12 万户，耕地面积为 3.84 万亩，坡度超过 15 度，农业机械化长期处于“小打小闹”的发展阶段，土地资源利用率不高（多低效林和撂荒地等），当地镇政府一直未思考出应发展何类农业主导产业。

发展模式：重庆农担集团公司结合全市推行农田“宜机化”改造的政策背景，构建“股份合作社 + 企业 + 金融机构”的联结机制，创新联动板桥镇 8 个村集体，组织发动 2970 户将 10400 亩低效林、撂荒地入股，分别组建土地合作社，推进板桥镇的集中统一连片改造，同时，发展、延伸行业产业链，推动合作社与企业对接，发挥企业生产端、销售端作用，完善农村产业链。2018 年 12 月至今，重庆农担集团公司为支持板桥镇 4 家新成立的花椒种植股份合作社产业发展，提供担保贷款共计 330 万元，带动 689 户农户，并以土地入股方式，整合 3500 余亩土地从事九叶青花椒种植，实行“土地入股、固定保底、年终分红”的利益分配机制，村民可享受四次分配：第一次是按照入股土地类型，收取土地租金；第二次是按照村集体 25%、村民小组 15%、合作社 10%、入股农户 50% 的比例，享受年终利润分配；第三次是村民小组 15% 红利按人头进行分配；第四次是村集体 25% 红利作为集体发展资金。通过以上创新发展，探索出一条产业生态化、生态产业化发展新路径，为解决丘陵山区农业产业发展提供了新的视角。

金融支持：一方面，通过市场化机制创新出具有可持续性发展模式的集体经济金融产品，围绕整个花椒产业链上的各个环节提供综合解决方案，支持发展产业链金融；同时，联合组建符合市场化特征的村集体经济组织——结合当地区域资源，辅导培育出市场主体可持续经营项目——运用金融工具促进三社融合，构建“农户—家庭农场—集体经济（股份制合作社）”利益联结机制。另一方面，发展壮大集体经济的必备基础之一是要形成稳定常态的项目发展机制，金融支持和产业带动合力推动农村资源资本化，合理分析所在村集体经济主营业务发展前景、产业特征、市场供需、产品品质、市场竞争力等，正确意识“政府支持”与“自身发展”的关系，从市场化角度培育项目，找准商业模式自洽性，通过招商引资，构建市场化长效资金、项目投入机制，从而有效促进项目区域产业结构调整，促进当地一二三产业融合发展，推动地方农业产业转型升级。

（三）案例三：支持农村集体经济组织向服务创收型发展——通过“投贷”联动方式（财政引导资金直接投资＋匹配银行担保贷款进行跟贷）培育种子期、初创期股份农业合作社，满足多年期涉农项目转型升级需求

项目背景：武隆县向前村是典型的石漠化地区，山高坡陡、土地贫瘠。其中，耕地面积为5800亩，林地面积为3143亩，森林覆盖率为40.1%，青壮劳动力持续外出，仅有少部分自给自足的传统农作物，集体经济发展滞后。为发展山上村庄集体经济，向前村从资产量化确权入手，将村集体经营性资产量化成22.28万元的股金，配置1万股，其中集体股1000股由股份经济联合社持有，人口股9000股由社员平均持有，人均持股2.73股。

发展模式：为用活集体股权及上级专项资金，通过与市场合股联营、探索村级治理新模式、建立村、社、户三级信用体系等方式，重庆农担集团公司为当地种养大户、家庭农场、农业社会化服务组织、农民合作社及

小微农业企业提供10万～300万元3年期信贷担保，保障市场主体资金需求，以股权融资的方式，“从无到有、从有到优”培育村集体经济，帮助其进行农业设施设备改造、扩大生产规模、延伸产业链条等，帮助其以农村集体股份经济合作社为平台，顺应乡村分工分业大趋势，开展代耕代种、机播机收、统防统治、统购统销等为重点的农业生产性服务，提供公共事务、乡村物业、养生养老等为重点的生活性服务。在分配上由集体经济组织提取公积金20%、公益金10%、风险金10%，剩下的60%分配给入股农户，走出了一条高山地区的集体经济发展道路。

金融支持：产权明晰是资源资本化、资产折股量化的重要前提，健全归属清晰、权责明确、保护严格、流转顺畅的现代产权制度是激发农业农村发展活力的内在要求。在此前提下，重庆农担发挥政策性担保作用，运用创业股权投资引导资金，解决了涉农企业多年期资金需求量大，银行相应金融产品无法长远支撑，无还本续贷机制不可持续等问题；同时，争取降低农业适度规模经营主体融资成本，联合区县政府及财政部门共同制定相关财政政策、匹配产业政策及金融扶持政策，申请专项资金进行贴息、贴费，全方位扫清项目前期、中期、后期各类发展障碍，完善要素市场化配置，不断激发村级集体经济发展活力。

（四）案例四：支持农村集体经济组织向项目拉动型发展——以“三变改革”为纲，六个股东三方平台合力共建经营管理公司，重组并购化解农业信贷担保风险，焕发村集体资产新活力

项目背景：为积极响应长寿区政府加快打造现代农业园区柑橘主导产业号召，重庆农担自2013年开始持续为长寿农业园区内的5家企业（共2.5万亩柑橘种植园）提供融资担保支持，累计投放资金8190万元，担保贷款资金持续使用至今，使长寿柑橘果园建设完成并陆续投产，成为近几年重庆市特色效益农业园区发展的标杆。但由于部分柑橘企业自身不够诚信、合作银行和地方有关管理部门对担保融资风险化解不太重视、产业行情周期波动等问题，使部分柑橘融资担保项目出现贷款违约、代偿等风险，严重影响了重庆农担融资担保信用，严重制约了全市特色效益农业发展。

发展模式：为了有效化解重庆长寿区农业现代种植园区 2826 亩核心区域晚熟柑橘果园信贷担保风险（8 年土地流转经营权、生物资产和附属经营管理设施设备总评估价格为 1299 万元），重庆农担按照农村“三变改革”有关精神，由长寿区龙河镇四个村集体经济组织（或村委会代持）、长寿区乡村发展平台公司、重庆农担集团公司全资子公司——重庆市农业资产经营管理有限公司分别以风险果园土地承包经营权、现金、回购的生物资产及建构筑物设施等入股共同组建成立了新的经营平台——重庆市矗成农业发展有限公司。通过加强培育发展集体经济组织经营能力、加快公司经营机制改造、开辟多元化经营板块等手段推进经营重整，此举直接化解了当前果园经营和各种债务风险，同时促使果园所在村集体经济资产规模得以做实、壮大，并直接参与市场主体可持续化经营管理。

金融支持：创新风险化解处置机制，将该风险项目及所在村集体纳入农业项目财政补助资金股权化改革和农村“三变”改革试点范围，整合财政资金出资回购上述风险果园资产，厘清现有债权债务，将果园资产产权、经营权完整剥离出来，返回给发包人。由长寿柑橘园区管委会或其他平台公司及当地政府牵头组织，按照“三变”改革办法，农户和村集体以果园入股，适当吸纳其他社会投资，组建股份合作社或者股份公司，统筹果园的经营管理，农户按照流转地及果树资产出资折算的股份比例实行“保底 + 分红”。该果园是成熟丰产果园，有良好的重组基础，重组之后，农民变为股东，参与经营的责任心更强，果园经营可以以大化小实现适度规模经营，提升每亩果园的投入强度和管理水平，改善果园产出状况，适时合理规划建设田园综合体，最终使现代柑橘园真正脱困并走向良性经营发展道路。

五、结论与建议

农地改革、农民权益与集体经济是中国农业发展中的三大问题，农业高质量发展是转变农业发展方式的根本要求，也是实施乡村振兴战略的内涵所在。由于村集体经济在项目质量、运营管理、人才团队、核心技术等方面比一般农业经营主体更弱势，所以作为其中的重要参与者，需举农业、财政、金融三方政策之力，根据农业项目发展特点，多角度、多方位完善金融支持集体经济的保障机制，营造良好的发展环境，提高农村开展农业生产的积极性，确保金融功能的高效发挥。

（一）创新三社融合新理念，激发村集体经济发展新活力

以市场供需为导向，充分发挥当地优质产业资源优势，发挥金融促进区域经济发展作用，不断释放农村的内生潜力、外在动力和发展活力。创新支持“以家庭农场为主的农业适度规模经营主体抓产业生产＋以股份制合作社为主的新型集体经济组织抓社会化服务＋以政策性农业信贷担保为主的农村金融保金融供给”为主的三位一体发展，以村为单位合理化分工，培育“一村一品、一乡一业”。一是发展以家庭农场为经营单元的农业适度规模经营主体，通过引用新技术、新品种等促进产业生产发展；二是支持新型集体经济组织以农民合作社为主要形式设立市场化的合格经营主体，以股权分红为纽带加强与当地村民的利益联结机制，培育现代企业（经济组织）管理理念，主要负责家庭农场生产所需的物资统购，提供技术培训、品种改良，组织协调、统一销售，线上推广宣传、线下物流配送，洗选加工、仓储、物流等多种方式的社会化服务；三是以重庆农担为主的政策性金融机构充分发挥“支农支小”作用，积极开展育信、用信工作，拓宽标准化产品开发范围，为农业适度规模经营主体及新型集体经济组织提供资金保障。通过以上措施，积极探索“三社融合”促“三变”改革的新型合作体系建设模式，破解村集体经济发展困局，有效探索科学治

贫、精准扶贫、有效脱贫的农村发展新路径。

（二）建立健全法人制度，明确村集体经济组织市场主体地位

2017 年新修订的《民法总则》草案明确了农村集体经济组织特别法人身份，在法律上赋予了农村集体经济组织的市场主体地位。2018 年中央一号文件《中共中央国务院关于实施乡村振兴战略的意见》进一步指出“研究制定农村集体经济组织法，充实农村集体产权权能”。在研究和制定农村集体经济组织法的过程中，应就农村集体经济组织的成员资格认定和退出、集体经济组织的登记发证、税费负担，以及股份制改革中的股权设置和股权管理、股权流动及流动的范围、股权继承、股份抵押担保功能的实现等问题，作出比较清晰和具有可操作性的法律规定；打通村集体经济组织在市场、税务、金融等多部门间的身份认同，让集体经济组织这个“特别法人”真正成为“市场主体”，集体对农民来说不仅是社会保障也是心理认同，把“集体”从城市刨来的收益还给“集体”。

（三）以村级组织和党员能力建设为核心，培育村集体经济发展市场化领军带头人

《中央农村工作领导小组办公室农业农村部关于加强基层农村经营管理体系建设的意见》（中农发〔2019〕2 号）强调指出，应强化农村集体经济人才队伍建设，着力培育领头人，充分发挥能人在集体经济发展中的带动作用。一是强化人才团队配置。村支两委班子选优配强，推选懂经营、善管理的农村人才担任村支两委成员；加大村官、第一书记的选派力度，利用人才引进政策引导更多人才资源扎根基层；积极引导外出务工人员、退伍军人及外出创业成功人员返乡创业，鼓励其经营管理本地集体经济。二是构建人才培养机制。加强对村支两委班子、农村集体经济经营管理人员、新型职业农民的经营管理技能培训，构建常态化、进阶式培训机制，强化农村集体经济发展的人才和智力储备。三是完善人才激励机制。综合

运用经济奖励、荣誉鼓励等多种方式进行激励，探索设立与集体经济发展成效挂钩的“激励股”或“岗位股”，完善惩戒机制，强化、压实县、乡、村三级党组织的监督、管理、服务责任。以此来培养一支“懂经济、会经营、爱农村、爱农民”的经营管理团队，建立一个完备的“引进来、留得下、长得好”的人才作用机制。

（四）构建和谐村集体经济发展生态金融环境，多方位培育村集体经济可持续化市场经营项目

以提供差异化金融服务为切入点，积极创新推进村集体经济工作健康、稳定、有序发展。通过“1+6”农业信贷担保综合服务体辅助涉农民营经济主体正确选择出合适的经营项目，建议各级政府能积极对“1+6”服务体系给予政策支持，推动各项政策措施通过服务体系进行转化落地；为创新支农支小方式，强化集体经济纽带作用，建议下拨3000万~5000万元的市级财政资金，由重庆农担通过相关农业创新项目遴选出符合市场化发展的村集体经济组织，以先建后补、以奖代补等方式来支持农产品生鲜分拣中心的建立，以充分发挥“政策＋金融”的正向引导作用，形成“农户—家庭农场—村集体经济（股份制合作社）”利益联结机制及合作构架，带动农户创收致富，多方联手共同防御风险，保障经营项目可持续性发展。

（五）扩大农村增信规模，健全金融增信服务体系

涉农民营经济主体信用能力的强弱和信用体系是否完善是破解融资难的关键，信用评级对缓解农户信贷约束有明显的促进作用。针对农村集体经济特殊性，建议围绕村集体经济所涉及的经营项目、主体、产品等全面落地实施主体评级和债项评级授信，优化传统评级授信方法，探索符合村级集体经济发展的评级授信模式。鼓励金融机构将农村集体经济组织纳入评级授信范围，增加授信额度并允许在授信有效期内循环使用。鼓励金融机构对信用较高的村集体经济组织，减少贷款审批环节，给予贷款期限、利率优惠。支持村集体采取“村集体+贫困户”“村集体+企业+贫困户”“村集体+合作社+贫困户”等多种方式发展符合金融机构信贷资质的集体经济项目，将村集体经济组织纳入农业信贷担保范围，农业信贷担保机构在符合政策导向的项目和业务范围内，优先向村集体领办创办的各类农业经营主体提供贷款担保服务。

（六）围绕“多方共赢”，探索资源性资产定价机制

目前，大部分村集体推行的资产估值方式主要是内部协商作价或与外部协商出价，存在价值不准确等情况。建议积极探索资源性资产二次定价机制，即由村集体经济组织成员协商谈论初次定价并登记入账，在资源性资产合股联营时，再由村集体经济组织负责人与引入的经营业主协商二次定价的工作机制，形成灵活和相对公允的外部市场对接机制。

（七）支持农村金融服务创新，加快农村资产资源要素流动

鉴于目前重庆市还没建立有效运作的农村产权交易平台，建议加快构建农村产权交易体系，针对公开有效的操作运行流程机制制定完善的相关管理办法。鼓励和支持以市场化方式组建的农村经营性资产与资源型资产撮合交易平台，打通流转屏障，盘活沉睡的农村资产，为农户、村集体、外来经营主体等提供资产撮合交易服务平台，进一步强化“三变”改革与外部市场的对接。

（八）提升农村金融监管服务，加大政策扶持力度

1. 逐步完善农村基本公共服务财政投入机制

加大对村级组织运转、村级公共事业和基础设施建设转移支付力度，以“政府投入”来推动公共设施项目建设，补齐农村基础设施短板，抓好农村基础设施建设的“最后一公里”，为推进农业产业化发展奠定基础。

2. 建立村集体经济发展专项扶持资金

用于专项扶持集体经济组织主办的各类新型农业经营项目，由市、县财政部门每年安排一定比例资金，采取以奖代投、项目资助等方式进行重点扶持，构建集体经济薄弱村财政转移支付逐年稳定增长机制。实施政策优惠与税费减免及增值税、企业所得税等税收减免政策，免征集体经济权能改革中发生的资产过户、变更登记、土地税、印花税等权能转移相关税费。整合现有现代农业发展资金、农田水利设施建设补助资金、扶贫资金等各类扶持资金项目，提供更多的财政资金支持，提高集体经济杠杆效益。

3. 落实农业农村用地政策

建议在年度可用建设用地指标中安排一定指标专项用于集体发展物业经济。对于薄弱村集体区域条件先天不足的，鼓励在县、镇工业功能区内统一安排一定土地指标用于建设薄弱村二、三产用房。全面落实10% ~ 15% 村级留用地政策，给予办理国有建设用地出让手续，其中在符合土地出让收入使用规定的前提下，土地出让收入收益部分可以给村集体。扶持村集体开展集体土地整理工作，整理后取得的新增耕地归集体统一经营，新增建设用地及其指标优先安排给本村项目建设。

农村土地经营权和农房财产权贷款融资风险控制研究

伴随我国经济、社会的不断发展和“三农”工作的向前推进，近年来，作为国民经济重要组成部分的农村经济在发展过程中对于金融支持的需求呈大幅度增长趋势，但是金融机构参与农村市场的积极性却不高，即使部分进入农村市场的金融机构，其对于农村市场的开发和向农民的贷款投放力度也远不及城市。农民在生产经营过程中日益增长的金融需求和金融机构贷款投放力度不足之间的矛盾逐渐凸显。党的十八届三中全会强调让广大农民平等参与现代化进程、共同分享现代化成果，要求赋予农民更多的财产权利。2014 年中央一号文件《关于全面深化农村改革加快推进农业现代化的若干意见》再次以较大篇幅强调了深化农村土地制度改革和加快农村金融制度创新的内容。国务院《关于开展农村承包土地的经营权和农村住房财产权抵押贷款试点的指导意见》（国发〔2015〕45 号）更是对“两权”抵押提出了具体要求。因此，破解“两权”融资贷款风险、缓解农民贷款需求、释放农村经济更大的活力是我国推进农村发展、深化农村金融改革的必然趋势。本文旨在通过对“两权”融资贷款的风险进行研究，揭示阻碍“两权”融资规模增长的成因，并据此提出若干建议，试图找出促进“两权”融资贷款的有效路径，以此增加农业农村资金供给。

一、认识“两权”融资贷款

（一）农村承包地经营权融资贷款

农村承包地经营权是指农村土地承包人对其依法承包的土地享有使用、收益和一定的处分权。在我国，农村承包地经营权泛指公民集体对于集体所有的或者是国家所有的全民所有制或集体单位所有制的承包土地的经营权。农村承包地经营权融资贷款是指在不改变土地的承包经营权、所有权性质的前提下，并且不得改变农用土地原有用途的条件下，将农村承包地经营权及地上附着物一同作为抵押担保物向担保公司、银行等金融机构申请办理借款业务。

一般来说，农村承包地经营权融资贷款的对象是农业合作社、种养大户、家庭农场等以经营农业为主的经营主体，以其所拥有的农村承包地经营权为抵押，向担保公司、银行等金融机构申请抵押获得贷款，到期不能归还贷款本金及利息时，担保公司、银行等金融机构有权处置抵押物，并有处置价款的优先受偿权。其中，提供承包土地的经营权作为担保的为抵押人；接受承包土地的经营权担保的债权人为抵押权人。承包土地的经营权的抵押权有担保物权的功用和效力，它的目的是通过土地权益归属的变动来实现对债权的保障，而不是直接满足对土地的利用需求，因此承包土地的经营权的抵押权人不具有对土地占有、使用的权利，也不包含对土地承包经营权人使用土地行为的限制权利，这是承包土地经营权抵押权区别于承包土地经营权其他权利的重要特点。

（二）农村住房财产权融资贷款

农村住房财产权主要是指农房产权，即农民对自己所属的房屋以及农房范围内的宅基地上所具有的占有、使用、收益和处分的权益。农村住房财产权融资贷款（农村住房财产权抵押贷款）是指债权人对债务人或者第三人在不转移法律允许范围内农村住房财产权的占有的情况下，将农村住房财产作为抵押担保物向担保公司、银行等金融机构申请办理借款业务。

农村住房财产权融资贷款并不是一种人人都能参与的大众化的金融服务产品，即只有符合一定要求的农村法人或个人才有资格申请办理这种贷款，城镇居民不能申请；只有经过登记确权的农村房屋才能用于抵押。农房抵押贷款本质上还是抵押贷款的一种，房屋产权是其物质保证，只有符合贷款规定的农村房屋产权作抵押，才能获得农房抵押贷款提供的现金流；在农房抵押贷款的抵押期间内，农房抵押物将设立抵押权，并在相关部门办理登记，抵押权人保管房屋抵押凭证，但不能转移房地产的占有权、使用权、处分权和收益权，以上权利仍归出押人。当贷款到期，如果债务人按合同规定履行债务，按时完成还款，则抵押权人将会把农村房屋所有权证书和宅基地使用权证书归还给抵押人，但如果债务人不能清偿债务或是恶意违约，抵押人则可以行使对该农房房地产的抵押权；农房抵押贷款不同于农村传统小额信贷产品，并不带有扶贫性质，而是通过农村房屋所有权及其所处宅基地使用权的流转使农民的个人固定资产实现资本化，让农村房屋发挥资本增值效应，以达到生产经营性融资的目的。

二、“两权”融资贷款风险

尽管当前国家政策大力支持我国农地承包经营权和农村住房财产权融资贷款，即“两权”融资贷款，政策性农业担保公司等金融机构也在大力推进，但是总体而言进展缓慢，其最为主要的原因在于“两权”融资贷款过程中存在的各种风险导致金融机构的积极性不高。

为了更好地说明“两权”融资贷款对金融机构可能造成的风险，特以重庆市农业担保公司提供的风险处置项目为例来说明：

案例一：某蔬菜、水果种植合作社向市农业担保公司申请担保贷款350万元，贷款起止时间：2014年10月14日至2015年10月13日，主要的反担保措施是：（1）位于长寿区龙河镇龙河村的1168亩土地流转经营权，担保方式为承诺抵押；（2）园中种植的玫瑰香葡萄1704棵、温克葡萄2000棵、夏黑葡萄3000棵，担保方式为生物资产抵押（在工商局办理了抵押登记）；（3）评估价值约75万元的城市住宅，担保方式是在房交所办理抵押登记。其中，流转经营权是该合作社向龙河村集中租赁村民的承包地，土地租金一年一付，本应办理抵押登记，但因当地无法办理流转经营权抵押登记，所以担保方式转为承诺抵押。

该合作社经营不善无法按期偿还银行贷款本息，因此2015年10月21日农业担保公司向银行代偿贷款本息共计355.67万元。代偿后，农业担保公司向法院提出诉讼，并申请对上述抵押资产进行查封，而法院只受理了对已经办理抵押登记的生物资产部分的查封，对流转经营权的查封申请没有受理。查封后，立即引起镇政府和当地村民的强烈反应，并通过区政府相关部门提出要求农业担保公司解除查封或者移除被查封的生物资产，否则应该赔偿地租，其核心意图是要解决土地再次招商和地租支付的问题。最终，农业担保公司只能同意解除查封。该项目极有可能面临较大损失。

案例二：某水产养殖企业向市农业担保公司申请担保贷款550万元，贷款起止时间：2014年8月5日至2015年8月4日，主要的反担保措施是：（1）位于重庆市长寿区葛兰镇沙河村，土地面积325.77亩的土地承包经营权及地上构建筑物。位于梁平县屏锦镇万年村，土地面积334.871亩的土地承包经营权及地上构建筑物。担保方式为承诺抵押（无法办理抵押登记）。土地租金一年一付。（2）评估价值约200万元的城市住宅，担保方式是在房交所办理抵押登记。

该公司经营不善无法按期偿还银行贷款本息，因此，2015年9月7日，农业担保公司向银行代偿贷款本息共计547.82万元。代偿后，农业担保公司整合相关资源形成了资产重组方案，找到了一家意向投资人愿意接手该公司在梁平县的鱼塘，购置款用于抵偿该公司欠农业担保公司的债务。该方案经三方协商达成一致并草签合同，然而当地镇政府并不同意本次转让行为，原因是他们有其他意向接手方，而该接手方的意图是希望债务人资金链断裂，现有租赁合同自然终止后，以零成本接手鱼塘。虽然对承包地的租赁是村民和企业之间发生直接关系，但实际上当地政府具有很强的话语权，它们实际上可以决定租给谁和不租给谁。因此，虽然有了成熟的资产重组方案，而一旦解除现有租赁合同，农业担保公司的资产重组方案就有可能落空，难以按预定计划受偿，因此只能放弃该计划，这样大大增加了追偿的难度。

案例三：某金银花、猕猴桃种植合作社向市农业担保公司申请担保贷款 200 万元，贷款起止时间：2015 年 7 月 7 日至 2016 年 7 月 8 日，主要的反担保措施是：位于重庆市秀山县大溪乡、岑溪乡、兰桥镇，土地面积 3280 亩的土地承包经营权及地上构建筑物，担保方式为在当地相关部门办理了土地流转经营权抵押登记，土地租金一年一付。

该合作社由于经营不善无法按期偿还银行贷款本息，因此，2016 年 4 月 1 日，农业担保公司向银行代偿贷款本息共计 204.57 万元。代偿后，农业担保公司向法院提起诉讼，诉讼请求中要求判令对上述 3280 亩的土地承包经营权及地上构建筑物的处置享有优先受偿权，但法院对此的认定是“未就抵押事宜进行登记”。因此，农业担保公司无法对上述资产申请执行，更无法享有优先受偿。

而农业担保公司原本的追偿计划是希望通过以流转经营权抵押为谈判筹码，要求该合作社转让部分种植基地以偿还本代偿款。但由于法院不承认该抵押，使农业担保公司不得不改变追偿策略，被迫转为通过与债务人谈判达成分期还款的方式来追偿，这样大大增加了追偿的难度。

案例四：某肉牛养殖公司向市农业担保公司申请担保贷款 50 万元，贷款起止时间：2015 年 9 月 22 日至 2016 年 9 月 21 日，主要的反担保措施是：位于重庆市忠县任家镇天星村，土地面积 4.32 亩的土地承包经营权及地上构建筑物 1100 平方米，担保方式为与我司旗下资产公司签署转让协议。土地租期为 30 年（2012—2042 年），租金一次性付清。

该合作社由于经营不善无法按期偿还银行贷款本息，因此，2016 年 6 月 30 日，农业担保公司向银行代偿贷款本息共计 51.2 万元。代偿后，农业担保公司积极向债权人追偿，要求其尽快偿还代偿款，同时签订转让协议，约定债务人如果不能在规定期限内与民间债权人达成和解并争取到新的融资，则将接手牛场，该项目由于租金已经一次性付清，因此农业担保公司接手牛场之后将不用面临土地租金的困局，可以在不进一步扩大损失的情况下运作该资产，收回代偿款的可能性更大。

结合上述案例，可以看出“两权”贷款风险主要体现在制度风险、处置风险、民生风险、价值评估风险等方面。

（一）制度风险

制度风险来源于法律制度和政策。正如案例三所示，在我国《物权法》第一百八十四条、《担保法》第三十七条和《农村土地承包法》均做了如下规定：耕地、宅基地、自留地、自留山等集体所有的土地使用权不能抵押。推行农地承包经营权和农村住房财产权抵押贷款与以上法律条文相抵触，试点和推进缺乏法律依据。尽管 2014 年中央一号文件和国发〔2015〕45 号文件提出慎重稳妥推进“两权”抵押、担保、转让，但农地承包经营权和农村住房财产权抵押实际上仍然受到《物权法》《担保法》的限制，政府相关文件也仅仅是一种政策引导，而不具备法律效应。这使各地方司法部门在处理相关案件时裹足不前难以逾越现行法律的规定，这样就使金融机构原本设立的风险控制手段落空，相关权益受损，从而降低了金融机构参与两权抵押贷款的意愿。

（二）处置风险

在农地承包经营权方面，由于农地承包经营权流转尚未步入正轨，导致金融机构难以有效行使农地处置权，严重影响金融机构的积极性。其未步入正轨主要体现在如下几个方面：

其一，正如案例一、案例二所示，抵押登记制度不规范、不完善，在实践中即使签订了抵押合同，金融机构也往往因找不到机构受理，无法对农地承包经营权进行抵押登记，使其丧失了像城市资产抵押登记那样的公示性和排他性。

其二，正如案例一、案例二所示，承包权和经营权分置，权利不完整造成处置难。借款人往往是规模经营户，其向村民支付租金并取得承包土地的经营权，并用经营权向金融机构抵押贷款，而实践中规模经营户的租金往往是一年一付，当出现贷款违约，金融机构需要处置其经营权时，前一个租赁年度已经或即将到期而新一年的租金还未付，此时要么因为租金问题引起群众压力，使当地政府、法院不支持金融机构的执行申请；要么金融机构就只能再投入解决租金问题后才有可能执行已抵押的经营权。而即使解决了租金问题，因涉及再流转问题，还需要和当地政府（村民的代言人）沟通并取得政府同意后才能顺利处置。可谓困难重重。

其三，从目前的情况来看，土地流转市场组织化程度低，各地建立的农村土地流转市场，交易活跃度很低，难以发挥作用。由于缺乏有效的流转交易平台，难以构建通畅的信息传播渠道，供给和需求不能有效对接，这使农地承包经营权短期内难以变现。

农村房屋产权处置的市场体系还在建设过程中，处置难度较大。农村房屋在设定抵押以后，在将来要实现抵押权时，就可能被拍卖、变卖或者折价。我国农村地区农民在集体范围内购房的需求有限，政策并没有放开农村房地产市场，农村缺乏统一的产权流转市场，导致供需双方信息沟通不畅。根据法律政策，农村房屋只能在集体内部转让，国家严禁城镇居民购买农村房屋，导致农村房屋市场没有真正建立起来，造成实际上农村房屋不能流转出去，交易范围受到限制。如果出现抵押人未偿还贷款的情形，担保公司、银行等金融机构将无法通过拍卖、变卖等来实现第二还款。另外，农村房屋是农民安身立命之所，农民会采取各种对抗措施，阻止抵押房屋的处置，这都导致金融机构不愿涉及农村房屋抵押业务。

其四，农村经济缺乏活力，对不良信贷资产的消纳能力有限。农村资产转让存在地域局限性，而区域内的经济活力或者强度不足以催动资产的快速交易，造成农村不良信贷资产的可转让性低。

（三）民生风险

正如案例一所示，债务人通过集中流转土地，租金往往是一年一付，而这种情况下将经营权抵押给金融机构，一旦出现贷款违约，债务人由于资金链断裂已经无力支付地租，债权人启动相关法律措施，但是法院刚刚查封，就会立即激起当地民众的强烈反应，除非金融机构通过再投入解决地租问题。但这样一来更是雪上加霜，使原本的损失扩大化。即使金融机构通过不断再投入熬过处置抵押物的漫长诉讼周期，还有可能面临抵押物无法变现或变现价格过低的风险。

宅基地是农民安身立命的基础，是农民赖以生存的所在，也是农民手中最重要的财产之一，是其生活发展的必需品。农民利用宅基地进行抵押融资，满足自身的需求，实现了农民对宅基地所拥有的权能与权益，发展了农村经济，同时也承受着相当大的风险。宅基地使用权抵押的相关制度不完善，隐性抵押普遍存在，但不受法律保护，农民所面临的风险巨大。由于缺乏法律规范，抵押人和抵押权人利益得不到保障，极易产生法律纠纷。而农民普遍知识水平较低，法律意识不强，在融资纠纷中通常处于弱势的一方。在农村隐性交易市场，由于缺乏规范性程序，且在典型熟人社会的农村，当事人极易背弃书面协议而采用口头协商的方式完成交易，纠纷产生时便无足够的证据支持，合法利益也得不到保障。且由于农村保险业务尚未全面展开，农村社会保障制度不完善，一旦遇到自然灾害等不可预知的因素，便会直接影响到宅基地使用权及附属房屋的市场价值，给农民及金融机构都带来巨大的风险。宅基地使用权抵押贷款的配套制度不够完善，针对农村土地和房屋的价值评估制度尚未形成体系，无法满足现实需求；农村社会保障制度不健全，抵押权实现之后农民居无定所的问题难以解决。一旦贷款到期而农民无法清偿债务，发放贷款的金融机构将处分作为抵押物的宅基地使用权以行使抵押权时，农民将面临无家可归的风险。

（四）其他风险

农地价值、农村房屋产权价值评估机构建设滞后，“两权”价值难以确定。“两权”价值估算，它是一项专业性极强的工作，目前农村地区普遍缺乏“两权”评估机构和专业评估人员，其评估程序不规范、标准不科学，不能真实评估“两权”的市场价值。

此外，农业生产存在的经营风险。在防灾抗灾能力有限的条件下，仍存在一定程度的靠天吃饭的现象。不但如此，传统农业还存在“谷贱伤农”现象，价格增长空间有限，这样无论是灾年还是丰年，农业收入增长空间有限，而生产经营风险无处不在。这样，农业风险派生出担保公司、银行的商业风险，农业贷款一旦不能到期偿还，担保公司、银行即使处置抵押物也难以挽回全部损失。但这一点属于金融业的正常风险。

三、“两权”融资贷款风险防控思路及对策

（一）完善相关法律法规，扫清法律障碍

国务院《关于开展农村承包土地的经营权和农村住房财产权抵押贷款试点的指导意见》提出了慎重稳妥推进“两权”抵押、担保、转让试点的观点，但相应的法律法规还没有调整。应尽快修订《物权法》《担保法》等相关法律法规，尽快出台相关法律文件，明确“两权”担保过程中各方的权利和义务，为农民“两权”融资贷款等金融创新提供法律保障。

（二）加强机制创新，降低“两权”抵押物的处置风险

第一，政府设立承包经营权处置缓冲基金，专项用于支付因“两权”

抵押贷款出现违约后的执行过渡期的土地租金，而在此期间政府托管该土地经营权，可以通过转租或自营取得收益，过渡期的租赁户在处置时享有优先购买权，在过渡期租赁户的新增投入需报政府审核，新增投入的固定部分可争取纳入到司法处置范围内并在处置款中优先支付；也可以和金融机构联合将承包经营权和地上附着物作为青年农民创业项目的实物补贴，作为鼓励青年农民创业、孵化新型农业经营主体的一个工具。

第二，在有条件的地方，实施集中长期打包租赁，有实力的规模经营户可一次性支付多年期土地租金，获得长期稳定的经营权，并对此确权颁证，在既定用途和按期支付租金的前提下，农民一次性对抵押、再流转授权，免去多次授权的麻烦。

第三，在核实和完善农地确权颁证的基础上，加快农地流转市场组织化建设。组建县乡村三级农地交易服务组织：每个县设立一个农村土地交易管理委员会，乡镇设立土地交易服务中心，村级建立土地交易服务站。土地交易服务机构具体组织、协调、指导土地承包经营权流转，开展土地承包经营权流转业务培训、供求信息发布、提供流转合同范本、调解流转纠纷等。

同时，也要完善农村宅基地流转机制，建立规范的农民住房交易市场，放宽市场准入机制，探索非集体经济组织成员有偿使用宅基地制度，提高转让效率。

第四，政府和金融机构打好配合，分区域打造优势特色产业，提升经济活力。政府确定主导产业，金融机构融资跟进、做强产业，使当地从事同一产业的经营主体基数增加，这样即使出现不良信贷，但是由于经济活动的增加，相关不良资产也能够被快速吸纳。

第五，加强中介组织和信息化建设。政策鼓励发展农村土地流转中介组织，如土地银行、土地价值评估机构等。中介服务组织帮助农户进行地价评估、土地测量以及法律咨询等。

（三）健全贷款保障机制，防范金融风险

一是加快农村信用体系建设速度，夯实金融支农的基础。信用体系是金融体系的基石，是一切金融活动的基础。推进农村信用体系建设能有效地减少农户与金融机构间的信息不对称，降低融资成本，提高资金使用效率。无论是住房财产权抵押还是承包地经营权抵押，本质上都是对农户信用水平的一种增信手段，如果离开信用体系建设谈抵押贷款，那只能是舍本逐末，事倍功半。二是完善抵押风险分担和保障机制。建立完善财政贴息、抵押贷款风险补偿等制度，加强政策引导防范道德风险。加快建立农村产权融资担保公司等多层次农村担保体系，为农户提供融资贷款增信服务，进一步分散金融机构承担的信贷风险。政府要鼓励和支持商业保险公司开办涉农保险业务，对农业保险的亏损应给予适当的政策性补贴。

（四）金融机构主动创新内部风险控制措施防范风险

针对“两权”抵押贷款的内部风险控制手段要有别于常规融资项目：

第一，回归到信用贷款的实质，在尽职调查过程中重在调查借款人的人品、从业经历、诚信意识，把握贷款用途的真实性，在设置担保方式时，要认真分析，改变唯资产重抵押的方式，而更多地通过借款人子女、父母的连带责任保证等方法来加重借款人违约的心理成本，降低道德风险。

第二，重视业务数据积累和分析。通过对大量业务数据的科学分析，掌握“两权”抵押贷款的特征，构建以大数据为基础的风险评估模型，以此提升风险评估的准确性，提升风险防范能力。

第三，创新贷后管理方式，与第三方机构（政府或者相关的NGO组织）紧密合作，确保贷款资金合规使用，同时加强贷后对借款人的咨询辅导，主动帮助借款人优化经营方式，提质增效，从而控制贷款风险。

（五）监管部门沟通协调机制，审慎稳妥推进改革试点

“两权”融资贷款涉及金融、农业、国土、财政等众多部门，需要各部门加强沟通、协商、协调，循序渐进审慎稳妥地推进住房财产权抵押贷款试点工作。可以从开展宅基地制度改革、构建规范的农村住房财产权交易市场着手，在此基础上，先从信用环境好、农民住房流转活跃且规范、农村住房财产权抵押融资意愿较强的地区开展试点探索。金融监管部门应进一步完善农业保险体制框架、保险费率形成机制、农业保险再保险机制等，降低农户生产经营风险。同时，要尝试探索开设“两权”贷款融资保险品种，降低金融机构发放贷款的风险。金融监管部门需注意将“两权”融资贷款保险纳入政策性农业保险，以提升保险经营部门开办“两权”融资贷款保险业务的积极性。政府在制定相关政策规定时，应该更多地考虑金融机构、担保机构和农民三方的共同利益，在其中间找到平衡点（既不应该完全从盈利的角度出发，也不能忽视参与“两权”融资贷款的机构所面临的风险），积极推动农房抵押贷款的市场化发展。

“十四五”时期重庆市促进科技创新与农村“两权”资产撮合交易商业模式创新融合研究

一、项目实施背景

“十四五”时期，是中国全面建成小康社会和实现两个一百年奋斗目标的历史交汇期，是中国跨越中等收入陷阱、由中等收入国家迈向高收入国家的关键时期，是中国一百多年来现代化进程中具有承前启后的特殊重要时期。对于重庆而言，“十四五”时期是贯彻落实习近平总书记重要讲话精神、发挥好“三个作用”，推进开放发展、创新发展、绿色发展、协调发展和共享发展的重要攻关期。在这个关键重要时期，重庆现代农业科技需紧紧围绕乡村振兴发展需求，发挥科技手段的引领作用，补齐农业农村发展短板，本次研究将聚焦在如何通过引入区块链、大数据等智能化科技手段，以市场化角度创新农业农村土地承包经营权及农民住房财产权（以下简称农村“两权”）撮合交易商业融合模式，打通城乡二元要素市场，促进“人地钱”等资源要素流动。

（一）农村“两权”资产流转现状

国家层面，近年来，不断出台相关政策完善土地流转及产权改革制度。2016 年，中共中央、国务院印发《关于稳步推进农村集体产权制度改革的意见》；2019 年 9 月，农业农村部出台《关于积极稳妥开展农村闲置宅基地和闲置住宅盘活利用工作的通知》等文件均明确提出要通过改革逐步构建归属清晰、权能完整、流转顺畅、保护严格的中国特色社会主义农村集体产权制度；要引导农村产权规范流转和交易，健全市场交易规则，完善运行机制，实行公开交易。围绕此项工作，链接前后出台的一系列金融扶持政策与之形成加乘效益，如《国务院办公厅关于金融服务“三农”发展的若干意见》（国办发〔2014〕17 号）、《财政部关于支持多种形式适度规模经营促进转变农业发展方式的意见》（财农〔2015〕98 号）、《中华人民共和国土地管理法》（以下简称《土地管理法》2020 年 1 月 1 日起施行）、2019 年人民银行等五部委联合发布《关于金融服务乡村振兴的指导意见》及《中央农村工作领导小组办公室　农业农村部关于加强基层农村经营管理体系建设的意见》等文件，为加快构建完善农村产权制度体系，加大“三农”金融支持力度提供强有力的政策保障。

地方层面，按照中央部署，重庆市立足实际，扎实推进农村产权制度改革，稳步有序开展建立健全农村产权制度体系相关工作。一是整市推进农村集体产权制度改革试点，奠定农村集体产权制度基础。全面开展清产核资、成员身份确认工作，推进农村集体经营性资产股份合作制改革。截至 2019 年 9 月，全市已有 4197 个村、22697 个组完成改革任务，累计确认集体经济组织成员 1286 万人（次），量化资产 163 亿元。完成改革的村、组分别占村、组总数的 45%、32%。二是全面落实农村承包地“三权”分置制度，让土地承包经营权成为农业农村经营中最活跃的重要产权。近年来，重庆市在全面落实农村土地集体所有权、稳定农户承包权基础上，积极探索放活土地经营权有效实现形式，鼓励发展农业适度规模经营。截至 2019 年底，全市承包耕地流转面积达到 1531 万亩、流转率为 44%，适度规模经营面积为 1285 万亩、集中度为 37%。土地承包经营权的流转放活推动了新型农业经营主体加快成长。全市发展家庭农场 2.2 万家、经营耕地 134 万亩，户均经营耕地面积达到 63 亩左右；发展农民合作社 3.4 万家，其中土地股份合作社达到3502家、土地入股经营面积161万亩；累计发展农林牧渔企业6.6万家。有效培育了新型农业经营主体，为现代农业发展注入了动力活力，为农业资产流转交易提供了广阔市场空间。三是蹄疾步稳推进农村“三变”改革试点，引导资源变资产、资金变股金、农民变股东重要发展方向。2018年，在38个村开展“三变”改革试点。2019年4月，重庆市印发《2019年扩大农村“三变”改革试点工作方案》中提到“新增试点村99个，总数达137个（其中，贫困村38个）”。目前，试点村入股耕地8.2万亩，累计盘活集体林地、草地、水域、四荒地2.1万亩，闲置撂荒土地3.1万亩，闲置农房872套，集体经营性资产1.4亿元。引入和培育市场经营主体1186个，建成标准化产业基地16万亩，使22.9万农民当上股东。

（二）农村“两权”资产流转问题

随着农村产权制度改革的不断推进，一家一户分散的资源加速集聚，农村集体闲置资产加速盘活，城市工商资本加速进入，农村“两权”资产流转交易需求日益旺盛，但仍然面临土地流转行为不规范、土地流转中政府定位不当、服务机构不健全、流转机制不完善、农业资产比较收益低五个方面问题，本文重点在分析服务体系上，主要问题表现在：一是现有农村“两权”资产流转的互联网平台、交易受当前技术、平台服务范围及影响力的限制，发挥效用有限。现规模较大的撮合平台，如找哈哈、土流网、土交所、聚土网等平台，多运用“线上项目信息发布、线下撮合交易服务”的形式开展服务，流转范围及撮合交易方式受时间、地域的影响大，平台的合规合法性、价值评估、有效分类、供需双方匹配以及增值服务等功能也未能实现，致使现有的农村“两权”资产流转仍存在交易市场不完善、交易信息不对称、流转过程不顺畅、流转效率较低、二次流转受限等诸多问题。二是当前农村“两权”资产流转交易尚未形成规范有序的商业模式。当前农村经营性资产流转过程中，存在流转资产结构复杂、资产评估定价困难、资产业务产品设计欠缺、未能形成标准化分类、流转过程信息存在盲点、流转手续交易合法合规性难以保障等诸多困境，导致流转市场混乱，难以形成规范有序且发挥巨大潜在价值的商业模式。

二、促进科技创新与农村“两权”资产撮合交易商业模式必要性

历时半年的研究，发现以区块链、大数据为代表的智能科技手段具有等式网络协议、智能合约、互联互通、数字化与智能化等便捷高效功能，结合流转交易需求，刚好能弥补目前农村“两权”资产撮合交易市场的公正、支付、鉴证、定价、抵押、变现等服务问题，主要表现在以下几个方面。

（一）通过数字化、智能化手段，形成完整的农村经营性资产流转链条，促进农村“两权”资产变现

一个完整的农村经营性资产流转链条是由链上不同实体组成的系统，其中包括流转出让（承包）方、流转接收（受让）方、政府及相关监管/颁证确权部门、第三方（撮合流转平台、担保公司、金融机构等）等多个环节，以土地承包经营权为例，根据《中华人民共和国农村土地承包法》（2018年修正）中，关于第四十条，土地经营权流转条款，需落实“当事人双方应当签订书面流转合同，土地经营权流转合同一般包括以下条款：（一）双方当事人的姓名、住所；（二）流转土地的名称、坐落、面积、质量等级；（三）流转期限和起止日期；（四）流转土地的用途；（五）双方当事人的权利和义务；（六）流转价款及支付方式……”的要求，同时第一个受让方若再次将流转土地转让至第二个受让方时，还需原承包方签字的同意。截至2019年底，重庆市农民户均土地面积约为3.5亩，以流转100亩为例，需近30户农户，按一户三口，约100人签订合同方可生效，

但目前农民大多进城务工，造成签字及管理上难度极大，各种类型的信息分散在单一区块中，使信息被隔离、阻断而导致流转市场无法满足各市场主体的需求；而且，由于信息缺乏准确性，各转让主体之间难以建立互信机制，一旦转让主体之间发生某种争议，其相关的证据和责任就成为解决争议的主要突破点。

借助区块链技术可以在转让效率及溯源上充分支持重复多次转让，通过连接各区块将农村“两权”资产进行数字化处理，完善流转链条，丰富撮合交易平台上的农地承包经营权流转信息，实现农地流转供求双方的对接，并通过分布式账本形式，实现流转过程中的价格发现与透明合理，最大限度地实现资产价值变现。比如，在农村经营性资产流转中应用区块链，可以在资产流转开始时为项目加上电子身份标签，标签里将完整记录项目的来源（属地、原有承包人）、项目过程（项目生物资源、附属物资源、受让人）、质量检测（环保、准入资格等）、交易环节和流转过程等信息，其中任何一个环节出现问题，都会及时暴露出来。基于区块链的分散组织使每个节点都具有自主权，这样就为各市场主体提供了及时有效且真实的信息，此外，这些信息还可以为政府市场监管部门的信用监管提供数据证据。

（二）通过点对点组网技术，畅通流转信息传播渠道，降低信任成本、人力成本、中介成本

在农村“两权”资产流转中，各区块对于土地流转信息的需求内容各不相同，单一的流转信息传播渠道易导致信息不完善、信息缺乏准确性等问题，且流转信息传播过程中第三方的介入，加剧了这个问题的产生。流出方（农户、承包方）需要依据附近土地流转价格、土地使用规划及基础设施情况等信息，作为土地定价衡量标准，来为自己的土地定价；流入（受让）方（其他农户、经济合作组织或企业等）需要土地周边环境、土地使用状况以及可供流转的土地等信息，以便进行比较、甄别，选择最佳流转方案；政府部门需要土地流转规模、流转频次等信息用以研究国内土地流转状况并据此制定相关政策。

区块链通过点对点组网技术，能够实现每个节点平等分布，使每个区块独立参与系统运作，通过各区块间互联互通，使各需求方能够依据自身需要获取关键信息；且由于不通过第三方中转，减少了数据转化的中间环节，能够充分保障信息的完整性，提高了流转信息传播速度和效率，推动撮合交易信息数据的集约化，此外，交易信息在系统各节点之间互为备份，还能保证交易系统安全，防止节点损坏所致的整网瘫痪，有效降低了流转信息传播的信任成本、人力成本、中介成本。

（三）通过智能合约规范流转交易，推动多方共赢

在现有的农村经营性资产交易过程中，大量交易发生于农户之间。很多没有书面合同，没有通过市场交易，很难进行约束；即使有书面合同，有的不按规定签订合同，随意性较大，其内容也不完整，合同条款及标的不明确，存在很多不确定性因素，在某些方面不具有法律效力，甚至有的未经村社集体经济组织审查同意。这不仅会扰乱了土地市场的正常秩序，还会导致流转行为和交易结果不被法律所保护，当农户流转或出租土地经营权 / 宅基地使用权之后，无法律约束和保障，同时交易双方如果发生争执，没有合理的途径保障自身合法权益。

区块链通过智能合约技术，能够建立农村“两权”资产撮合流转规范化交易市场。智能合约将可编程的功能嵌入流转平台中，通过数学计算协商协议中的条款，自动验证履行，甚至执行约定的条款，利用条件触发机制，确保区块链的合法合规应用，同时，还可利用可扩展性，将区块链向平台交易和智能监管等纵深发展。这项技术的运用不仅可保障流转交易双方的合法权益，而且能够进一步规范流转市场，且越多的区块加入其中，就越能保障合约的被执行。

（四）通过分布式账本、时间戳技术，构建农村经营性资产流转信用体系，打破流转过程中地域限制

农村“两权”资产流转范围受地域限制较大。由于信任问题、流转手续等问题，现有的农村“两权”资产流转多存在于区县内部甚至相邻村社之间，较少能够实现跨地域（省市之外）进行土地流转，但相邻村社之间流转的流入方需求有限、承受能力有限，故而难以实现资源的合理利用、充分流转。

区块链通过时间戳技术和分布式网络节点技术，一是为区块链赋予时间维度，将项目流转交易信息记录在区块中，各区块按时间戳顺序连成一条主链，并永久记录于区块链，保证区块链记录的数据系统是可追溯、不可篡改的，从而保障了项目流转信息的准确性；二是采用分布式共识算法，在分布式网络各节点地位平等的基础上，促使各节点间达成共识，通过分布式的结构实现交易的自动执行、不可篡改等良好的机制，无须任何第三方中介机构的参与，极大地还原交易的本质，进而打破农村“两权”资产流转过程中的地域限制，加快资源双向流通。

综上所述，区块链技术运用在农村经营性资产流转平台上，使传统上难以流通和商品化的农村“两权”资产，因为“信用力”成为可以批量化生产的流通商品，实现数据共享，降低运营成本，提升协同效率，从而打造便捷高效、公平竞争、稳定透明的流转环境，促进城乡信息、资金、人才、征信等方面更大规模的互联互通，扩展了流转范围与流转效率。

三、科技创新在搭建农村“两权”资产撮合交易平台中的运用

（一）农村“两权”资产撮合平台技术系统体系架构

基于上述区块链核心技术及服务板块，可形成“基础设施层＋网络

层”“合约层＋服务层”“展示层（交易平台）”三个层级的系统体系架构。

1. “基础设施层＋网络层”

基础设施层提供系统运行的底层资源支持，包括物联网（IoT）设备、网络资源、存储资源、安全设备等硬件设备资源。基于物联网（IoT）设备可采集农村经营性资产流转的大数据信息，比如，采集聚土网、土流网及全国各地的土交所相关农村闲置资产的数据信息，并以此形成区块链中的一块。此外，基础设施层还包括安全设备等其他硬件，用于保护底层网络系统的安全性，对有数据隐私要求的部分进行设置等，如对于部分涉及隐私的数据可设置权限，形成内部可控、处理速度较快、成本较低、安全性较高的私有链。网络层提供系统构建的基础区块链网络，区块链采用联盟链网络方案，连接政府部门、监管部门、金融服务部门、土地流转项目经营等相关企业等区块，以此满足大部分业务场景的需求。

2. “合约层＋服务层”

合约层通过智能合约实现上层应用对链上数据、业务的调用。通过预言机技术、分布式身份标识、跨链互操作等技术，基于共识机制形成合法合规且操作性较高的智能合约，实现项目流转的线上签约与执行，并完成相关监管部门的权属转移登记，确保交易合法合规性。服务层为展示层提供相应的接口支持，提供一系列基于区块链技术的数据服务，包括数据采集、数据上链、数据存证、数据交易、访问控制、数据隐私、安全共享、监管审计等，实现数据从物理世界到区块链网络再到全生命周期流转服务，保证整个流程中数据的真实性、安全性、隐私性、可审计。

3. “展示层（交易平台）”

展示层通过可视化界面的形式与平台使用者、网络管理员进行人机交互，主要包括数据存证平台、数据交易平台、区块链管理后台。数据存证平台用于数据的采集、上传、存证，并通过预言机技术生成验证证书，供相关审计工作使用；数据交易平台用于数据的交易与安全共享，基于区块链智能合约，实现跨主体之间的数据安全交易与协作，保证交易过程的不可篡改，保护数据的隐私安全；区块链管理后台则用于管理链上网络状态，支持动态调整网络配置，监控网络节点运行状态等功能。

（二）农村“两权”资产撮合平台运营板块流程及其应用场景

区块链是由分布式网络中所有的节点在无须信任的情况下，通过共识算法和数字加密技术构建的一个可信任系统。“区块”记录了创建过程中所发生的全部价值的数据块，并将所有区块按创建时间序列汇集，形成一个不可逆的数据集合，区块间依据智能合约实现流转交易的自动执行，同时依据分布式账本技术，将交易过程中的数据分别存于链上所有节点里，最终形成不可逆、不可篡改的交易链条。

与此同时，在这个链条上加入政府、监管部门、金融机构等区块，实现市场监督、产权监管维护等职能，打造“区块链＋流转服务”的闲置资源流转平台，最终形成“统筹规划、特色鲜明、进退有序、诚信守法、高效利用、各方受益”的集“信息发布、资源交易、金融服务、法制监管”于一体的服务平台。

第一，信息共享系统提供海量资讯，基于大数据智能发现价格，并基于区块链技术自动匹配供需，使流转交易更加高效便捷。对于参与者需求信息对接，这意味着对于任何参与者都能在平台中找到实现自己需求的供给节点或节点群。撮合交易平台的核心业务是整合双边用户资源以促进交易，通过链接各个区块组建流转平台，快速吸引和集聚大量的市场主体（交易双方），建立“两权资产价格智能发现系统”，通过展示商品、发布信息、估价、交易鉴证、金融服务等实现交易双方的无缝对接。

第二，政府系统及监督维权系统提供多方数据资源，保障流转交易的公平公正性。多能系统区块链通过跨链连接技术，可以实现多方数据资源整合，以达到全网共识和多业务联合开展的目标。例如，通过全网数据整合政法数据、监督维权数据，可以对个人认证信息、交易信息、流转备案信息、土地基础数据信息、企业注册备案信息、融资备案信息等数据进行综合分析，从而计算、验证和分析出最合理的方案，在此基础上根据实际数据进行优化决策并形成数据报告。另外，在多能系统交易体系中确定智能合约的统一形式，将对应的执行逻辑嵌入多能系统中，通过多方参与资源调配主体实现交易。

第三，交易系统基于区块链数据处理和交叉验证自动生成智能合约并自动履约，使流转交易更具稳定性与公正性。区块链技术通过数据整合与交叉验证等方式，在保有数据主权和数据治权的情况下，针对具体的交易各方提供的证据，对交易进行交叉验证，整合平台中不同节点所能提供的产品和服务，来满足其他节点提出的需求。在交易系统中，使用智能合约技术设置前提条件，当满足条件之后可以自动执行预设的事项，对于流转范围跨度较大的交易双方，前提条件可以是“就某地或某项目的流转达成一致意见”，自动执行的事项可能是“项目或权属的确认转移”，且智能合约的意义不仅仅在于能够替代传统流转交易中合同的职能，更在于自动履行约定的义务，能够保障跨省或跨区县的流转得以顺利进行。另外，基于区块链技术的交易过程具有透明、不可逆、不可篡改等性质，加之政法服务系统、监督维权系统板块提供的权威保障，能够使流转交易更具稳定性与公正性。

第四，延伸链接金融、电商及品牌推广等配套服务系统区块，将系统打造为集“流转—项目设计—金融服务—产品推广”等为一体的综合智能平台。比如，金融系统可为流转双方提供担保融资服务，助力流转，并将流转的资产在服务系统中办理有效抵押及变现；项目设计系统基于平台数据，综合项目周边情况，分析项目发展的前景以及上下游资源，为流入方合理规划项目方案、优化资源配置的同时，保障项目发展的稳定性与长期性；电商系统可以链接平台上的各个商家，对接资源的同时，助力农产品销售；品牌推广系统可以为平台上的流转项目及商家打造品牌效应，提升品牌溢价能力及信誉度；运营管理系统统筹各个区块与系统间的关系，做好后勤保障工作的同时，发挥区块链激励机制作用，对提供有效数据、参与分布式记账的贡献参与方给予有效的激励，与整个平台现有的需求相结合，进一步扩展平台的功能与影响力。

四、存在的问题

目前，经济和社会各方面在区块链、大数据应用基础还不完善，特别是区块链技术的运用存在一定风险，从理论上讲，区块链技术的应用可以涵盖金融、商业、经济、社会等许多领域，但实际上，项目信息数据化、资产数字化的运用仍然存在较高的风险，区块链目前发展的现状在于缺乏公共可信的基础设施与社会环境，这也将限制其大规模应用。

（一）区块链技术尚处于起步期

一是基于区块链技术的分布式特性，目前数据的运算能力及其安全性短时间内无法得到有效保障，必须研发可行性风险管控技术和应急措施。比如，传统中心化数据库采取并发处理方式可以确保网络运行安全和稳定，但是分布式数据库的串行操作效率则低于传统方式；内容验证增加了区块链网络安全性，但意味着要改变网络地址应用的传统存储数据方式；节点参与越多，网络及节点运算压力越大，对智能终端和带宽要求更高；链上海量数据的点对点传播和全网节点记账可能带来数据传输错误、网络瘫痪等隐患。

二是各参与方对区块链核心技术中智能合约的效力认定有待商榷。智能合约目前并没有统一的规范，就其本质上而言，智能合约是由某种代码或者可编程的脚本组成，其本身不具备任何的自我约束和自检的能力，只能用于执行某个特定的动作。看似其在制定成功并发布锚定到区块链后，具有不可篡改的特性，但合约本身仍具有潜在的安全性问题，在业务实现时，尤其是智能合约制定期间，编写者的主观因素、智能合约制定过程中的逻辑错误都是无法完全避免的。

三是合规、监管与创新的协调难度较大。现实中区块链技术应用创新难免触及政策法规盲区。风险监测管控难度加大，一些传统监管手段难以满足需要，甚至监管往往滞后于区块链技术创新应用。对监管部门的挑战在于，如何管控、防止利用区块链技术通过损害社会诚信和公众利益来进行非法金融活动，如何发展应用合规科技、监管科技。虽然公开、透明、时间戳、不可篡改等特性有利于监管，但是监管部门、监管行为如何上链、与传统监管方式如何有机融合与迭代还需要成熟方案。

（二）相关法律法规尚不健全

一是虽然区块链技术是当前各行各业最受关注的技术之一，但相关区块链实际运用与管理规范的法律法规制度还尚不健全。区块链技术基于分布式账本的去中心化特征，变革了传统生产关系，因此需要重构法律法规及政府监管机制，以合理引导区块链技术在农村经营性资产流转中的行业应用，而当前区块链行业法律法规不完善、监管不到位等问题会给技术的具体应用带来风险。二是农村“两权”资产流转的相关法律法规不够完善。目前，我国还没有一部专门、正式的农村宅基地使用权方面的法律，只是依赖于一些规范性政策和地方性规章来调整和规范，在实际流转应用中与法律规定有冲突或不明的情况不乏出现，延缓了流转进程。其一，制定的法律交叉重叠，法律规范适用上有冲突。比如，《物权法》《农村土地承包法》及《农业法》关于如何界定土地承包经营权法律性质的相关规定表明，对“土地流转是否受限”同时存在自由流转和限制流转两种不同的法律条文。其二，土地流转方式规定不明确、不具体，操作上有困难。比如，《农村土地承包法》及《农村土地承包经营流转管理办法》在司法实践和实际工作中常遇到抵押、继承等流转形式并未明确规定的情况。

（三）“区块链＋农业”双项专业人才匮乏

一是区块链底层系统架构设计人才需要掌握计算机、智能硬件、软件开发、网络技术、密码学、数学等交叉学科和专业技能，并深入理解区块链价值体系；二是农村经营性资产涉及范围领域广，需要有农业农村管理、项目管理、平台运营等层面的专业人才。故而，区块链应用和农村经营性资产流转平台的结合，还需要兼具技术和运营管理的复合型人才。目前，政府相关部门缺少区块链人才培养政策，高校、社会培训机构等较少开设具有专业性和延展性的区块链专业课程，有关区块链、区块链平台的学科建设、专业建设、教育培训总体较少，行业缺乏统一的人才技能标准。

（四）区块链技术在撮合交易实际运用中存在认知偏差

一是社会各界对区块链的认知存在偏差，区块链作为新兴技术，存在一定程度的公众认知不足与行业发展疑虑等问题，并且区块链快速发展至今，仍未出现具有明显商业意义的、可大规模推广应用的成功案例，这也降低了业内对区块链持续发展的信心。二是农村经营性资产流转交易撮合平台当中，流转方大多为农户、村集体组织等，这部分群体对于区块链技术的认识有限，对项目信息数字化、智能合约自动生成和执行及虚拟货币等服务方式可能存在较大的质疑，信任程度低，从而加大平台的运用与推广的阻力，且区块链技术的运用需要有一定的网络、科技基础，部分偏远地区的农村的基础设备不够支撑区块链技术的运用。

五、政策建议

（一）健全农村“两权”资产流转交易市场服务体系，完善农村经营资产撮合交易的扶持政策和保障措施

第一，依法依规推动土地经营权、林权、集体经营性建设用地、农田水利设施等各类农村产权有序流转交易。延伸产权流转交易服务链条，优化流转交易服务机制和流程；健全农村产权抵押登记、价值评估、交易鉴证等制度体系；培育农村产权资产评估机构、中介组织和经纪人队伍。从

化解农业信贷担保风险资产入手，创新探索农业农村流转交易新机制。

第二，积极引导、推动农村“两权”制度改革设计与现行产权交易制度设计。应着力构建顶层设计并制定出台相应规范制度管理办法，为农村“两权”流动及区块链技术的运用奠定制度基础；根据农村“两权”产权交易规则出台相应的引导政策和鼓励政策，加大财政贴息贴费力度，对进场交易的买卖双方主体给予减税、补助等优惠：（1）对撮合交易过程中产生的配套费用进行补助，如中介费、评估费等；（2）对流转交易农村产权，融资贷款部分进行贴息；（3）对因购置农业资产，融资贷款部分进行贴息；（4）提升参与平台运营的各类职能部门的积极性，根据参与权重，设置绩效考核指标，给予相应工作津贴；（5）设置专职人员，建立专项经费。对市区县村各级相关工作人员权责利作出统一，建立农村产权流转交易的专业服务团队，加强区块链技术关于农村经营性资产撮合交易平台融合的指导和培训，提升其专业化水平，提高服务质量；（6）建立专项经费制度，对区块链技术的运用进行研发，对平台运营和监管等进行日常维护，保障平台的正常高效运作。

第三，完善农村“两权”产权流转交易管理制度建设。完善农村“两权”交易的招、拍、挂制度，明确土地承包经营权、农村宅基地使用权的交易流程，建立对农村产权经营主体的监督制度，健全产权流转交易纠纷处理机制等，完善区块链技术在流转交易市场中的规范运用。

第四，构建包容、审慎、科学、有效的监管体系。监管部门要更加重视农村经营性资产流转过程中的业务风险与区块链技术风险叠加后产生的扩散效应，平衡行业发展与风险监管的关系，建立针对性、一致性和有效性相结合的区块链撮合平台监管原则、微观指标和监管工具，建设多层次、全方位、跨部门、跨区域的功能监管、动态监管、协调监管、效益监管、底线监管等监管治理体系，确保区块链金融发展过程中的风险可监测、可管控、可承受。

（二）完善相关法律法规制度，为农村“两权”资产改革提供良好政策环境

第一，对农村“两权”改革涉及临界国家政策和法律、行政法规相关条款边缘的，在加强整合政策资源、修改完善现行行政条款的基础上，进一步放宽相关制度边界，为试点工作授权。

第二，在坚持土地公有制性质不改变、耕地红线不突破的前提下，健全土地承包经营权流转方式的具体实施程序、监督机构、费用收取、管理办法等机制，提高市场化程度；在坚持和完善最严格的耕地保护制度前提下，赋予农民对承包地占有、使用、收益、流转及承包经营权抵押、担保权能。

第三，以农村宅基地流转为例，在遵照《土地管理法》的前提下，可以根据重庆市制定的农村宅基地用地管理办法及实际，结合人口和土地特征，出台《农村宅基地流转实施细则》，做好农村宅基地流转的管理。具体内容包括扩大农村宅基地流转范围及方式、流转合同文本、流转的条件、农村宅基地收回等。

（三）大力支持区块链技术与农村经营性资产撮合交易平台的融合，构建“政府＋平台”运行机制，选择有实操经验的平台进行试点

第一，完善“区块链＋”农村产权交易体系。一是加快市县乡村四级交易信息体系建设，完善农村“两权”资产流转撮合平台中的产权登记信息查询系统；二是支持区块链技术与农村“两权”资产流转撮合交易平台的融合，实现信息资源的透明化、共享化和高效化利用，助力平台收纳海量信息数据与项目资源，形成完备的数据库、资源区块，打造更加智能高效的流转平台，并推动平台构建形成健全的商业模式。

第二，支持区块链技术的运用。搭建联盟链整合各类产权交易数据，建立农村产权交易联动机制，促使撮合交易平台实现信息收集、发布、交

易、变更登记、过户等一站式服务，在更大范围内实现供求双方的信息对称和价值的最大化，打造具有公信力的正规交易平台，扩大平台的影响力及辐射范围，以最大限度地推动农村“两权”资产自由流转。

第三，为区块链技术与农村产权流转交易市场的融合运用及推广研究提供政策扶持、财政奖补。政府部门、科技部门等应加强对区块链技术探索运用方面的研究与扶持，围绕区块链重点业务拓展需求和重点产业发展方向，提供专项经费，对区块链技术的运用进行研发；出台区块链金融产业化应用、公共服务平台建设、多渠道融资服务体系建设等领域的专项政策规划，优化政策工具组合，进行精准扶持和有效监管；加强对专业人才的汇聚及培养，并形成区域之间、城市之间联动发展、错位发展、协同发展，打造跨区域布局的区块链资产撮合交易平台。

第四，扶持打造一个具有前期基础的应用场景丰富、技术领先、熟悉农业农村经营性资产流转规律的区块链平台进行试点。支持鼓励经验丰富的土地流转撮合交易平台引入区块链技术，探索形成由行业主管部门等公共资源服务主体与多个村集体经济组织共同发起设立农村集体资产整合管理新平台，按“事项化、项目化”方式，实行“所有权与经营权”相分离，引入市场经济主体，共同参股设立单个项目运营主体，发挥市场资源的配置作用，经营盘活农村集体资产，从而对集体经济组织的资产整合和生产要素实现有效利用。

助力农村“三变改革”盘活农村信贷风险资产的五点建议

重庆市深入推进的农村“三变改革”试点为乡村全面振兴夯实了基础，通过培育农业农村新动能、整合并释放涉农要素活力等形式取得了积极效果，正在探索与农村农业特点相适应、与金融要素深度融合的新机制。为此，一要允许债权方牵头，开展农业资产的集中化经营；二要明确重庆市农业信贷担保的“政策性导向+市场化运作”的经营管理方向；三要吸引社会资本以股权投资方式注入“三变”改革；四要构建以信用体系为支撑的涉农担保机制；五要做实农村金融要素循环机制和农村信用风险资产盘活机制。

重庆市深入推进的农村“三变改革”试点为乡村全面振兴夯实了基础，通过培育农业农村新动能、整合并释放涉农要素活力等形式取得了积极效果，正在探索与农村农业特点相适应、与金融要素深度融合的新机制。值此“稳中有变”的关键节点，需要进一步聚焦农村农业领域深层难点，尤其是以盘活农村信贷风险资产为出发点，化解关切农村长久利益的历史疑难问题。

一、当下农村信贷风险资产处置面临“三重困境”

针对农村产权抵押融资抵押物评估难、变现难、风险相对较高等特点，我国先后开展了健全完善土地权属登记及流转管理、农村资产评估、抵押登记服务等工作。各地也涌现出大量关于涉农信贷风险处置的探索，如重庆市探索建立风险分担补偿和激励支持等机制，组建专门机构负责不良资产处置，采取担保费补贴等办法为金融机构和农民托底。上述举措围绕农村金融领域开展了大量实践活动，但仍存在诸如“沉睡”的农村信贷资产无法有效盘活、金融联结涉农生产要素的新型机制尚未建立等问题。农村金融领域的上述难点集中体现在涉农信贷风险资产处置中，即其在实践中面临的“三重困境”。

（一）作为担保抵押物的土地经营权，在实践中面临“执行困境”

由于土地经营权可流转，当流转后的经营权再用于抵押，若出现承租人因无法偿还贷款、恶意逃避债务等情形，可能面临原土地承包人、债权方的权利“落空”。例如，报道的山东德州案例，有农户流转了全村土地经营权，随后发现还不上相应抵押贷款而“跑路”，导致耕地撂荒、租金拖欠。在该过程中，各利益相关方面对资产处置诉求分化，陷入执行僵局，甚至影响社会稳定。在对重庆市金融机构调研中了解到，坏账风险和法制缺位是金融机构涉足“三农”贷款的最大担忧。为防范金融风险及农民失地风险，重庆市设立了农村产权抵押融资风险补偿基金，由借款主体、金融机构和当地政府共同承担损失风险，但该基金在设立后尚未真正动用，对农村金融主体而言“可望而不可即”。

（二）农村信贷风险资产面临多元主体之间的“囚徒困境”

现行的农村信贷风险资产处置包括整合出租、挂牌转让、再流转等，但上述手段在实践中因面临诉求不一的多重主体而难以落地。出租、转让、再流转等方式着眼于涉农信贷资产、土地的远期收益，但在农业经营主体、农户、村集体、银行、担保公司等不同主体的参与下，常出现诉求分化、陷入僵局的情况，导致农业信贷资产内在价值在传统处置过程中迅速降低。例如，重庆市某柑橘种植园的案例，原经营主体因无力偿还银行贷款、无法支付农户土地租金而产生坏账并“跑路”，但在处置中面临村集体、农户阻挠，其认为新引入的经营主体需要为欠付的农户租金、村集体管理费等负责，导致该种植园始终无法盘活。目前市农业担保公司试点成立了农村资产经营管理公司，赋予其农业生产经营职能，这类公司负责盘活农村信贷风险资产的运营主体，从而有助于化解“多元主体博弈困境”。

（三）农村信贷风险资产面临生物性资产保全的“两难困境”

由于农村信贷资产主要以土地构筑物、农林生产服务设施等作为担保，其处置前期原经营主体陷入困境，导致原有的生物性资产在过长的处置周期中产生巨额损失。比如，在调研中了解到，由于原柑橘园经营主体经营不善而导致无力偿还银行贷款、无法支付流转土地农民租金。在旷日持久的处置中柑橘园疏于照料，出现果树病死、果树退化等情形，极大降低了该生物性资产的价值。一方面，传统的风险资产处置需要周期；另一方面，过长的处置周期、过多的利益分化诉求将直接影响农业信贷资产本身的价值。生物性资产保全的“两难困境”导致处置效率低下，也进一步影响了金融支农的信心。

上述历史遗留难点，既成为困扰重庆市涉农担保公司、银行的风险资产，也是规范土地流转、保障农民权益的当务之急。原有的处置做法周期长、见效慢、处置过程中存在持续性损失，已不适应当下需要。为此，本文抓住“整合涉农要素资源”“实现各方利益有机联结”这两个关键点，形成化解涉农风险资产的合力，更好地助推和深化重庆市“三变改革”试点。

二、盘活重庆市农村信贷风险资产的五点建议

通过股份合作社等新型利益联结方式，以持续经营、提升涉农生产资源潜力为着力点，能够在农村信贷风险资产盘活的同时，形成农户有租金、集体有活力、经营有收益、资产有增值的多赢局面。

针对原涉农经营主体不再负责的信用风险资产，建议允许债权方牵头，开展农业资产的集中化经营。按照农户土地、村集体经营投入、各债权方规模等进行折算入股，约定以存续经营为目的，优先受偿农户土地租金及非金融机构债权方。其方向是：探索“三方协议 + 统一账户 + 贴息保险 + 互保联贷”的融资方式，满足产业链条的资金需求和信贷风险资产的处置需求。重庆市农业担保集团围绕涉农信贷风险资产开展的资产经营试点值得关注并相继推广，其特色在于变“处置涉农信用风险资产”为“经营盘活涉农资源要素”，有效平衡了农户土地租金、村集体经营性收益、金融机构债权、担保方追偿、经营主体财产等多方矛盾。重庆农担针对不同发展阶段的新型农业经营主体，以担保为主线，延伸出新型农业经营主体（农民合作社）创业股权投资引导基金、农业网贷中介服务平台、精品农业电商保后管理平台、农业咨询服务平台、农业经营项目共享平台、农产品区域公用品牌运营推广等在内的“1+6”农业信贷担保综合服务，并在此基础上形成了涉农经营性资产平台（重庆农业资产经营管理有限公司），具备了信贷风险资产盘活的经验与基础，也具备了全国“农业担保联盟”的体系优势。

此外，在“三变改革”的政策框架下，一是需加速形成股份合作社、农户、金融机构、担保机构四方联动格局。金融机构对社员按在授信额度内发放信用贷款，社员将其获得的贷款存入合作社在金融机构的统一账户，由金融机构对合作社账户资金的使用进行全程监控，并预留一定比例（10%）的担保基金。股份合作社以销售回笼货款作为还款来源，以自身资产为担保抵押，由金融机构代付农户收购款，由农担体系为其增信。

二是需明确重庆市农业信贷担保的“政策性导向 + 市场化运作”的经营管理方向，防范和化解农村金融领域的重大风险。农业信贷需求主体弱势、业务风险偏大等特征决定农业信贷担保具有很强的准公共产品属性。因此，需要建立商业性业务与涉农业务板块相对隔离机制，坚持“小额、分散”等面向农户的经营导向。需注意警惕的是，当前重庆市部分涉农信贷担保机构以“单笔放款金额高”为取向，涉及经营贷款担保、票据承兑担保、贸易融资担保、信用证担保等业务。在商业性与涉农之间定位模糊，值得注意。更有少数涉农金融机构，在实践中采取“宽口径”的界定标准：将涉及区县的各产业信贷都视为农业信贷和担保投向，不顾其领域和业务性质，导致“涉农金融及担保”数字连年新高，但农户对于相应融资和担保等业务获得感仍然不强。

结合现行监管要求和规避农业信贷风险资产的需求，在涉农担保领域需划定底线：不得对同一控制人或关联企业超集中担保，不得不经风控程序而随意承保，坚决杜绝行政干预、“人情担保”等现象，严防造成风险聚集与承受能力不匹配，导致出现流动性风险，甚至引发金融风险。

为此，建议规范重庆市农业信贷担保业务：一要找准农业信贷担保支持对象，致力于解决农村金融的症结，即农村信贷有效需求主体，其特征包括真正投资“三农”、确因涉农项目经营管理产生资金需求；所投项目具有较好的预期现金流，能够或者基本能够覆盖融资本息。二要选准农业信贷担保作业模式，采取批发、集群的方式开展“小额分散”而非“大额经营性担保”，尤其是要避免“擦边球”式的农业担保融资业务。三要优化业务开发流程，实现涉农担保的“服务产品化”。农业项目小、频、急的融资特征决定其应简化流程、提高效率，将放款周期纳入考核指标，真正引导金融资源快速流向“三农”。四要用股权投资人的意识替代债权追索人的意识，将承保的涉农项目视为自身投资的项目。五要将农业担保业务视为普惠性的公共服务，“积极的财政政策更加积极”，不断提高财政资金的兜底能力。

三是吸引社会资本以股权投资方式注入“三变”改革中。加快建设全市农村产权抵押融资信息数据库，以重庆农担等实施方为牵头单位，支持农村集体经济组织、股份合作社、股份公司以农村土地的经营权、农业设施等向金融机构抵押融资。做实做强政策性农业担保体系，为农村“三变”改革市场主体提供融资担保服务。建议充分用好重庆市现有的经营性农业资产管理平台，发挥股权资金引导作用和财政资金杠杆“撬动”作用，广泛吸引社会资本，提高直接融资在“三农金融”中的比重。

四是构建以信用体系为支撑的涉农担保机制。完善农村信用体系建设，将农户和承接经营主体的信贷信用信息纳入中国人民银行征信系统，进一步扩充信息采集范畴，公安、工商、法院、税务、国土、环保等部门可依法依规向征信系统报送行政执法信息。深入推进信用农户、信用村组、信用乡镇和农村金融信用县等农村信用工程建设，开展新型农业经营主体信用评级与授信。加快再担保机构发展进程，依托重庆市农业担保集团的平台，扩大小微企业和“三农”融资担保业务规模，并探索以农业担保机构为载体，联系合作社等经营主体、村集体经济组织共同出资组建行业性担保公司，在属地化基础上形成针对特色效益农业产业链的担保体系。

五是做实农村金融要素的循环机制和农村信用风险资产盘活机制。坚持社员制、封闭性原则，在不对外吸储放贷、不支付固定回报的前提下，以具备条件的农民合作社为依托，稳妥开展农民合作社内部资金互助试点，引导其向“生产经营合作 + 信用合作 + 涉农担保”延伸。在面临农村信用风险资产时，优先采取与村集体搭建合作平台公司的方式，按照项目制进行委托管理，由资产公司会同村集体，在对当地特色资源、特色产业、特色区位挖掘基础上研判产业方向和思路，共同经营、盘活信用风险资产。

农业融资担保项目保后闭环管理创新实践初探

农业融资担保一直以来都属高风险行业，如何降低担保风险是行业的永久课题。保后管理是农业融资担保的“防火墙”，但“重保前、轻保后”的思想观念一直以来是加大担保风险的主要问题。为做好保后管理、风险控制，重庆农业融资担保集团有限公司（以下简称重庆农担）以融资担保为主线，闭环延伸出“1+6”农业信贷担保综合服务，建设包含农业信贷担保、创业股权投资、助农贷撮合、农业咨询、农业电商保后管理、农业经营项目共享、农产品区域公用品牌运营推广的服务平台，推行公司综合闭环管理机制。本文主要通过分析“愉哈哈”精品农业电商保后管理平台的运行模式及主要作用，探究如何做好农业融资担保项目保后闭环管理。

“1+6”农业信贷担保综合服务遵循“闭环”管理模式。把重庆农担的“供—产—销”管理过程作为一个闭环系统，使主系统和子系统内的管理，构成连续封闭和回路且使系统活动维持在一个平衡点上，进而使矛盾和问题得到及时解决，决策、控制、反馈、再控制、再反馈，从而在循环积累中不断提高，促进企业超越自我科学发展。公司以“愉哈哈”平台为前端，整合资源，全力打造从生产端到消费端的保后供应链平台，打通产销渠道，推动农产品出村，确保农业信贷担保项目高质量发展。

一、“愉哈哈”平台概况

“愉哈哈”精品农业电商保后管理平台是重庆农担在重庆市人民政府

提出“供给侧结构性改革”、聚焦“新时代人民美好生活”总要求指导与国家“互联网+”的战略背景下，以公益行为全力打造的一个重庆精品农业电商保后供应链管理平台。经过三年的探索，逐步形成了“线上+线下”融合发展的新零售模式。

（一）生产端管理

“愉哈哈”平台依托重庆农担万余户在保新型农业经营主体，联合省外兄弟农担公司合作生产主体作为上游生产前端，整合打造形成了农产品生产基地市场。

（二）供应端管理

“愉哈哈”平台充分发挥创业股权投资支持的主城农贸市场基础，用好农产品区域公用品牌“巴味渝珍”的品牌效应，积极开展各种节会及展会，扩大品牌效应，增加边际效益，整合资源建立各级分销市场：一是依托重庆农担全资子公司——重庆市农业资产经营管理有限公司（以下简称资产公司）投资的10余个农贸市场（江津双福、观农贸盘溪批发市场等），整合形成一级分销市场，从而为二级市场提供更好的配套、增值服务；二是通过积极寻找战略合作供应商/渠道商，借助其渠道、交付、物流优势，整合打造二级分销市场；三是联合二级分销市场，以社区周边农贸市场、商超、“巴味渝珍”或“愉哈哈”线下店作为三级分销市场；四是通过建立小区智能购物柜，以小区冷鲜购物柜铺点，作为四级分销市场。“愉哈哈”平台通过分级构建分销市场，为重庆农担在保客户打通市场供应渠道，实质性解决本地农产品销路问题。

（三）销售端管理

一是通过大宗采购、食堂配送及与省外农担合作形成双方农产品大量互通互销而积累形成大量B端客户。二是通过“愉哈哈”“巴味渝珍”线下店、小区智能柜、小区商超运营产生的线下零售消费者形成 C 端消费者。平台流程详见图 1。

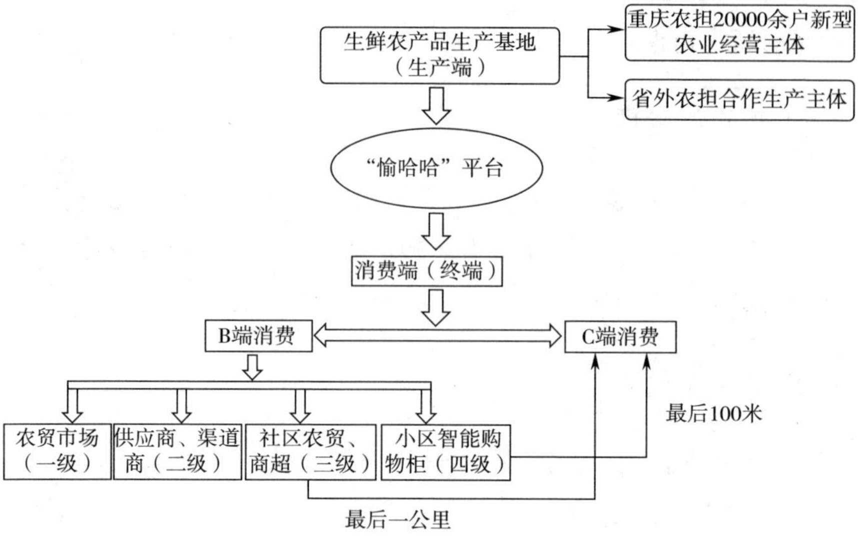

图 1　平台流程

二、“愉哈哈”平台取得成效

（一）风险化解初见成效

作为农业垂直 B2C 电商平台，“愉哈哈”已经拥有了重庆本地固定的购物群体，有稳定的网站平台，有完备的支付体系和诚信安全体系，通过“愉哈哈”平台撮合成功的农产品交易，一方面，订单流水、资金交易可为平台商家（农担在保客户）增信；另一方面，通过对平台留存的数据进行分析，可真实、有效地反馈商家（农担在保客户）产品流向、受消费者的喜爱程度、市场占有率及贷后还款能力；另外，通过平台撮合，为重庆农担风险项目找到产品销售渠道。整体而言，“愉哈哈”平台对集团公司贷后项目的保后管理及风险项目的化解处置初显成效：截至 2019 年底，

“愉哈哈”精品农业电商保后管理平台会员数为8847个；入驻平台商家数为1175家；产品类别主要涉及粮油干副、茶饮冲调、休闲食品、特色农副、生鲜蔬果、特色肉禽、新鲜禽蛋七大类，商品数为2922样（已上架商品数1280样），80%来自重庆近30个区县（其中近15个贫困区县）的优质、特色农产品；截至2020年2月，农产品“线上+线下”交易额累计4766万元（线上交易额为612万元，线下交易额为4154万元），其中，多渠道撮合在保客户农产品交易额1269万元；2020年2月，“线上+线下”交易额较去年同期增长92.34%；疫情期间，平台撮合线下大宗交易近30万元，促成51家在保客户（商家）销售滞销产品，其中，鸡蛋55000枚，水果类共计111.5吨、蔬菜类共计185吨、预包装产品共计12.13吨等，确保“菜篮子”稳定供应。通过电商平台为重庆农担在保客户打通线上、线下农产品销售渠道，促进农业信贷担保项目经营水平的提高。例如，大足区国梁镇从事蔬菜种植的在保客户何庆龙，2019年因下游变化导致经营困难，经重庆农担业务人员进行保后调查、分析，为其介绍了“愉哈哈”平台，经平台为其拓宽线上、线下产品销售渠道，截至2019年底，“愉哈哈”平台已为其销售约65万元农产品，逐步帮助该项目恢复正常经营。

（二）促进农业供应链金融向产业链金融转变

重庆农担目前在保客户多为第一产业，而“愉哈哈”平台商户涵盖了一二三产业，后期通过重庆农担创新创业孵化中心的成立，会逐步培育出更多围绕农业服务的第六产业，如人才技术培训、品牌培育、商贸流通等，服务对象更明确，服务方式也由单一化向多元化延伸，因各个环节对金融产品的需求不一致，重庆农担会因产业链的延伸，衍生出各类适用于不同产业链的融资担保产品。目前通过“愉哈哈”平台衍生出来的业态大致有四大类：第一类是季节性或低价农产品囤货。这类型企业主要聚集在一级批发市场，农产品大批量上市，相对价格较低，有部分企业会在这个时候囤积一批耐储藏的产品，在反季节销售。这类型融资需求金额大致在

500 万元以内，可用仓单及部分不动产质押（冷藏），后期可按销售比例分配既定利润，根据公司风控要求，敞口控制在可控范围内，基本零风险。第二类是大宗农产品交易出现的短期账期融资。这类型企业主要聚集在基地市场，基地市场对接有两个路径：一是一级批发市场，二是大型流通企业，产品从出厂到销售市场一般有 3~7 天的物流，加上收货、对单等，中间有 10 天账期，这类企业根据产品不同资金需求大致在 300 万 ~500 万元，这类型企业风险点较多，建议只做本地市场及能提供足值抵押物的企业。第三类是大型食堂配送出现的长期账期融资。这块市场主要针对区一级市场（二级市场）及大型食堂（1000 人以上食堂）配送，目前准备合作的有西南大学、荣昌范围内的区级市场，大概涉及 1.5 万人，平均每天的资金需求是 15 万 ~20 万元，账期 50 天。目前这类合作主要是在平台交易，资金相对安全，风险可控。第四类是以物易物出现的周转金融资。这类型企业合作较为复杂，之前接触过一家化肥企业，它要将化肥卖给柑橘种植户，直接以物换物，统一在平台交易，中间产生的账期、产品压货等资金需求，按照每个板块的评估结果做融资分析，风险基本可控。

（三）S2B2C 生鲜供应链体系基本打通

“愉哈哈”始终坚定不移地走平台化经营模式，逐步提高平台服务效率与质量，为在保项目农产品及时、高效交易提供保障。经过 3 年探索，为重庆上万余户农业企业提供了农产品贸易、信息交流、撮合交易等综合性服务。截至 2019 年底，通过“愉哈哈”平台建立友好合作的生鲜供应链单位已达到 20 余家，涵盖重庆市主要行政区域，从生产、分拣再到冷链配送，实现无缝对接；从市一级市场到区一级市场，每个板块具有独立的风险管理模式，全程交易风险基本可控；社区配送店、线下生活馆及自动购物柜，截至 2019 年底，已落户 30 家，涉及 5 个社区、15 个农贸市场，基本覆盖重庆主城 9 区。同时，与多个物流公司签订合作协议，S2B 模式下重庆范围内的生鲜供应一天可达，2C 模式下重庆主城内基本可做到及时达。

（四）品控管理基本成型

“愉哈哈”平台已与重庆质量安全中心、深圳普利检测中心签订战略合作协议，对平台线上企业进行质量背书，同时制定自有四级品控体系：一是对产品生产基地及环境进行初检，检验后出具国家认可的检测证书；二是在各分拣中心设立检测中心，检测中心可快速地检测出农残物品，检测合格的产品流向市场，不合格产品全部销毁；三是平台抽检，平台自有品控小组，会定期、不定期地对分拣中心及平台商家进行抽检，并及时公布抽检报告；四是在各主要分布区域市场设立5G分拣中心，主要涵盖大品类的生产基地及分拣过程中的操作，真正解决农产品所及和所得。

（五）售后服务体系基本成型

“愉哈哈”平台一直遵从国家相应法律法规，坚持“坚决维护消费者权益，对质量问题零容忍”的服务理念，主要体现在以下四个方面：一是完善内部体系建设，成立售后服务小组及应急处理小组，制定分层分级处理预案；二是出台了相应规则，如先行赔付、无条件退换货、商家进出等50多个规则；三是平台专门留有售后服务端口，管理者能随时查看信息并快速作出反应；四是出台了一系列制度，主要体现在应急预案、质量安全事故处理、人为主观差错处理等。随着市场的发展、业态的创新，要不断优化适用于市场及消费者需求的服务体系。

三、主要问题

（一）平台品控体系有待完善，品控指标需进一步标准化和智能化

目前“愉哈哈”平台产品已达到数千种，实行统一品控管理，后期平台会根据不同产品属性，建立属于每个产品的品控标准，依托平台大数据建设，实现产地指标、检测指标、外观标准、理化指标、仓储分拣标准等

的统一，从而实现智能化管控。

（二）平台建设需加快完善

生鲜供应链平台属于农担定制化产品，整个系统较为庞大，业务范围涵盖广泛，现已完成了对下游市场平台建设的布局，为平台向中上游市场扩展打下了坚实基础，下阶段平台将从以下四个方面开展工作。一是巩固核心竞争力，完善各个子系统建设，对接重庆农担 4.0 系统，一方面，为重庆农担在保客户高效提供产品供应、销售渠道；另一方面，为“愉哈哈”平台合作者提供更多金融产品。二是避开直面消费者所带来的服务成本增加的劣势，鼓励平台商家发挥自身优势去拓展渠道，通过设定私域规则与信息系统保护商家利益。三是发挥核心优势来吸引更多上游资源成为合作伙伴，充实平台供应商数据库，提高平台服务能力。四是制定代理商制度与考核机制，做好规则的裁判与监督职责。

（三）售后服务体系有待完善

售后服务一直定位为平台的核心竞争力，树立客户第一的原则，平台将根据不同的服务对象制定不同的服务标准。一是优化内部建设、规范服务体系，投诉、售后分两条线处理，分级分层完善内部体系；二是以法律法规为准则，维护平台及商家整体形象；三是完善退换货制度（包括赠品），出台适应于农产品平台的三包卡；四是夯实应急小组职能职责，始终把好质量安全关，对质量安全实行零容忍作为管控基本原则。

四、“愉哈哈”平台未来发展规划

未来，我国农业发展将趋向于产业化、规模化、标准化，这对整个产业生态和相关主体都提出了更高的要求，对于电商企业更是如此。得益于电商的快速发展、金融创新宽松的监管环境和金融抑制下对长尾市场的发掘，金融科技以迅猛之势发展。金融科技的创新实践为打破农村金融困局、发展农村数字普惠金融提供了有效路径。

作为重庆农担强有力的保后供应链电商平台，“愉哈哈”平台已经形成互联网新零售模式——“S2B2C”的雏形。“S2B”，即 Supply Chain Platform to Business。“S”是建立在互联网基础之上的一个高效供应链平台，与传统供应链平台不同的是，“S2B”将传统模式下运行成本、速度和服务质量的矛盾进行闭环综合管理，可以保证平台的整合力，同时实现低成本、快反应、高定制。未来五年，这也将是最领先的商业模式。

对于“愉哈哈”而言，未来的零售模式“S2B”形式可以理解为“S2B2C”。“愉哈哈”平台作为 S 端，拥有强大的供应链，平台中的商家 B 端做分销，共同为客户 C 端提供产品与服务（见图 2）。

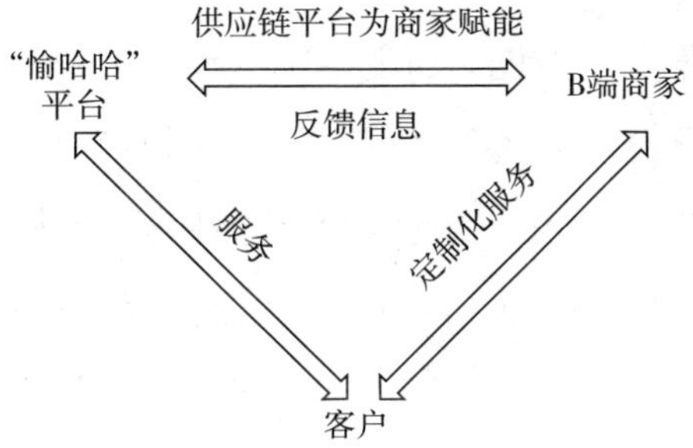

图 2　“愉哈哈”“S2B2C”模式

“愉哈哈”平台拟通过“S2B”零售模式，扎实推进“互联网 +”农产品出村工程，有序建立完善的农产品网络销售的供应链体系、运营服务体系和物流、仓储等支撑保障体系，推动贫困地区农产品网上销售，实现优质优价，助推脱贫攻坚。重庆农担将利用自身资源及农业金融优势，以“愉哈哈”平台为前端，在此基础上分步骤搭建集智能化、数字化、标准化为一体的供应链保后管理平台，平台 B 端、C 端实行代理制，通过市场经营主体的有效运营，实现四级销售体系的快速搭建，解决农产品上行、从田间地头到餐桌“最先一公里和最后一百米”的问题。加之，重庆农担依托万余户在保客户基地资源，以重庆优势特色产业为导向，通过重庆农担旗下“找哈哈”农业经营项目共享平台，寻找符合农担战略规划的原产地，集中打造SPU中心，生产不同的单品SKU。SPU生产出来的单品，通过“愉哈哈”保后供应链平台渠道撮合，推动重庆农担自有品牌单品迅速进入四级销售市场，从而提高农担自有品牌溢价能力和市场占有率。

以上模式的核心是“愉哈哈”平台的供应链整合能力。借助重庆市内资源与省外农担的合作，作为S端的“愉哈哈”平台不仅提供供应链（Supply），还为B端提供服务（Service）和空间（Space），一旦实现供应链平台的数据化和智能化，将大大提高对C端客户的定制化服务能力。

未来，重庆农担将通过4.0风险管理系统，实现“找哈哈”“问哈哈”“愉哈哈”“农哈哈”几大平台互联互通，客户可通过重庆农担任何一个门户网站申请农业信贷担保综合服务，“愉哈哈”平台将成为重庆农担“1+6”闭环管理的有力支撑。一方面，通过“愉哈哈”平台创新优化农担服务模式，在解决在保客户农产品销售渠道问题的同时，推动互联网在农业农村由消费领域向生产领域拓展，引导本地农业传统产业树立互联网思维，培育新兴业态与需求，打造农业信贷担保新增长点，推动融合性新兴产业成为农村经济发展的新动力与新支柱。另一方面，留存规模不断增大的平台交易结构化数据，汇集于重庆农担4.0风险管理系统，并运用系统功能进行分析、评价、共享等，成为新型农业经营主体信用评价体系中行为数据的重要组成部分，成为多元化项目主体信用评价的数据来源，提高系统智能评价精准度，形成可复制的先进经验，在全国农担领域进行推广，助推多层次、广覆盖、可持续的普惠金融体系发展。

农业农村经营性资产撮合交易新机制实证研究

——从化解农担风险资产入手

一、实施背景和依据

当前，农村综合改革进入深水期，面临一系列新问题和新挑战。根据中央及市委市政府历年一号文件精神，为激活、增强农村资产流动性，吸引生产经营要素投入，探索将“资源性资产”变“经营性资产”的有效路径，亟须建立健全农村产权流转交易市场，推动建立农村资产产权公开规范流转交易，本文拟结合全国政策性农担体系，特别是从重庆市农业融资担保集团有限公司（以下简称重庆农担）的风险资产入手，提出建立农业农村经营资产撮合交易新机制的技术方法及路径。

在国家层面，《国务院办公厅关于金融服务“三农”发展的若干意见》（国办发〔2014〕17号）、《财政部关于支持多种形式适度规模经营促进转变农业发展方式的意见》（财农〔2015〕98号）、《财政部　农业部　银监会关于印发〈财政支持建立农业信贷担保体系的指导意见〉的通知》（财农〔2015〕121号）、《财政部　农业部　银监会关于做好全国农业信贷担保工作的通知》（财农〔2017〕40号）、2019年人民银行等五部委联合发布《关于金融服务乡村振兴的指导意见》及《中央农村工作领导小组办公室农业农村部关于加强基层农村经营管理体系建设的意见》《中华人民共和国土地管理法》（2020 年 1 月 1 日起施行）等文件，在农村资产市场化、资本化，农村资源变资产、资金变股金、农民变股东，盘活农村沉睡闲置资产，融资担保抵押等方面提出了明确的改革方向与强有力的保障措施，为农村产权流转交易市场的建立提供了宏观指导。

在地方层面，重庆市出台了《重庆市人民政府关于加快推进农村金融服务改革创新的意见》（渝府发〔2010〕115 号）、《重庆市人民政府办公厅关于开展农村土地承包经营权居民房屋和林权抵押贷款及农户小额信用贷款工作的实施意见》（渝办发〔2011〕11 号）等文件，在围绕农村土地的“两权抵押”和“三权分置”，不断深化农村资产抵押融资实践方面提出了相关规定。为进一步探索农村经营性资产——土地承包经营权及宅基地使用权（以下简称农村“两权”）灵活交易的可行性，创新可复制、可推广的融资担保风险资产化解处置方式，有必要通过搭建农业融资担保风险资产撮合交易平台（以下简称撮合平台），作为促进农村“三变改革”市场化改革的重要载体和手段，从而完善、规范农村资产产权交易信息共享机制，有序推进农村产权交易综合服务建设。

二、建立农村经营资产撮合交易的必要性与可行性

（一）必要性分析

第一，有利于盘活农业融资担保不良风险资产，形成农业信贷风险资产有效处置机制，实现政策性农业信贷担保机构不良债权转化，增强农村金融持续供给能力。随着深入贯彻财农〔2017〕40 号文件精神，全国各省级政策性农业信贷担保机构融资担保风险项目中“双控”（农业小额贷款）项目占比逐渐加大，农村资产为主要处置变现对象的代偿项目增多，存量项目风险渐显。为盘活融资担保风险不良资产处置，提升农业信贷担保风险处置能力，亟须借助撮合平台的建立，注入资本以化解风险，做大农业信贷担保规模，在乡村振兴领域提升金融服务的效率和水平，增强农村地

区金融资源承载力和农村居民金融服务获得感，探索形成可推广、可复制的风险资产处置模式。

第二，有利于发挥“鲇鱼效应”盘活农村沉睡资产，打通农村“两权”流转渠道，变资源性资产为经营性资产，增强农村资产流动性，释放农村发展活力。一方面，目前农村资产存在流转不充分、操作不顺畅、农村生产要素流转效率低等实际情况，亟须创新探索农村资产流转交易机制（流转土地承包经营权及其附着的农业市场化项目），通过撮合平台交易，提供一站式综合配套服务，辅助实行项目升级改造等，实现农业风险资产运营、重组，从而打通农村资产处置通道，突破瓶颈，使有变现能力的风险资产进入撮合交易市场流动起来，发挥“鲇鱼效应”，进而提高农业农村各类资源要素的有效配置和流动效率。另一方面，土地流转出去后，农民真正能够从土地上解放出来，既可以外出打工，又可以到合作社参加劳动增加收入，不仅解决了因大量农民外出务工导致的土地闲置和土地季节性抛荒问题，提高了农民来自土地的财产性收入，还促使土地经营权向新型农业经营主体集中，提高了土地产出率和劳动生产率。

第三，有利于推进农村“两权”改革，由外部输血转变为自身造血，激发农村发展内生动力。重视农村“两权”市场资产价值体现及财产属性，通过撮合平台，以风险资产处置为切入点：一是“授人以鱼”，推进农村“两权”抵押融资进程，为涉农经营主体增信；二是“授人以渔”，从各个阶段对涉农经营主体进行扶持培育，从而形成规模化现代农业经营主体，进而实现自身转型升级，从而带动农民创收，形成示范典型，延伸、拓宽当地农业产业链。

第四，有利于创新探索农村集体股份交易机制，深化农村集体经济改革发展。充分利用农村清产核资来摸清家底、量化资产股份合作的发展条件，在建立完善的农业风险资产公开公平撮合交易机制基础上，探索市场经济下农村集体经济新的实现形式和运行机制，发展壮大新型农村集体经济。让农民群众广泛参与，实现对集体资产的使用和收益分配的权利：将经营性资产以股份或份额形式量化到集体经济组织成员，通过引导支持农村集体经济组织根据区位条件和资源禀赋，以资产租赁、农业开发、生产服务、联合发展等多种方式，经平台撮合，建立健全相关管理制度，开展试点工作，推进农村集体资产股份进场交易，进而加强农村集体资产财务管理，确保农村集体资产保值增值，推进农村村社股份合作制改革，发展壮大集体经济，实现强村富民。

第五，有利于形成良好行业公信力及便利性，从而有效提高农村资产交易效能。农业信贷风险资产市场撮合处置的成功实践，将进一步强化交易独立性和中立性，切实改变农村“两权”流转市场无序现象，解决农村产权纠纷隐患。撮合平台运行以产权明晰化、资源资本化、要素市场化和运作规范化为目标，促进城乡要素平等交换和农村资源市场化配置。一是保证交易信息和数据来源的可靠准确性；二是严格前置审查、交易监管，防止在市场交易中损害农民利益；三是遏制过去暗箱操作、袖口交易等农村基层腐败问题，从源头上铲除腐败土壤；四是将撮合平台打造为数字信息化综合交易平台，高度整合各类渠道，以促进谈判交易有效性为目标，简化流程及手续，每项服务都会由后台全程跟踪监管，分析实施效果。

第六，有利于发挥农村金融风险防范作用，降低区域性系统信贷风险。探索农村“两权”抵押贷款是为了深入创新农村金融服务。由于线下缺乏有效实践借鉴和农村“两权”抵押的复杂性，不可避免地存在着一定程度的金融风险。因此，组建撮合平台，一方面，可以防范和降低银行贷款的金融风险，切实推进农村“两权”抵押贷款工作；另一方面，通过对农村“两权”抵押贷款产生的不良资产进行妥善有效处置，保证资产的保值增值，从而有效地防范了农村金融风险，大大降低了区域性系统信贷风险发生的可能性。

（二）可行性分析

第一，依托各项支持鼓励政策，建立农村经营资产撮合交易平台具有良好的外部环境。近年来，党中央、国务院高度重视农村“两权”“三权分置”流转，努力改善农村金融服务。一是《关于金融服务乡村振兴的指导意见》第十一条指出：“……积极稳妥推广农村承包土地的经营权抵押贷款业务，结合宅基地“三权分置”改革试点进展稳妥开展农民住房财产权抵押贷款业务……促进农村土地资产和金融资源的有机衔接”，农村“两权”抵押有法可依，有效推动农村产权融资抵押工作开展，能满足涉农民营经济主体多样化、多层次的金融需求；二是修改后的《农村土地承包法》将“两权”变“三权”，土地经营权正式入法，将农村土地实行“三权分置”制度法制化，使外部受让人获得了权利保障，并明确完善了土地经营权登记制度及融资担保等相关法律规定；三是基于“三权分置”落地，现有政策明确了农村土地承包经营权流转抵押的合法地位，也从法律层面上保障了金融机构风险防控、处置的合法性、有效性，使撮合平台的建设运营始终在法治的轨道上。

第二，依托互联网、区块链技术的运用，农村经营资产撮合交易平台内、外部组建运营支撑条件日渐成熟。互联网、区块链等技术运用日趋成熟，撮合平台充分运用互联网、区块链技术，使信息采集、数据运用、分析计算、评价结果和风险预警具有高度客观性、智能性和高效性，能清晰刻画信用主体的信用状况，匹配合适的融资渠道，并做到有效跟踪和风险控制。目前，互联网金融与区块链技术在农业各领域的运用，极大拓展了信息传播的渠道、方式，大幅减少了信息不对称的现象，扩展了金融服务供需双方的客户群，交易双方直接在互联网平台上进行互动，打破了时空上的限制，提高了交易效率，减少了中间环节与中间成本的消耗，能够实现资源高度实时共享，使业务处理实现自助化、自动化与系统化，使交易更加便捷、有效。

第三，依托农业农村资产流转需求，农村经营资产撮合交易平台具有良好的市场基础。目前，农业借贷金融市场日益活跃，信贷放量逐步增加，金融需求、投资需求、农业资产购置需求旺盛；相关法律法规、配套政策逐步完备，试点探索渐显成效；但相关产权职能部门主要处于确权颁证阶段，未能有效调动农村产权流转项目交易积极性及融资抵押有效性；而政策性担保公司经多年业务、经验累积，以现有已发挥积极作用的“找哈哈”农业经营项目共享平台升级建设为抓手，有效对接市场需求和供给，促使相关金融职能部门将政策与资源有效链接，使农村土地资源属性向资本属性转变，政策性融资抵押担保属性能够促使农村产权流转抵押融资体系运行并有效落地。

第四，依托农业农村资产交易市场发展现状，农村经营资产撮合交易平台具有良好的项目实施基础。2019 年 7 月《国务院办公厅关于完善建设用地使用权转让、出租、抵押二级市场的指导意见》(国办发〔2019〕34 号)第十五条提出：“建立交易平台。各地要在市、县自然资源主管部门现有的土地交易机构或平台基础上搭建城乡统一的土地市场交易平台……大力推进线上交易平台和信息系统建设。”结合政策性担保公司多年在农业农村金融的经验累积，撮合平台利用良好的客户群体及项目实施基础，迅速活跃农村“两权”交易市场，一是全国农担体系近三年来拥有 49.3 万户农业适度规模经营主体，已充分具备规模化的交易主体基础。以重庆农担为例，担保近 2 万客户，其中 95% 的土地承包经营权具有潜在转让需求，且担保量每年稳步增长。二是依托深入基层的业务模式，构建了覆盖全市涉农镇乡的金融联络站点体系，能够深入扎根村镇一级，开发潜在客群资源，与涉农经营主体形成紧密利益联结机制。

第五，依托农业农村信贷担保大数据资源，撮合平台具有公允定价基础。依托政策性担保公司多年业务累计形成的标准化数据及丰富的资产处置经验，撮合平台具有农业农村资产价值评估数据基础，能够为农业农村资源资产交易初始定价提供主客观依据；撮合平台根据市场配置资源原则，农村“两权”资产价值以市场公允定价机制及对农村资产的深刻认识为依据进行评估取值，为农村“两权”流转、转让提供增值空间，为产权撮合交易奠定尽可能的客观依据。

三、农业农村经营资产撮合交易探索情况

本文主要对重庆农担多年来探索农村风险资产处置新模式，盘活农业融资担保不良风险资产的案例及实施路径进行实证研究，主要案例如下。

（一）重庆农担农业农村资产撮合案例

1. 农业风险资产项目的化解与处置

为盘活农业融资担保不良风险资产，形成农业信贷风险资产有效处置机制，实现不良债权转化，增强农村金融持续供给能力，重庆农担充分运用多年业务、经验累积优势，一方面在涉农区县（自治县）全覆盖的基础上，发挥“政府＋平台”的优势，联合当地乡政府积极探索盘活资产的有效途径；另一方面组建“找哈哈”农业项目共享平台（www.zhhdz.com；微信公众号：找哈哈），链接多方资源，盘活不良资产。

（1）组建联合经营平台盘活不良风险资产。“长寿现代柑橘园××果园”项目（以下简称长寿自营果园项目）：2013 年重庆××果蔬产业发展有限公司由重庆农担向银行提供担保，获得用于长寿柑橘园项目的担保贷款，后期因公司经营不善造成资金链断裂，自 2018 年初开始出现无法支付银行贷款利息及按期偿还贷款等信用风险情况，并且无法按期支付果园土地租金；同时，由于部分柑橘企业自身不够诚信、合作银行对担保融资风险化解不重视、产业行情周期波动等综合因素问题，使部分柑橘融资担保项目出现贷款违约、代偿等风险状态，2018 年重庆农担向银行代偿 946 万元。

为处置风险资产，重庆农担公司通过与长寿区政府多次协调沟通，形成《重庆××果蔬产业发展有限公司果园经营风险化解实施方案》，由重庆农担全资子公司——重庆市农业资产经营管理有限公司（以下简称资产公司）按农村“三变”改革精神，基于商业模式的自洽性和可持续性，以市场为导向，以服务“三农”、助推乡村振兴为原则，长寿乡村旅游发展

有限公司（长寿区城乡统筹公司全资子公司）、长寿区龙河镇保和村、明星村、合兴村、四坪村四个村集体经济组织以果园资产、现金、2800 亩土地承包经营权入股，共同组建成立混合所有制形式的重庆市矗成农业发展有限公司（以下简称矗成公司）。一是处置化解重庆农担公司风险资产，实现不良债权转化；二是结合农村“三变”改革，以自营果园进行生产管理、营销模式的探索与再造，探索经果林种植、销售新模式，推动农村集体经济组织以多种方式入股，不断拓宽农民的收入来源渠道，让农户成为产业链、资金链、供应链、价值链的参与者和受益人，助力乡村振兴。

（2）通过撮合交易盘活不良风险资产。“×× 区山羊养殖”项目：×× 区 ×× 公司山羊养殖户潘某，2018 年由重庆农担向银行提供担保，获得一年期担保贷款 30 万元，由于经营不善，到期无法还款，重庆农担于 2019 向银行代偿 30 万元，同时潘某不愿履行还款义务，举家搬迁外地，拒绝一切联系。

为了化解风险，重庆农担发动在保客户资源，通过旗下“找哈哈”平台多轮撮合，成功引入当地山羊养殖户殷某租赁了潘某原有闲置羊场，通过撮合平台有力地实现了农村资产地上附着物的价值，实现多赢的局面。一是重庆农担通过租金抵债顺利收回部分代偿款；二是代偿客户潘某恢复了还款信心，并承诺分期支付后期费用，目前已偿还 5.7 万元；三是租赁户殷某扩大经营规模的圈舍刚需得到了满足，为殷某节省了大量的固定资产投入，提高了资金的使用效率和农村资产的利用率。

2. 打通农村经营性资产流转渠道

近年来，重庆农担发挥深入基层的体系优势，以及市场化的商业属性，打造出“找哈哈”农业项目共享平台，旨在打通农村经营性资产流转渠道，健全农村产权流转交易市场，通过撮合交易，促进城乡资本要素、土地要素、技术要素等自由流动、平等交换，助力乡村振兴，经试行目前有一定正向积累，主要案例如表 1 所示。

表 1　“找哈哈”平台农村经营性资产流转案例

序号	项目名称	项目信息	卖方信息	买方信息	“找哈哈”提供撮合服务内容	预期效益
1	永川区胜利路街道万寿村青蛙养殖租赁	村集体蔬菜基地闲置	万寿村集体经济组织、农户发布土地承包经营权招租需求	何某想要投资经营养蛙事业，但一直未能找到合适的养殖场地，在朋友介绍下从“找哈哈”平台上获取了永川区蔬菜种植基地的项目情况（土地状况）	实地勘察、项目现场查看，对原项目存在的历史遗留问题进行多方协商，共同探寻最佳解决途径，在经过价格比对和多次调研与协商后，达成最终土地租赁协议（流转部分符合养蛙项目的土地 63.979 亩）	在土地租赁协议生效后，万寿村 45 户农户可依据土地面积，享有按 400 斤粮食（稻谷）/ 亩当年市价计算收取租金收益；村民合作社按每年 30 斤（稻谷）/ 亩收取租金收益
2	大足区高升镇旭光村枇杷园租赁	村集体枇杷园基地，原经营户撤场，无人管护	村集体经济组织，流转土地承包经营权 + 地上附着物（生物资产：枇杷树）	胡某在农村进行柑橘种植，后移民城镇，现想移居农村生活，并从事枇杷种植经营，在朋友圈及朋友的宣传介绍下，从“找哈哈”平台上获取了枇杷基地项目信息	实地勘察、项目现场查看以及评估定价，在经过价格比对和多次调研与协商后，达成最终流转协议（流转 116.2 亩枇杷种植园）	在土地租赁协议生效后，高升镇旭光村 58 户农户可依据土地面积，享受每年 650 元 / 亩的租金收益
3	荣昌区观胜镇双河口街道许家沟社区麻竹基地租赁项目	王某向荣昌区双河街道许家沟社区村集体租赁土地 375 亩用于麻竹种植，经营状况良好	原项目负责人王某，在流转土地上，（1）继续经营并不改变麻竹种植；（2）挖掘派生功能，向第三人邀约以收费方式二次出租土地，用于第三人进行林地养鸡	跑鸡养殖户陈某在原有经营规模上需扩大经营，但因养殖类型为散养，鸡粪对土地具有一定的污染性，出于环境影响评价方面的考虑而迟迟不能找到合适的散养基地，后经朋友介绍下，通过“找哈哈”平台获取荣昌麻竹基地项目资源，利用麻竹特性经营跑山鸡项目	资源链接、对接买卖双方市场、项目现场查看，协助陈某流转部分土地（吕家湾、八块田地块共计140亩）用于跑山鸡养殖，并签订土地流转协议（其中部分租赁的 140 亩，土地承包经营权归原项目负责人王某所有，地上麻竹归王某所有，地上养殖及陈某种植的其他农产物及陈某投资修建的其他构筑设施归陈某所有）	流转协议生效后，陈某每年向王某支付租金，吕家湾地块土地租金为人民币 10000 元 / 年（大写壹万元整）；八块田地块前两年土地租金为人民币 6000 元 / 年（大写陆仟元整），八块田地块从第三年起每年租金 7500 元 / 年（大写柒仟伍佰元整）
4	大足区龙岗街道宝林村花椒基地转让	项目负责人曾某失去继续经营意愿，需要转让花椒基地生物资产	（1）村集体经济组织，土地承包经营权流转重新招租；（2）原项目负责人曾某，转让土地附着物（生物资产：花椒树与花椒苗）	花椒种植户唐某想在原有项目基础上，扩大经营范围，农担集团公司业务人员在与乡镇、村、在保客户日常保后管理沟通中，获得买方信息，并顺利对接买卖双方	对原项目 50 亩花椒基地地上附着物（花椒树与花椒苗）进行实地勘察、项目现场查看，在当地基层政府（当地村领导干部）的协助与支持下，与当地村集体达成最终土地租赁协议，向村集体流转花椒基地土地 50 亩	（1）在土地租赁协议生效后，唐某依据租赁合同，每年向村集体缴纳土地租金；（2）并向曾某支付花椒基地项目转让费 10 万元

综上所述，重庆农担通过搭建互联网信息平台，以“线上发布农业经营项目信息＋线下撮合服务”的形式，帮助项目方与投资方精准对接，以转让、租赁、联合经营等方式实现农业经营项目共享和投资落地，挖掘、发挥、派生农村资产价值，实现多方共享共赢。

（二）探索过程中发现的问题

1. 现有的农村经营性资产撮合交易市场较为混乱

在现有的农村经营性资产的交易过程中，大量交易是农户之间私下进行的，很多没有书面合同，没有通过市场交易，很难进行约束；即使有书面合同，有的不按规范签订合同，随意性较大，其内容也不完整，合同条款及标的不明确，存在很多不确定性因素，在某些方面不具有法律效力，甚至有的未经村社集体经济组织审查同意。另外，部分农户在土地流转交易时没有通过发包方同意，土地流转交易程序不规范，没有到主管部门登记备案，主管部门土地流转交易资料档案也很缺乏。这不仅极大地扰乱了土地市场的正常秩序，还会导致流转行为和交易结果不被法律所保护，当农户流转或出租土地经营权 / 宅基地使用权之后，既无法律约束和保障，同时交易双方如果发生争执，也没有司法救济途径，从而变成农村社会的不稳定因素。

2. 农村经营性资产交易信息不对称

一方面，农民的知识水平层次相对较低，获取市场信息的能力较差，再加上农村经营性资产流转交易市场未得到良好的培育，造成农村经营性资产交易信息不对称，从而使农民在流转交易经营性资产的过程中处于弱势地位，从而导致广大农村缺少经济活力，无法将固定资产转变为流动资金。另一方面，由于缺乏沟通和交流的信息平台，致使农村经营性资产流转交易存在信息不对称，需要土地的人不知道哪里有地可租，农户有转让土地意向却找不到合适的受让方，供需双方信息难以有效衔接，土地缺乏流通渠道，土地流转交易难以深入推进，导致土地资源配置效率较低，在很大程度上影响了农村经营性资产交易的程度、规模和效益。

3. 重庆农担公司“找哈哈”平台撮合交易试点中的困难

（1）“找哈哈”平台上线项目资源有限。一方面，由于知名度及影响力的限制，目前“找哈哈”平台上架项目总体数量偏少，不具备规模效应，从而导致用于撮合的农业农村资产规模不够、质量不高；另一方面，“找哈哈”平台上线项目以风险资产为主，外界非风险资产占比小，总体优质资产比例不大，且部分历史风险项目存在代偿金额较大、缺少管护、价值大大缩水、项目折旧度大及再次投入使用时接收方投入高等方面的问题。

（2）买卖双方利益诉求难以达到统一。导致风险资产撮合促交实现难度大，落地操作存在困难。一方面，投资方对项目存在地域性等个性化需求，不仅是就近就地的想法，更希望是以“捡趴活”的方式，能够用最少的钱获取到理想的项目，平台上线资产中能够成功匹配的概率小；另一方面，风险资产债务方对撮合成交金额期望一般过高，相对于投资方“捡便宜”心理，双方诉求同时达成存在难度。

（3）农业农村资产平台撮合商业模式需进一步摸索。一方面，农业农村资产撮合场景包括风险资产、非风险资产对应转让、租赁、联合经营等，项目个性化特点强，卖方市场和买方市场费用收取不确定。另一方面，针对非风险资产撮合过程交易双方无配资等需求情况下，存在跳单的可能性。非风险资产部分项目持有方、买方市场与农担无业务关联，但农村资产撮合买方又必须查看现场，造成该类情况撮合过程把控低，特别是租赁项目，成交价格不高、撮合难度不大或本地人双方认识，买卖双方可自行进行交易，收取平台费难度增加。

四、建立健全农业农村经营资产撮合交易平台施行方案

（一）交易宗旨及原则

在遵守有关法律、法规、规章和政策规定下，一是坚持以为农民、农

村集体经济组织、新型农业经营主体服务为宗旨；二是坚持依法、自愿、有偿和公开、公平、公正原则；三是坚持统筹城乡发展、集约节约有效利用农村资源原则；四是坚持农民自主、村民自治，保护农村集体经济组织和农民对两权的占有、使用、收益等合法权益原则；五是坚持不改变农村土地集体所有性质、不改变土地用途、不损害农村集体和农民合法权益原则。

（二）交易内容及范围

1. 平台定位

初期，以农村“两权”融资抵押中产生的担保风险资产处置为重要试点，探索建立灵活的农村产权流转交易机制，有效链接资产撮合各方的利益机制，以交易方诚信、安全交易为原则，以规范交易行为和完善服务功能为基础，建立规范有序、公正透明、交易活跃、信息对称、服务高效的非营利性农业农村风险资产撮合交易信息服务平台，充分调动各镇乡、村行政资源，吸纳投资、法律、会计等各类中介服务机构，内外联动，积极稳妥地引导农村“两权”及融资担保风险资产规范有序进场交易。以辖区内各镇乡、村为切入点，充分调动各级行政力量，吸纳投资、法律、会计等各类中介服务机构，共同搭建内外联动的农业风险资产撮合交易市场。

2. 拓展功能

在完善初期撮合交易体系建设的基础上，对撮合平台功能进行拓展，引入新型土地经营权出租方式及土地经营权入股发展农业产业化经营方式。一是改变目前土地租赁方式，由 100% 土地经营权出租变为“50% 出租 +50% 入股”，促进交易方之间构建优势互补、利益共享、风险共担的联结机制，实现小农户和现代农业发展有机衔接；二是借助农业信贷担保综合服务整合市场优势资源的能力，以担保助推激活土地经营权，推动多方共同发力，改造出适合市场经济条件下的新型集体经济以及现代农业经营主体。具体是农户以土地经营权入股，共同建立公司制或股份合作社性质的新型集体经济组织，再由新型集体经济组织与土地承包人合资，共同经营现代农业产业项目，由土地承包人每年按“租金保底分红＋超额收益分红”的方式兑现股权收益，同时新型集体经济组织可提取2%～5%的管理费用，使农民拥有更多流转经营权方式的选择，保证农民特别是贫困户在土地经营权入股中有稳定的财产经营收入，同时也实现盘活壮大集体经济组织的作用。

3. 服务内容

撮合平台提供产权交易信息受理发布、项目登记、资产评估、撮合交易、出具证明、使用交割、动态监督管理等基本服务；后期，结合建设实际，实施交易代理、规划咨询、融资匹配、经营项目推介等配套服务。例如，前期，对撮合交易的农业经营项目，在完成前期相关权益交割后，可依据项目方的实际需求，提供农业信贷融资担保服务，多元化满足改善农业设施设备、扩大生产规模、延伸产业链条等转型升级及发展的中长期项目资金需求；后期，为项目方提供产前、产中、产后技术培训、指导与咨询等各项社会化服务，推广普及行业前沿资讯，协助农业新型经营主体建设项目的申报、实施，提供符合市场价值的镇域、行业发展规划等，对接手的资产进行重组、辅导实施，帮扶项目在转让后能继续生产经营，落地见效。

4. 平台建设

建设交易、登记、竞价三大信息平台，实现拟交易项目的登记、审核、信息发布、意向受让方征集与审核、成交公示、合同审核、交易鉴证、交易结算等全业务功能；在交易业务开展上实现联网对接，进行网上申报、审批、交易、鉴证和监管，与各涉农产权主管部门的农村产权信息数据库进行对接，也可与农业项目实地实物物物相连，实现农村产权信息共享，实现农村产权信息化管理和电子化交易。

5. 登记备案

完善撮合平台登记、备案、管理功能。一是根据《中央农村工作领导小组办公室　农业农村部关于加强基层农村经营管理体系建设的意见》，依托基层经营管理体系，落实农村土地承包管理经常性工作，落实农村土地承包经营权登记制度，开展闲置宅基地和闲置农房利用情况调查监测和指导利用。二是按照新《土地承包法》的要求，县级以上地方人民政府应当建立工商企业等社会资本通过流转取得土地经营权的资格审查、项目审核和风险防范制度。由撮合平台承担基层农村经营管理体系职责，登记流转备案资源信息，搭建发包方备案登记系统、流转 / 抵押担保登记系统等，为了镇乡及其村支委开设撮合平台系统账号，主动将土地承包流转、宅基地使用转让等交易信息进行备案，实现信息数据及时收集及信息对称。三是将在撮合平台上登记、备案流转和转包的主体作为农业信贷担保审核的条件之一，将主体登记备案工作落到实处。

（三）交易产生及流程

初期，紧紧围绕农业产业经营，整合金融机构对不良资产的处置需求、行业协会对资产的交易需求、地方政府对以农村资产为基础的招商需求、各经营主体对产权交易的需求，结合农业融资担保业务开展实际，搭建分行业、跨区域的风险资产撮合交易平台。通过撮合交易，促进农村“两权”流转，产生规模化生产经营需求，匹配经营融资，对产生风险的项目进行资产重组，成功化解风险。监管部门依托撮合平台及交易成果，能够放活“三权分置”政策主张，带动“两权”规模化流转，促使公平交易，让各职能部门的扶持政策切实落到交易中的每个环节。交易环节流程详见图 1。

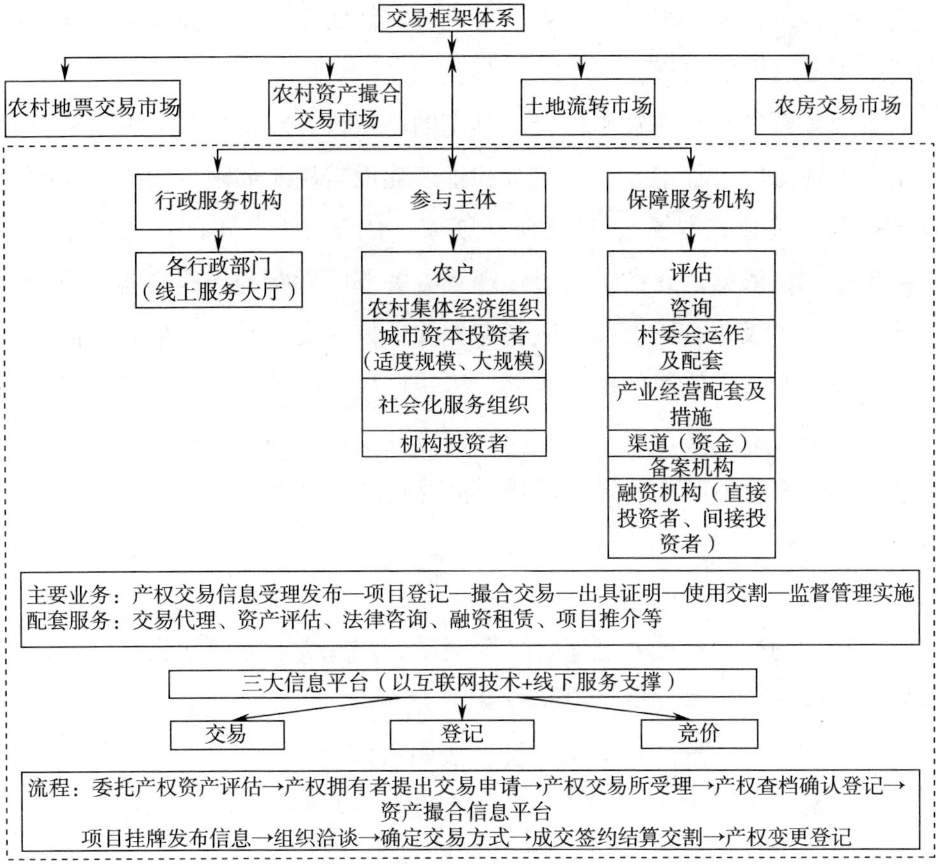

图 1　交易环节流程

（注：撮合平台只负责确权颁证后及经营权属变更登记前的交易过程。产权交易前的确权颁证、交易后的经营权属变更登记或流转合同备案管理等工作均在其他各相关政府职能部门进行，平台开展与相关职能部门的对接延伸服务）

（四）评估定价

农业农村经营性资产评估定价关系到每个农民成员的切身利益，是农村“三变改革”的关键环节，也是本次农村“两权”流转交易的一项重要基础性工作。探索建立公平合理的农村“两权”抵押评估作价机制，在镇乡农村集体产权制度改革领导小组指导下，由村集体经济组织（村委会）

负责人、村民代表等组成定价委员会进行具体实施，经由撮合平台交易的资产都需通过评估定价。

针对经营性资产及资源性资产制定的产权设计定价机制应将市场公允价格、土地流转过程中投入的租金和生产建设费用（如附着物投资规模、资产折旧、机会成本等）、项目所在区域、代偿额度等不同比价因素作为主要价值评估依据，并参考周边资产及有关部门发布的土地经营权流转等指导价格。各级政府职能部门应制定相关产权的交易基准价格和最低保护价，为农村产权价值评估提供依据，尽快形成统一的农村产权评估指导意见，根据各村实际，组织实施。同时，应开设数据共享机制，链接参与方资源，打破信息不对称障碍、限制，实现联网互通。

（五）交易测算

农村“两权”资产通过撮合平台交易，实现资产保值增值是关键，参与方能形成以下几项收益，测算如下。

一是“两权”资产盘活交易量。按照重庆市农业信贷担保融资额 300 亿元的估算，近 3 万名客户及 95% 的土地承包经营权有潜在转让需求，如果按银行不良贷款率 3% 计算，3 年将产生 9 亿元交易体量，按 70% 成交率计算，预计盘活 6.3 亿元实物类成交交易额（以土地承包经营权流转为主）。

二是“两权”流转收益估算。流转土地承包经营权及其附着的农业市场化项目。针对 6.3 亿元可流转的土地承包经营权，根据土地流转市场出租均价为 800 元 / 亩，大致规模为 78.75 万亩，可盘活 236.25 万名农民的资产以此带来收益；附着的农业市场化项目，按照年平均 5000 元 / 亩投资收益计算，显化农村土地资产价值逾 39.38 亿元。

（六）交易价格

撮合平台不以盈利为目的，对经营权出让方不收取交易服务费用，对受让方只收取少量交易服务成本费用。农村“两权”经权属人同意后，委托第三方（如村委会、集体经济组织等）进场交易。

凡进场交易的农村“两权”，可以资产评估机构评估取值作为参考依据，以拍卖、招投标、竞价等方式公开进行交易；转让价格低于评估值的，须经集体产权所有者同意；农民个人产权转让可以依据资产评估机构取值，也可由出让、受让双方自行确定；评估费用按照“谁委托谁承担”的原则，即由卖方（出让方）委托的评估，费用由卖方（出让方）承担，由买方（受让方）委托的评估，费用由买方（受让方）承担。

（七）协同机制

农村资产产权交易具有多样性，关系到农民的切身利益，管理工作涉及多个职能部门，跨度较大，为保障农村“两权”流转工作积极稳妥推进，大力促进公共服务向农村倾斜，需充分调动以下行政资源来协调：一是市规划与自然资源局主导，重庆市农业农村委协同，以撮合平台设立为契机，加快推进区县政府相关职能职责部门对农村产权权属的颁证确权落户的工作进程；二是由市农担集团公司主导，根据“两权”经营资产设计标准化产品，提供担保贷款，作为资产产权的承担方，承担保护投资者和农民合法权益的义务，为农村“两权”流转提供风险防控保障；三是由发展改革委指导，以市场化方式，依托有农业资产评估经验的公司组建农村资产评估机构，建立公平合理的评估作价机制；四是由农村产权交易中心主导，依托有资产运营管理经验的公司，建立健全抵质押登记、处置流程体系，保障农村资产处置的合法性；五是由中国银保监会、金融监督管理局主导，对各环节实施动态监管；六是基于风险共担原则，各行政职能部门探讨协商共建风险保证金。

五、政策保障措施建议

（一）发挥基层政府在农村经营性资产撮合交易的作用，发展“政府＋平台”模式

在农村经营性资产交易过程中，政府可遵循“依法、自愿、有偿”的原则，充分尊重农民意愿，给予农民自由转让权，对流转登记提出明确要求，规范土地流转程序及合同文本，建立完善的土地流转档案，使交易具有法律效应，避免产生纠纷；同时发挥互联网平台大数据优势，为供需双方提供农村经营性资产撮合交易信息，以及合同、法律等相关服务。形成“政府＋平台”模式，保障农村经营性资产交易的合法合规性，发挥市场资源配置优势，提高农村经营性资产交易的程度、规模和效益。

（二）发挥政策保障作用，助推农村经营资产撮合交易

农村“两权”制度改革设计与现行产权交易制度在一定程度上并不吻合，由此导致的产权博弈引发了大量的产权纠纷。不同的农民群体分别以不同时期的产权实践规则作为自己参与集体产权权益争夺的依据。因此，初期试点阶段，政府的积极引导和大力推动至关重要，应着力构建顶层设计并制定出台相应的规范制度管理办法，为农村“两权”流动及抵押融资奠定制度基础；根据农村“两权”产权交易规则出台相应的引导政策和鼓励政策，加大财政贴息贴费力度，对进场交易的买卖双方主体给予减税、补助等优惠。

（三）选择有实操经验的平台进行探索试点

例如，“找哈哈”农业经营项目共享平台，初期重点围绕重庆农担公司融资担保风险资产及试点区域内农村“两权”资产，在交易过程中进行上下游资源撮合、价值评估、流通交易、项目运营配套等交易，从中让农

民得到“两权”资产盘活带来的收益。

1. 试点范围

在全市范围内具备条件的涉农区县开展试点，以镇为单位，推荐辖区内条件适合的村进行，依托基层经营管理体系，充分发挥村委会、村集体经济组织的行政力量（一是信息收集、宣传，二是由其对接农户进行关系维护及所得分配），初期选择在城口（2 街道、10 镇、13 乡）、长寿（7 街道、12 镇）进行，每个镇乡推荐 10 个村（共计 400 多个村），在这 400 多个村内开展试点工作，将此试点作为下一个增长点的探索，同时出台试点方案。

2. 试点考核及经费

试点项目实施完成后，由乡镇负责开展绩效自评和经验总结，进行阶段性考核、年度考评。重庆市财政局组织对试点情况进行绩效评价，选出 10% 左右成效明显的镇乡，每个乡镇给予试点工作奖励资金，以奖代补，推广经验。发挥财政撬动作用，计划 1500 万元专项列支对试点镇乡、街道进行奖励；另计划 1500 万元对平台上农村“两权”成功撮合转让的土地租金或保底分红、平台撮合费用等进行补助，在总结试点经验基础上，向全市推广可操作、可复制的机制模式。

编后语

推进农村普惠金融发展是实施乡村振兴战略、完善农村金融市场、为广大农村经济建设提供强大金融动力的重要抓手。习近平总书记在2017年全国金融工作会议上提出了“回归本源，服从服务于经济社会发展，把更多金融资源配置到经济社会发展的重点领域和薄弱环节”的金融工作原则和要求，这必将持续影响我国金融运行秩序与形态演化。当前，农村普惠金融发展尚不均衡，“融资难、融资慢、融资贵”仍是多数农业农村项目面临的普遍问题，为充分发挥农业信贷担保的政策性作用，重庆农担将14年农业信贷担保创新探索经验所得进行总结、归纳，汇编、整理了《农村普惠金融实践与探索——重庆农担方案》一书，希望能对未来全国各地农业信贷担保创新发展形成一定的参考或借鉴作用。

农业农村部计划财务司、农村合作经济司，重庆市农业农村委研究室、政策与改革处、计划财务处、农村合作经济处，重庆市财政局农业处、金融处、资产处，重庆市地方金融监督管理局二处、创新处、银行保险处，重庆银保监局普惠金融处，重庆市农业投资研究协会，及北京凯德现代农业科技研究院对此书的整理及编写给予了大力支持，在此一并表示感谢！

由于编者水平和编写时间限制，书中难免存在疏漏和不足之处，恳请广大读者批评指正。

编著者

2020年5月3日